高校教师发展与课程优化研究

李 治 李息襟◎著

中国原子能出版社

图书在版编目（CIP）数据

高校教师发展与课程优化研究 / 李治，李息襟著
. --北京：中国原子能出版社，2023.12

ISBN 978-7-5221-3318-8

Ⅰ. ①高…　Ⅱ. ①李…②李…　Ⅲ. ①高等学校–师资培养–研究②高等学校–课程设计–研究　Ⅳ.
①G645.12②G642.3

中国国家版本馆 CIP 数据核字（2023）第 254947 号

高校教师发展与课程优化研究

出版发行	中国原子能出版社（北京市海淀区阜成路 43 号　　100048）	
责任编辑	潘玉玲	
责任印制	赵　明	
印　　刷	北京天恒嘉业印刷有限公司	
经　　销	全国新华书店	
开　　本	787 mm×1092 mm　1/16	
印　　张	15.25	
字　　数	240 千字	
版　　次	2023 年 12 月第 1 版　2023 年 12 月第 1 次印刷	
书　　号	ISBN 978-7-5221-3318-8　　　　**定　价　76.00** 元	

前　言

在当今高等教育的发展中,高校教师的成长与课程设置的优化已成为提升教育质量的关键因素。高校教师作为教育教学的主导者,其专业发展水平直接影响着学生的学习效果和人才培养质量。因此,关注高校教师的发展,探寻与之相适应的课程设置,对于提高高等教育质量具有重要意义。

本书以高校教师发展与优化课程设置为研究主题,旨在探讨如何通过课程设置的改革,促进高校教师的专业发展,提高教育教学质量。全书分为八章,前两章是理论部分,主要对高校教师发展的意义和理论基础进行了探讨。第三章、第四章对高校教师发展课程标准和课程目标进行了探讨。第五章至第七章主要探讨了高校教师的教学能力、科研能力和教育管理能力。第八章进一步探讨了高校教师专业发展的内容。

本书的研究成果对于深化高等教育改革、优化课程设置、提升高校教师的专业发展水平具有一定的参考价值。希望本书能为高等教育领域的管理者、研究者及一线教师提供有益的启示和借鉴,共同为提高高等教育质量、培养高素质人才作出贡献。

目　　录

第一章　绪　论

第一节　研究背景与意义

在高等教育的发展中，教师扮演着至关重要的角色，是院校持续进步的根本。为了适应不断变化的社会需求并促进经济社会的进步，高校需首先致力于提升教师的综合能力。

一、高校教师在高校发展中处于重要地位

高等教育作为知识传承和创新的枢纽，其核心职能由教师这一关键群体承担。教师不仅是高等教育机构的基石，也是教学、研究和社会服务任务的执行者。他们的素质和能力直接决定了高校的学术水平、学生培养质量，以及社会服务效能，同时影响着高校获取和利用资源的能力。因此，教师是高校可持续发展的关键因素。

联合国教科文组织于 1998 年在巴黎发布的《世界高等教育宣言》中强调，有效的教师发展政策对高等教育机构的成长至关重要。高校的发展与教师发展紧密相连，教师的成长和进步是高校实现其学术和社会功能的基础。教师的素质和创新能力是高校的核心竞争力，直接影响到高校的教学质量、研究成就和社会服务表现，进而决定高校的未来发展。

教师是高校组织的关键成员，高校为教师提供了职业发展的环境和条件。教师在其专业和学科领域的影响力是高校声誉的重要标志，也是高校获取发展资源的关键。无论是学科在学术界的声望，还是高校在区域、国家或

国际高等教育界的地位，背后支撑的是高校教师。教师在提升高校在高等教育系统中的地位方面发挥着关键作用。学科单位在高校一线工作中占据首要地位，学科水平是高校办学水平的主要标志，这一水平又是由教师群体的学术工作质量决定的。因此，教师的发展直接关系到大学的学术水平和办学水平，进而在多方面对大学有所影响，包括声誉、对优秀学生的吸引力、教学质量及获取社会支持和资源的能力。

以哈佛大学为例，其商学院和经济学科的实力雄厚，自哈佛大学毕业的许多经济学大师蜚声中外。同样，剑桥大学的卡文迪什实验室和物理学、化学专业产生了 20 多位诺贝尔奖获得者，这些成就提升了大学的整体声誉。美国学者爱德华·希尔斯指出，一个系的中心地位往往是由于个别成员的杰出成就而获得的。当一所大学有多个这样的系时，就使其成为特别引人注目的学术中心。

高校教师发展活动对提高教师工作水平有实质性影响。格里斯特的研究表明，在教师发展活动中，教师会经历六方面的变化：增加产量和效率，获得学术信任和认可，持续改进工作质量和效果，提升个人知识和技能，对学术领域的理解更加深刻和全面，并为学科发展或社会变革做出贡献。因此，高校教师发展是推动高校和高等教育发展的关键动力。

二、高校教师能力水平促进高等教育改革发展

我国高等教育事业近年来发展迅速，与经济社会的联系更加紧密，对国家建设、科技进展和社会进步的贡献日益显著。随着国家经济社会的进步和外部环境的变化，高校面临的要求也日益增加。国家在加大对高等教育投入的同时，对高校的绩效和多方面功能提出了更高要求。家长、雇主、捐赠者、高校董事会及政府官员等利益相关者不断质疑高校在社会中的角色，并要求高校提供公共及私人投资的回报证明，问责成为外部关注高等教育发展的重要方面。借鉴国际经验，许多高校在应对社会变革挑战、争取发展空间和资源时，都不约而同地将教师发展作为重点。教师队伍的素质直接影响到高校的持续发展，因此，促进教师成长已成为高校有效应对外部问责的关键策略。

提升教师能力已成为高校改革发展的核心。缺乏高素质的教师队伍，高等教育改革将难以实现预期目标。当前，我国高等教育正面临深刻变革，国家积极推动高等职业教育发展，促进地方本科高校的转型，以及实施高等学校的分类管理和指导。为了成功转型，地方本科高校和各种类型的大学需确立独特的办学理念、风格和路径，以在不同层次和领域展现特色、追求卓越，而这都需要一支与之相匹配的高素质教师队伍作为坚强后盾。

从教育监管部门视角，促进高等教育当前发展的核心使命是为新常态下的经济和社会发展提供动力。经济增长在新常态下依赖技术进步以推动产业升级。政府为中国经济升级提出了新策略，即推动产业和劳动力结构的优化，提高劳动者的价值创造能力。这主要通过增强自主创新及将先进技术转化为应用能力来实现。高校需培养两类人才：一是顶尖创新人才，二是掌握先进技术的技术技能人才。随着技术进步和产业升级，对应用技术人才的需求将大幅上升，这是经济发展的一个普遍规律，并为工业化国家的实践所验证。因此，加快培养适应技术进步和产业升级的应用技术人才，是地方高校转型发展的关键。在新常态下实现经济增长，核心是将经济增长的动力转换到创新驱动上来。习近平总书记在两院院士大会上提出，创新驱动发展战略要求实现从科研、开发到推广的"三级跳"，并围绕产业链构建创新链。人才培养结构需适应此战略，形成合理的培养体系，连接基础研究、创新到应用的价值链。这涉及产业链、创新链和人才链的整合，促进科教和产教的融合。技术进步和产业升级要求高等教育结构调整。根据"三级跳"的要求，高等教育应主要培养应用型人才，占80%。经济社会发展的推动力来自各领域的技术进步，因此，高等教育大众化的增量主要来自现代高等职业教育，且职业教育层次随技术进步而提升。产业升级特别是现代服务业、文化创意产业和公共服务领域的人才需求呈现复合化特征，本科及以上职业化专业人才培养中，80%应为复合型人才。这两个80%分别是推动高等教育布局和学科专业结构调整的关键因素。

高等教育主管部门在引导新一轮教育改革时，考虑到我国经济发展已进入新常态。这一新常态要求高等教育在人才培养方面做出调整，包括体系、结构和机制。为了满足这些新要求，高校需要培养大量的创新人才和技术技能人才，实现科研、开发和推广的"三级跳"。同时，高校教师也在教学、科研和社会服务方面面临新的挑战，这要求他们掌握新技能、新方法，以积极的态度提升自身的能力和水平。

三、高等教育自身改革发展迫切需要推进教师发展

当前，高等教育发展的关键影响因素正在经历显著转变，这些变化将对高校的未来产生重要影响。根据人口普查数据，中国的人口结构正迅速向老龄化转变。过去三十年间，大学入学适龄人口数量急剧上升，为高等教育的扩张提供了充足的生源。然而，由于计划生育政策的长期影响，预计未来高等教育适龄人口将显著减少，这可能导致我国高校面临生源短缺的问题。

预测分析显示，尽管我国高校招生需求持续增长，高校规模也将保持扩张趋势，但由于长期实施的计划生育政策及其后续效应，基础教育阶段的学生人数预计将在未来一段时间内下降，导致高等教育生源供给减少。此外，一些国家的高质量教育吸引了大量高中生出国留学，高校毕业生就业困难，以及部分专业设置与市场需求不匹配等问题，都可能导致高考弃考现象。研究指出，我国高校可能会在 2040 年左右面临生源危机，届时招生人数可能超过生源人数。

在此背景下，那些教育质量不佳、就业前景暗淡的高校将难以吸引学生，可能面临淘汰。高校间的竞争将导致一些学校地位上升，而缺乏吸引力的学校可能会被淘汰。过去，行政推动的扩张、合并及升级使高等教育规模迅速增长，但未来，生源市场的竞争将考验高校的实力，包括教学质量和声誉的较量。

随着国内高校为争夺生源而进行的激烈竞争，世界高等教育正朝着国际化方向发展，这为国内学生提供了更多选择，出国留学成为一个吸引人的选项。根据《2021 年中国出国留学行业研究报告》，中国出国留学人数从 2000 年的 3.9 万增加到 2021 年的 66.2 万，增长了近 16.5 倍。改革开放后，国家

放宽了出国留学政策,经济快速发展也使得更多工薪阶层家庭能够承担子女的留学费用,使得跨境高等教育成为越来越多高中毕业生的选择。《中国留学发展报告(2022)》显示,2021 年自费出国留学的中国学生占留学生总数的 90.06%。

随着出国留学学生年龄的降低和数量的增加,其对高等教育市场的影响日益显著,导致国内生源变得更加紧张。面对这一挑战,一些高校将与其他国内学校竞争生源,而其他高校则将目光投向国际市场。专业、课程和教师的国际化已成为趋势。为了生存和发展,国内高校必须进行调整,提升教育质量和吸引力,这一任务就落在了教师身上。

自 1999 年以来的扩招等改革主要解决了高等教育的规模问题,实现了高等教育的大众化。然而,随着高等教育机会的增多,发展的焦点将转向质量。许多研究者指出,高等教育质量的危机需要通过加强师资队伍建设来解决,大学教师的发展问题也因此受到关注。未来,我国高等教育的发展将坚持以质量为核心,而这需要高校教师在教学和科研等多方面能力的提升。

四、高校教师发展需建构新策略

在高等教育发展战略从数量扩张转向质量提升的过程中,教学质量的提高受到了广泛关注。《国家中长期教育改革和发展规划纲要(2010—2020年)》强调了提升教育质量和建设高等教育强国的重要性,并对教师队伍建设和教学质量的提升提出了要求。为此,建设教师发展机构以提升高校教师教学能力已成为共识。教育部和财政部在 2011 年提出了建设“高等学校本科教学质量与教学改革工程”,并鼓励高校建立符合自身特色的教师教学发展中心。2012 年,教育部启动了国家级教师教学发展示范中心的建设,目标是提升教师的教学能力和水平,建设高素质的教师队伍。在“十二五”期间,教育部计划在中央部委所属高校中重点建设 30 个国家级教师教学发展示范中心。2021 年，教育部提出，在"十四五"期间要完善高校教师聘用机制，实现教师队伍从基本支撑向高质量支撑转型。

一些高校早已开始实践教师发展活动。清华大学在 1998 年成立了教学研究与培训中心，被认为是国内最早设立的高校教师发展机构之一。随后，多所高校相继成立了教师发展中心。这些中心和随后成立的国家级示范中心共同推动了我国高校教师发展机构的建设热潮。

在几年的建设过程中，教师发展中心如雨后春笋般涌现，广泛开展教师发展活动。这些活动与传统师资培训有所不同，需要从理论到实践、从推动到参与、从机构建立到院系支持等多方面进行探索和创新。在借鉴国际经验的基础上，形成符合中国特色的高校教师发展实践策略，以促进教师能力的全面提升，特别是教学水平和质量的提高，是高等教育研究的重要课题，也是本书试图解答的问题。

第二节　高校教师发展的重点探析

一、高校教师发展的概念

高校教师发展的概念是随着社会进步而演变的。美国学者史蒂芬指出，在企业中，提高产品和服务质量的关键在于员工的发展。同样，在高校中，教师是科研和教学的核心，其发展是提升教育质量和服务的关键。因此，提升学生教育品质、借鉴成功教学经验、更新教学观念以指导实践，成为高校教师发展的关键。克劳德在《教育研究百科全书》中提出，激发和促进高校教师专业能力的发展，包括科研、课堂教学和职业生涯管理。潘懋元在《高校教师发展简论》中认为，广义上，所有在校教师通过学习和实践提升教学水平，都属于教师发展的范畴；狭义上，教师发展更侧重于教学能力的提升。他强调，教师发展可以从学术水平、职业知识、技能和师德等方面来理解。吴振利则从发展内容、行动、目的和综合发展四个方面阐释了高校教师发展的概念。笔者认为，高校教师发展应以提升学术水平和教学能力为核心，涵盖教学发展、组织发展、专业发展和个人发展等方面。

二、高校教师发展的重点

教学是高校教师工作的关键部分，因此教师发展的核心在于提升教学能力和胜任力。高校教师发展是一套旨在帮助教师高效完成任务的策略、方法和实践，其重点在于提高教学水平和能力。当前，教师是高校教学和科研的骨干。为了提升教育教学质量并推动高等教育的内涵式发展，高校需重视教师的教学发展。接下来，将探讨高校教师教学发展的必要性。

（一）教学发展是高校教师发展的逻辑起点

1962 年，美国成立了全球首个高校教师发展机构——密歇根大学的学习与教学研究中心，旨在提供技术、资金和资源支持以促进教师教学发展。该中心的建立极大地推动了美国高校教师的教学水平进步。英国也通过法律、法规和报告，如 1944 年的《麦克尔报告》、1972 年的《詹姆斯报告》和 2003 年的《未来高等教育》，为教师教学能力的提升和发展提供了法律基础。日本政府在 20 世纪 90 年代后发布了一系列大学改革文件，包括建立大学委员会和中央教育委员会，以及提出科学技术基础计划和 COE 计划，这些措施对教师发展的制度化起到了积极作用。鉴于此，为适应高等教育的发展，有必要关注并推动高校教师的教学发展。

（二）教学发展是实现高校职能的基础工作

唐纳德·肯尼迪强调，社会以教学质量的优劣来评价大学，而教学是大学的中心工作。通过人才培养、科研和服务三者的结合，大学将培养人才作为核心任务，并需不断传承这一使命。因此，高校教师要想履行好教学职责，就必须提升教学能力和水平，这是教师发展的根本目标和必要条件。

（三）教学发展是提高教师教学水平的有效途径

近年来，我国政府推动了高等教育教学改革，强调提升高校教师教学水平。《国家中长期教育改革和发展规划纲要（2010—2020 年）》明确了提高教师队伍教学水平的目标。尽管新入职的高校教师学历高、专业知识扎实、创新能力强，但缺乏教学经验和基本功，对自己的职业生涯规划和管理不足。教师成长是一个逐步过程，新教师需要不断优化知识结构，探索教学方法，实现从教学新手到能手再到专家的转变。

第三节　高校教师发展的组织机构

高校的各个组织机构各司其职，教务处、人事处、科研处、工会和教师发展中心等部门协同合作，全力推进高校教师的培养和发展。

一、教务处

（一）教务处的职能

教务处（教务部）是高校教学管理的核心部门，负责制订和监督教师的教学目标、任务、进度和计划，以及学生的学习要求、目标、考试等教学相关事务，是学校的关键机构。教务处下设有教务科、教学建设科、实验教学科、教学质量科、教材科等分支部门。

（二）教务处与高校教师发展

教务处与高校教师发展密切相关，通过教学管理、学期评价和教改项目实施等手段推动教师成长。华东师范大学作为一所"985"高校，拥有优越的教育学科和培训传统。教务处为提升教师教学能力，实施了"新进教师教学技能研修方案"，与人事处和教师发展中心协作，提供专业培训。

研修包括入职培训和专题研修,入职培训涵盖多个主题,如制度资源、教育心理、教学设计和技能等,通过多种形式促进教师教学技能提升。专题研修要求新教师一年内参与至少 6 次活动,并记入个人研修档案。这些活动旨在激励教师学习教学理论,并将其应用于实践,以提高教学理论水平和能力。

二、人事处

(一)人事处的职能

高校人事处围绕"人才"这一核心,主要负责教师引进与培养、岗位与绩效管理、效益评估及薪酬制定。其下设机构包括人才交流中心、人事科、师资科、劳资科、综合科等。

(二)人事处与高校教师发展

高校人事处在促进教师专业成长方面扮演关键角色,通过制定并实施旨在吸引优秀人才和激发教师潜能的项目与政策,包括人才引进、师资培训及针对高层次人才的专门计划。

高校人事处通过以下方式促进高校教师的职业发展。

① 制定和实施人才引进政策:吸引国内外优秀学者加入高校,提供有竞争力的薪酬待遇和良好的工作环境。

② 师资培养和发展计划:为教师提供专业发展培训、学术交流机会和学术研究资助,支持教师提升教学和科研能力。

③ 激励和奖励机制:设立教学、科研等各类奖励,表彰优秀教师和优秀科研成果,激发教师的工作积极性和创新精神。

④ 职业发展规划:与教师共同制订个人职业发展计划,提供职业咨询和建议,帮助教师明确职业目标和实现路径。

⑤ 优化人事管理流程:简化人事手续,提供高效的服务,确保教师能

够专注于教学和科研工作。

⑥ 营造良好的学术氛围：鼓励学术自由和创新，建立公平的学术评价体系，为教师提供稳定的学术支持。

三、科研处

（一）科研处的职能

科研处负责学校科学研究的管理与规划，其主要职责包括：制定科学研究、科技服务和学术交流的长期规划；协调学校的科研活动和学术事务；管理学校的重点科研项目，并确保课题的顺利进行。

（二）科研处与高校教师发展

科研处对高校教师的发展提供关键指导与服务。它通过举办学术活动和沙龙，促进教师间的学术交流和国际视野的拓展；通过不定期举行科研项目申请指导会和讲座，提升教师的科研技能；并通过科研项目管理，为教师提供资金和组织上的支持。

高校科研处通过以下方式促进教师的职业发展。

① 学术交流：组织学术会议、研讨会和讲座，促进教师之间的知识分享和学术合作，扩大教师的学术网络。

② 科研指导：提供科研项目申报的指导和建议，帮助教师成功申请研究资金，支持教师开展科研活动。

③ 专业培训：定期举办科研方法和技能的培训，提高教师的研究能力和实验技术。

④ 资金支持：管理科研经费，确保教师的研究项目得到必要的财政支持，包括设备购置、差旅费等。

⑤ 项目管理：监督和协调教师的研究项目，确保项目按计划进行，并达到预期目标。

⑥ 国际合作：鼓励和支持教师参与国际科研项目和交流活动，提升教

师在国际上的学术影响力。

⑦ 成果转化：协助教师将科研成果转化为实际应用，促进知识转移和技术创新。

通过这些措施，高校科研处为教师提供了一个全面的支持体系，帮助他们在职业道路上取得进步和成功。

四、工会

（一）工会的职能

工会本质上是基于共同利益自发形成的社会组织。在中国，高校工会坚持党的领导，负责推进学校民主管理和工会建设，紧密联系群众。它专注于学校的核心任务，组织宣传教育活动，举办符合教职工需求的文体活动，并有效保护教职工的合法权益，特别是女职工的特定权益。

（二）工会与高校教师发展

高校教师的成长应全面，不仅限于教学和研究，还包括心理健康、身体锻炼和团队协作等领域的均衡发展。工会作为联系群众、举办教职工技能竞赛和文体活动的"教工之家"，在促进教师的全面进步中扮演着关键角色。

一般来说高校教师工会会经常组织各类活动，促进教师的职业能力提升，达到实现教师职业发展的目的。下面是某高校工会经常举办的几类活动。

① 开展新教师团队建设活动。新教师通过参与分组素质拓展和表演，体验集体力量和团队温暖，增强团结和认同感，明确职业目标。

② 举办教师教学技能竞赛。工会通过举办这些竞赛，提升教师的语言表达技巧，为教师提供一个展示教学能力的平台。

③ 组织教师趣味运动会。工会通过举办定向越野团队赛等形式的活动，丰富教师的业余生活，促进教师间的交流，减轻压力，增强团队精神。

五、教师发展中心

教师发展中心是高校专门负责教师成长的研究、规划、实施和评估机构。这些中心自 21 世纪初在我国高校建立，旨在借鉴国际经验，提升教师队伍质量，满足教师发展需求，并为教师提供教学支持和能力提升的交流平台。

国际社会持续关注高校教师发展问题。美国自 20 世纪 60 年代起建立了教师发展机构，目前大多数高校设有此类中心；日本自 20 世纪 80 年代开始关注并推动教师发展活动；英国 2003 年通过《未来高等教育》法案，建立了"卓越教学中心"。我国自 2011 年起发布相关文件，提出提升教师教学能力、建设具有特色的教师教学发展中心及国家级示范中心的目标。教育部后续文件和研讨会进一步推动了教师教学发展中心的建设，并提出财政资助建设 30 个国家级示范中心，以探索运行机制、开展培训和咨询服务。

这表明，国内外教育管理部门和高校均高度重视教师发展问题，并通过建立专门机构来解决"教师教学能力提升"的问题。教师教学发展示范中心在促进教师成长方面发挥了重要作用。

第二章 高校教师发展课程设置的理论基础

第一节 教师知识理论

一、西方教师知识结构理论

关于教师知识结构，西方学者提出了各自的看法，可以归纳为以下几种理论。

（一）教师的内容知识理论

在教师知识结构研究中，几乎所有学者都将学科知识视为教师应具备的关键知识类型之一。舒尔曼提出的科学知识涉及学科概念、规律和内容。格罗斯曼将科学知识分为两部分：一是学科内容本身，二是学科教学法的知识。他认为学科教学法知识是外在的，因为它涉及学科的实际应用和教学实践。吉麦斯坦德和豪也将科学知识视为教师知识结构的一部分，强调教师需要深入理解所教学科的内容。1986 年，美国教育学院协会成立了"师资教育改革中心"，其中设立了一个"知识基础行动小组"，负责制定一套新教师必备的知识基础，这些知识基础包括 14 个类别，第一类就是教师所教学科的知识。

（二）教师的教学法知识理论

舒尔曼将教师的教学法知识分为两类：一是来自教育心理学取向的一般教学法知识，如设计教学、管理课堂和激发学生学习动机等；二是学科教学法知识，即将学科内容转化为有教学意义的形式，并适用于不同能力和背景学生的知识。吉麦斯坦德和豪的观点与舒尔曼相似，也将教学法知识分为一般知识和学科知识两种。他们认为一般教学法知识包括学习理论、评价策略、课堂管理和教育中的多元文化等，而学科教学法知识是教师特有的，融合了学科内容和教学法的个人教学经验。格罗斯曼将学科教学法知识归入学科知识范畴，单独列出一般教学法知识，包括课堂组织和管理的知识。梅纳德·雷诺兹等人列出的 14 类教师知识中，涉及了教学法知识的多个方面，如教师组织与管理的知识、评价的知识，以及各学科特有的教学知识等。塔米尔领导的研究小组同样将教学法知识分为一般和学科两种，并详细阐述了各自的内容。

（三）其他教师知识结构理论

除了学科知识和学科教学法知识，学者们还探讨了教师应具备的其他知识类型。这些包括课程知识、学生知识、教育背景、地域文化差异等方面的知识。有的学者将这些知识作为独立类型；有的则进行更细致的划分或重组，如格罗斯曼将教师工作情境、学生家庭状况、社区背景、教育历史哲学基础、个人价值观等统称为背景知识。此外，格罗斯曼还将学生知识和课程知识单独列出，学生知识涉及学习理论、学生发展等方面，课程知识则关注课程开发、年级间课程等。无论怎样划分，学科知识和学科教学法知识都是教师知识结构的核心部分。如伯利纳和博科等人提出的教师知识结构，都包含了学科内容知识、学科教学法知识和一般教学法知识。吉麦斯坦德和豪还提出了普通知识，即大学毕业生和受过教育的公民应具备的知识，包括交流能力、数学技能、技术运用、一般性知识等。吉尔伯特、赫斯特和克拉里等则从不同维度提出了关于"课堂教师"专业知识基础的层次性分类，包括学校机构知识、学生知识、教学知识和决策层次知识。这些理论综合了教师知识的多个维度，为理解教师知识构成提供了全面的视角。

二、国内教师知识结构理论

国内学者对教师知识结构的研究主要分为四种取向：功能型、学科型、实践型和复合型。功能取向将教师知识按功能分类，学科取向区分为学科相关知识与一般教育知识，实践取向根据知识的存在形式将其分为实践和理论两部分，而复合型取向则认为其他取向过于单一，提出了更为全面的教师知识结构特征。

（一）功能取向的教师知识结构研究

林崇德从功能角度对教师知识结构进行划分，将其分为本体性知识、文化知识、实践知识和条件性知识四个部分。教师的本体性知识即学科知识，如语文、数学和英语等，这是教师知识中人们最熟悉的部分。林崇德指出，一个人的最佳知识结构应以所从事的事业与专业为基础，教师扎实的本体性知识是其取得良好教学效果的基本保证，但学生年级越高，教师的威信更取决于其本体性知识的水平。教师的个性知识也很重要，但达到一定水平即可，过多可能对教学效果影响不显著。教师的文化知识能够扩展学生的精神世界和激发他们的求知欲，对学生的全面发展具有重要意义。教师的实践知识是指其在课堂情境中的教学经验积累，这种知识受个人经历的影响，包括打算、目的和人生经验的积累效应。教师的条件性知识是指其教育学和心理学知识，这是教师教学成功的重要保障，可具体分为学生身心发展知识、教与学知识和学生成绩评价知识三个方面。

（二）学科取向的教师知识结构研究

中国台湾地区教育研究者在对国外教师知识结构研究进行吸收和适应后，进行了本土化的研究。单文经的观点颇具代表性，他认为教师知识结构应包括教师专业知识和学科知识两大类。教师专业知识分为以下四个方面：

一般教学知识涉及教室管理和组织策略；教育目的知识包括教育目标、价值和哲学背景；学生身心发展知识涉及认知能力和学习动机；其他教育知识涉及教育的社会、文化、政治、法律和财政背景。学科知识则分为教材内容知识、教材教法知识和课程知识。教材内容知识涉及教师教授的具体内容，教材教法知识融合了教材和教法，课程知识则包括教学资源的有效运用。教师还需了解学生在其他学科的学习内容，以及同一学科的前后知识，以确保教学的连贯性。

（三）实践取向的教师知识结构研究

陈向明将教师知识分为理论性知识和实践性知识两类。理论性知识通常为外显状态，易于表述和把握，而实践性知识则通常为内隐状态，基于个人经验和特征，具有隐蔽性、非系统性和缄默性，难以掌握。两者都是教师专业发展的必要条件，相互补充和影响。陈向明认为实践性知识更为重要，处于主导地位。他进一步将教师实践性知识分为六个方面：教育信念、自我知识、人际知识、情境知识、批判反思知识和策略性知识。这些知识涵盖了教师对学科内容、教学法和教育学理论的理解，以及将理论知识应用于教学的具体策略等方面。

（四）复合型取向的教师知识结构研究

一些学者提出了教师知识结构的多样化，突破了传统的"学科知识+教育学知识"模式，主张教师知识结构应包含三个主要层面。最基础的层面涉及当代科学和人文的基础知识，以及工具性学科的扎实基础和熟练运用的技能。这是教师作为知识分子的基本要求。第二个层面是教师掌握1～2门学科的专门知识和技能，这是教师教学的基础。教师需要对学科有广泛而准确的理解，熟练掌握相关技能，并了解学科的发展历史、趋势及其在社会和人类发展中的价值。这些知识有助于教师在教学中展示学科与人类、现实世界的联系，丰富学科的人文价值，并激发学生的探索和创造欲望。最后，教师需要掌握每一门学科独特的认识世界的视角、域界、层次和思维工具与方法，了解学科科学家创造的发现过程和成功原因，以及他们所体现的学科精神和人格力量。第三个层面是教育学科知识，涉及教师帮助认知教育对象、开展教育教学活动和进行教育研究的专门知识结构。未来教师需要加强在人的知识、教育哲学形成、管理策略、教育教学活动设计、方法选择、现代教育技术运用和教育研究等方面的知识和技能。这三个层面的知识相互支持、渗透，并能有机结合。

刘清华对中小学教师的知识结构进行了扩展，认为其由八个部分构成。第一是学科内容知识，包括实质性知识、文法性知识和学科知识的信念。第二是教学法知识，涵盖教学、学习和学生的知识与信念。第三是学科教学法知识，涉及对学科领域主题和问题的教学理解。第四是课程知识，包括课程的目标确定、内容选择和组织、实施、评价和管理。第五是学生知识，由学生的经验或社会知识和学生的认知知识组成。第六是教师自身知识，涉及教师的自我意识和专业发展。第七是教育情境知识，包括学习环境和社区、社会教育环境。第八是教育目的及价值，涉及教育史、哲学和法律的知识。

第二节　教师学习理论

教师学习是一个全面的概念，特指在职教师通过不同内容和领域的学习及多种途径和方法，实现专业知识和能力的提升，以及观念和态度的转变。这一过程强调教师的主动性和自我更新的意识，而非被动地随年龄增长而变化。教师学习不仅限于阅读报纸杂志或接受培训，还包括任何能够改变教学知识和技能的活动，如授课后的自我反思。教育改革与教师教育紧密相关，相互促进。建构主义学习观将教师学习置于复杂的社会背景中，深化了对教师学习的理解，并促使我们重新考虑教育改革和教师教育在促进教师学习方面的策略。建构主义认为学习是一个意义建构的过程，学习者通过新旧经验的互动来形成和调整自己的经验结构。教学应基于学生的原有经验，引导他们建构新经验。建构主义学习理论强调学习者的主动参与和基于经验的建构过程，并认为学习环境中的"情境""协作""会话"和"意义建构"是关键要素。

一、学习者以自己的方式主动学习

建构主义学习观区别于传统的"传授、接受"教学模式，它强调学生在学习过程中的自我建构性。建构主义的先驱皮亚杰认为，学习涉及两个基本过程："同化"与"顺应"。同化是指学生试图将新的信息融入已有的认知框架中，而顺应则发生在学生无法将新信息同化于既有框架时，此时学生会创造新的认知框架来组织这些信息。这两个过程都是基于学生的原有经验，对现实进行解释和建构。学习过程中，学生与外部环境相互作用，他们基于个人的认知结构和经验，为世界赋予意义，这一过程是由个体和集体共同决定的，而不仅是外部环境的直接影响。学生在接收外部信息时，是在原有的认知基础和认知方式上进行自我建构，这导致了不同世界观和认识观的形成。

二、学习者的建构依赖新旧经验的相互作用

建构主义学习观强调，学习是一个以学生个人经验为基础，主动建构知识的过程。在这个过程中，学生在接触新的外界信息时，并非一张白纸，而是已经拥有了一定的经验和知识结构。面对问题时，他们会基于自身的相关经验，运用已有的认知结构，给出他们认为合理的解释。换句话说，知识并非被动接受，而是通过认知主体在新旧经验之间的互动，积极主动地建构起来的。建构主义者明确指出，脱离学习者的经验谈"建构"是毫无意义的。学习者并非头脑空空地参与学习，知识的获取是以原有经验为出发点，通过学生对已有经验的改造和重组，实现知识的建构。

三、社会互动可以促进意义建构的多元化

建构主义认为，对于意义的理解取决于个体如何构建它。每个人因其独特的成长背景、学习环境和认知结构，对外部世界的理解和解释各不相同。

人们在不同的主观框架中，对同一活动的意义会有不同的解读。然而，作为社会性生物，人类在社会意识的影响下，个体的意识形态也会受到影响。因此，个人知识的形成不仅取决于与客观世界的互动，还受到社会互动的影响。在社会互动的背景下，学习者通过表达自己的观点、接受他人的思想，相互学习，形成了个性化、多元化的对事物的解释。协作在整个学习过程中都发挥着重要作用，包括与教师、同学的协作。协作在学习资料的搜集与分析、假设的提出与验证、学习成果的评价，以及意义的最终建构等方面都具有重要作用。

四、情境是经验建构的土壤

传统教育观念中，学习被视为一种脱离具体情境的过程，认为学习者可以在没有现场情境的情况下，掌握抽象和概括性的知识，并且能够将这些知识自然而然地应用到实际情境中。然而，建构主义者持有不同的看法，他们认为学习是与情境密切相关的，并且强调在学习过程中创设情境的重要性。建构主义者认为，情境的创设是学习者进行意义建构的基础，也是教学设计中至关重要的组成部分。基于知识与认知过程不可分割的认识论前提，以及促进知识迁移的目标，建构主义者强调学习的关键在于意义情境脉络的发生。学习成果与个人的特定知识情境紧密相关。因此，建构主义者提倡重视个体或群体在真实情境中的实证研究或探究性学习。

五、以案例为支撑的情境学习理论

根据建构主义学习观，学习并非仅是获取认知符号，而是一个涉及真实情境的参与过程。建构主义学者斯皮罗在 1991 年提出，学习应当区分为初级学习和高级学习两个层次，而传统教育和培训往往将这两个层次混为一谈，过分强调可以脱离经验的、简化的和结构良好的知识学习。初级学习主要涉及定义明确、以语言符号编码的知识，其学习要求通常停留在复述和再现的层面，通过大量练习和反馈可以达到熟练掌握。然而，对于高级学习，如复杂的、结构不良的知识，以及需要将新知识灵活迁移到新情境的能力，单一的语言解释和机械训练往往不够有效。因此，斯皮罗主张，针对高级学习，无论是在学校教育还是教师培训中，都应根据不同的目的，在不同时间采用不同方法创设情境，从多个角度多次探索和理解同一资料。教师的学习属于高级学习，例如，对课程理念的理解、对新学习方式的认识等，这些学习具有鲜明的个体主义思维特征，不同的人可以根据自身经验，从不同程度和角度进行理解，最终形成各自的教育观念和教学行为。特别是在教师培训中，这一特征尤为突出。过去的师资培训经验表明，教师的有效学习不在于纯粹的概念记忆和对新理论的接受，而是在于情境学习，特别是在生动、具体的案例背景下。正是这些生动的案例搭建了理论知识与教师实践之间的桥梁。

六、以群体为基础的教师合作学习理论

从社会建构主义的视角来看，学习被视为知识的社会性协商，这一过程涉及到合作与交流。心理学家维果茨基强调，学习是一个社会性的活动，首先表现为社会合作，然后才是个体内部的思维活动。学习的核心在于人际交往，是不同思想之间的对话。如果仅将知识视为对现实的准确反映，将学习看作是学习者个人内部的心理加工，那就过于狭隘地理解了学习作为个人行为的本质。

在教师群体中，每个教师的知识结构、智慧水平、思维方式和认知风格等方面都各不相同。即使是教授同一学科的教师，在教学内容的处理、教学方法的选择和教学情境的创设等方面也展现了各自的特色。这是因为每位教师都是根据自己的经验背景来建构对事物的理解，因此每个人看到的只是事物的不同方面，没有一个人能对事物有唯一正确的理解。正是基于这一点，每位教师都应该超越自己的理解，认识到他人与自己对同一事物的不同理解和视角，从而形成更加全面和接近事物真实面貌的观点。因此，教师的这些差异本身就是一种教学资源。

研究者将教师基于群体的合作学习归纳为三种类型：第一，指导型合作学习，如校外专家、教研员、学科带头人等对教师的指导；第二，表现型合

作学习，如公开课、教学成果展示、专题讨论、课题研究等；第三，学习共同体，这是在教师培训中融入学习共同体的理念，以学校为基础建立的学习型组织，旨在促进教师之间的相互学习、共同实践和成长。以校为本的学习共同体不仅限于学校这个小范围，而是通过制度化方式，建立一个以学校为中心、半径不定的广泛网络和立体互动环境。学习共同体有多种形式，包括现实中的学习型组织，如以教研组为核心的组织，也可以是虚拟的，基于网络资源的学习型团队，还可以是人与机器交互的形式；可以是大规模的，也可以是小型化的；可以是问题解决型的，也可以是学科背景型的，或者是基于课题研究的。

总的来说，学习共同体不拘泥于形式，更注重实际效果。但这并不意味着学习共同体是松散无序的，相反，它需要有一定的规划和制度保障。对于校本培训而言，研究者需要进一步思考如何针对不同的教师学习共同体进行规划和提供制度保障。

下面列举几个教师群体合作学习的方式。

（一）教学沙龙

教学沙龙作为校本培训的一种方式，聚焦于一两个教学议题，鼓励参与者自由表达观点，开展类似"头脑风暴"的讨论。这种形式能够激发参与者的热情，唤醒思维活力，使每位教师都能在这种集体交流中收获个人学习所无法比拟的成果。

（二）博客群

博客群是利用网络虚拟环境，通过博客搭建的具有共同学习目标的学习社区。在这个社区中，成员们经常在学习过程中进行沟通和交流，共享学习资源，协作完成学习任务，从而在彼此之间建立起相互影响和促进的人际关系。这种交流既可以是实时的，也可以是延时的，交流形式包括个体之间的直接对话，如通过网上教学日记的分享，这种分享可以促进教师之间的教学经验交流，使教师能够参考他人的教学日记来优化自己的教学方法。在网络环境下，教师的学习和沟通不受传统教学方式在时间和空间上的限制，使得交流可以随时随地进行，有效解决了工作与学习之间的冲突问题。

（三）教学伙伴

教学伙伴关系是指教师为了达成教学目标而形成的相互教学和学习的组织架构，这种关系强调集体合作。在这种伙伴关系中，教师们可以针对相同的教材进行不同的教学设计，并实施教学。通过比较和反思，教师们相互学习，发挥各自优势，避免不足，共同提升教学水平。另外，也可以由一位教师先行设计并实施教学方案，课后进行个人反思，随后由同伴提供帮助，再次进行教学反思，并据此修改教学方案。教学伙伴关系强调教师作为研究者之间的协作，依靠团队的力量进行研究和教学活动，以实现研究的最终目标。

（四）读书会

读书会是一种集体的学习形式，成员们针对同一阅读材料进行学习、讨论和交流。在网络化的今天，读书会对提升教师的人文素养和科学精神发挥关键作用。读书会定期分配学习任务，并组织相关的阅读活动，通过集体学习将教师个人的学习行为转化为共同成长的动力。读书会通常包括四个环节：个人阅读、撰写读书心得、小组讨论和主题演讲。读书会还会邀请专家为教师提供理论学习指导，并参与信息交流。会员们确定学习的重点，带着问题进行阅读，深入分析教学中遇到的问题，并将难以解决的问题带到小组讨论中，培养利用个人和集体智慧寻找最科学、最有效的问题解决方法。通过个人反思和集体讨论，教师能够识别自己和同事的优势与不足，进而拓宽专业视野，激发学习的热情。

七、促进教师学习的环境设置理论

近年来，受到建构主义和社会文化发展理论影响的情境学习理论已经被

第二章　高校教师发展课程设置的理论基础

应用到教师教育和专业发展领域。这种理论将学习视为参与实践共同体的过程，这是一个由共同目标引导、通过工具作为媒介、包含群体合作与分工的活动系统。基于这样的学习理念，推动教师学习就转变为创造具有这些特点的学习环境和条件。近期，这类研究开始成为一种趋势，教师学习组织开始多样化，包括定期的讨论小组、读书俱乐部、网络笔谈或辩论、合作实践探究等，它们共同的特点是为教师提供了基于实践的认知共享机会。研究者有意识地利用这些理论来设置教师的学习环境，并检验它们对促进教师发展的效果。

研究者们通常从以下几个角度来创造有利于教师学习的条件。

① 将学习置于具体情境中，围绕教学实践问题进行。

② 基于教师现有的知识，促进概念上的转变。

③ 鼓励教师进行研究，通过实践探究进行反思。

④ 创造对话和合作的机会，以促进共同理解。

⑤ 展现研究者对教师学习的协作促进作用。

⑥ 利用工具，特别是网络资源，来促进教师学习。

这六个有利于教师学习的条件都是从建构主义学习理论的角度出发的。这些条件的提出为通过环境设置来促进教师学习提供了指导方针。

八、情境—协作—会话—意义建构教师学习理论

建构主义理论关于学习的四个基本要素（情境、协作、会话、意义）的构建，对于改变传统的教师学习模式具有积极影响。实际上，无论是教师自身的学习还是教师培训，都应当以解决实际问题为目标。在教师培训方面，学习者应当从未来职业的实际需求出发，深刻理解教师的专业角色，因此需要以"教师"而非"学生"的身份，置身于真实且有效的教学环境中，以此建构对教学意义的理解。对于体育教师培训，由于学习者已经具备了一定的专业知识、技能和教学经验，他们的个人经验应当被整合进培训课程中。通过学习者之间的相互探究和对话，可以更新旧有的认知结构，构建新的意义。

23

因此，在教师学习中引入建构主义的四个学习要素是必要的，这将有助于教师学习方法的创新和扩展。

（一）真实情境：教师学习的有效方式

与中小学教学中的情境教学不同，在教师学习中应用的情境教学，并不是让培训者通过设置场景、音效和语言等来为学习者提供模仿的情境，而是针对真实教学中可能出现的问题进行精准的分析和解决。分析真实教学案例，不仅帮助学习者快速融入教师角色，还能促进知识的有效迁移，将学到的概念、原理、技能与实际问题解决相结合。在教师培训中，由于学习者不仅拥有丰富的教学经验，也经历过各种挑战和困难，因此真实情境的学习更具实际价值。借鉴建构主义的方法，可以通过以下三种方式为学习者创造适宜的情境。

1. 教学录像

教学录像分析是一种适用于各个阶段的教师教育方法。挑选的教学录像应当具有代表性或能够引发概念性的思考，这意味着这些录像不必展示完美无缺或完全成功的教学案例，反而可以揭示教学中常见的错误，这些错误往往被教师自己所忽视。通过深入分析录像中的教学行为，教师能够提高自我认知。培训者可以根据学习的主题，精心挑选教学录像，并指导学习者对录像中的关键点、存在的问题，以及解决策略进行深入的分析和讨论。

2. 提供真实的教学案例

如果受到教学资源的限制，可以选择一些真实的教学案例来进行分析，这些案例同样应当具有代表性。通常情况下，案例由教师自行收集和提供，但也可以鼓励学习者（特别是参与教师培训的学习者）根据特定的主题自主收集和展示案例，例如，他们可以分享自己在教学实践中的经验或面临的问题。

3. 学习者自行设计教学

此外，某些主题可以引导学习者通过独立设计教学计划来应用所学的理论或技巧，或者通过这种方法来揭示实际问题。

（二）合作与交流：教师学习的基本途径

在真实的教学环境中，学习是通过协作完成的。在小组合作学习中，学习者针对具体的教学案例或案例中的问题进行深入分析和交流，并在此过程中分享个人的教学经验和心得。这种合作与对话不仅促进了信息的交流，还有助于学习者在思维的共鸣与冲突中加强或重塑自己的认知框架。此外，教师的合作学习还能有效满足他们的社会情感需求。因此，有美国学者建议，在学校生活或教师培训中应构建所谓的"教师学习共同体"。有的学者甚至认为，教师团体是否存在是判断教师职业是否达到专业化的重要标准之一。这表明了团队文化和学习组织对教师职业发展的重要性。创建教师学习共同体的方法多样，包括培训课堂上的团队工作、网络学习平台等。

（三）自我建构：教师学习的理想与归宿

教学情境的创设、合作学习和交流互动的根本目标是促进学习者自主构建知识意义。参与教师培训的学习者是具备一定专业知识基础和教学经验的成年人，他们在培训中表现出较高的自主性和积极性，能够主动寻求培训内容，并对所学信息进行独立整合。在培训前，他们原有的经验会对学习过程产生预期影响。所有这些特点都使得教师学习倾向于以自我为中心，这种倾向无论是自觉还是不自觉的，都为教师的自我建构提供了可能性。因此，教师培训可以适度采用"学习者中心"的模式，根据学习者的经验、需求和心理特点来设计培训流程。同时，在培训过程中，应当给予教师学习者独立思考和实践的空间，为他们自主构建知识创造条件。

这一理论框架，即情境—协作—会话—意义建构的教师学习理论，为理解和改进现行教师培训提供了启示。

第三节　教师反思理论

美国哲学家和教育家杜威最早将反思的概念引入教育领域。在他的著作《我们怎样思维》中，杜威将反思定义为"对任何信念或假定知识的基础，以及其导向的结论进行积极、持续和细致的思考"。基于对反思心理过程和逻辑形式的研究，他提出了反思性思维的六个阶段，并相应地发展了教学过程的六个阶段理论。

杜威认为，反思性思维具备几个关键特征：① 它是有意识和受控制的；② 它是连续的；③ 它具有严密的逻辑性；④ 它具有激励作用。特别值得注意的是，杜威强调，发展反思性教学涉及对特定情境或个体作出积极反应的习得意图。在这些意图中，最为关键的是保持开放的心态、责任感及全身心的投入。换句话说，杜威认为，要成为一名具有反思能力的教师，需要培养三种心态：谦虚、责任感及全身心的投入。

一、教师反思理论的发展

尽管杜威最早提出将反思应用于教育领域，但对教师反思的广泛关注却源于美国麻省理工学院唐纳德·舍恩。在 1983 年的著作《反思的实践者：专业工作者在行动中的思考》中，舍恩详细阐述了"反思性实践"和"反思性行动"的概念。他提出，反思性教学是教师通过自身教学经验进行学习的过程，这一理念的提出超越了简单地将教学改革标记为成功或失败的层面。1987 年，舍恩又发表了《培养反思的实践者：专业领域中的教与学新设计》一书，教师反思理论因此在全球教师教育领域产生了深远影响。

舍恩认为，反思是专业工作者在工作过程中对遇到的问题进行建构或重建，并在问题情境中深入探究的能力。他指出，"问题不会像礼物一样主动出现，它们必须从复杂、模糊和不确定的情境中建构出来"，然后寻找解释或解决问题的途径。他将"反思"与"行动"相结合，并强调"关注"是问题建构或重建的关键因素，这种关注既涉及对周围环境的注意，也包括对内心感受的关注。

舍恩的著作引发了关于教师反思性质的激烈讨论，并在全球范围内受到了批评和质疑。尽管如此，他的思想也促使越来越多的学者和教育工作者认同应将"反思"视为教学核心特征，从而帮助教师反思理论研究跨越了理论与实践之间的鸿沟。

二、教师反思理论的成熟

教师反思理论起源于 20 世纪 80 年代北美教育界的教师反思运动，经过二十多年的演进，现已发展成为一股强劲的国际趋势，并被全球教育界的广泛接受。虽然在理解与执行上存在诸多分歧和争议，但"反思"的价值已得到广泛认可，成为教育领域的一个明显共识。

1999 年，华东师范大学教育科学学院熊川武出版了《反思性教学》一书，标志着以专著形式深入探讨反思性教学的开始。随着新课程改革的推进，中国教育学术界也开始广泛讨论"反思""反思性教学""反思型教师""反思型教师教育"等概念。目前，反思的理论与实践在中国受到越来越多的关注，发表了大量关于反思性教学的论文，显示了国内外学者对教师反思的重视，表明反思理论在中小学教学中的应用对教师发展具有积极作用。反思被视为实现教学效果、提升教师教学参与主动性及促进专业发展的关键手段和工具之一；反思性教学已成为评价优秀教师的重要标准；而反思型教师则被视为理想的教师形象，是教师终身追求的目标。

三、教师反思理论的基础

反思理念的兴起有其独特的思想根源和动因，它吸取了哲学、心理学和知识观念等理论流派的丰富思想资源，为自身奠定了坚实的理论基础。

（一）哲学基础

自 20 世纪 80 年代起，一些具有反思特性的理论，特别是后现代主义中的批判理论和现象学研究，被应用于教育实践中，激励教师深入反思自己的教学行为，并促进了对教学行为原因与结果意识的深入思考。

后现代主义为反思思潮提供了一个关键的理论基础。后现代主义是自20世纪50年代起在西方国家流行的一种文化哲学，它基于对现代性的反思、批判、解构和建构。这一思想流派包括众多学派，其中海德格尔是理论先驱，德里达、福柯、利奥塔等是其核心人物。在哲学领域，后现代主义涵盖了分析哲学（后期维特根斯坦的分析哲学）、新解释学、解构哲学、法兰克福学派的批判理论、女性主义等。然而，这些学派内部和之间都存在着复杂的差异和对立，即使在同一学派内部，对同一问题的看法也可能截然不同。后现代主义的本质在于对现代性的质疑、反思、批判和超越，其核心特质是反思和批判，而文化性、境域性和价值性等则是其显著特征。

1. 批判理论

第二代批判理论，归属于后现代主义范畴，对教育界产生了深远的影响。这一理论由法兰克福学派奠定，该学派的代表人物包括霍克海默、阿多诺、马尔库塞和哈贝马斯。批判理论通常被分为两代，即左翼和右翼。第一代批判理论，以对"科技（工具）理性"的批判为核心，主要由霍克海默、阿多诺和马尔库塞等提出，他们主张通过"意识革命"唤醒人们的批判意识，从而摆脱"科技（工具）理性"的束缚。第二代批判理论的代表哈贝马斯在继承和发展第一代理论的基础上，提出了认识类型、交往理论和合法性危机等概念，对教育和教学产生了深远的影响，并推动了反思的深入发展。

哈贝马斯、卡尔和凯米斯提出了反思的三个层次：技术层次，关注如何有效实现既定目标；实践层次，涉及假设、倾向、价值观及行为结果；批判或解放层次，关注伦理、社会和政治问题，特别是组织和社会对个人自由和权利的限制。批判理论的反思层次观为教师反思能力的培养提供了范例，并在伦理学基础、教学互动规范、教学与民主关系、教学与知识状态和文化体制等方面为教师反思提供了理论依据。

随着批判理论和后现代主义哲学的发展，哈贝马斯对反思的研究为教师反思提供了坚实的哲学基础。哈贝马斯认为，现实社会情境往往是对理想社会规则的扭曲，通过对这种扭曲的批判，个体能够形成清醒的自我意识，并倡导"意识革命"，以唤醒批判意识，从而实现人性的"解放"，这是个体自由和自主决策的基础。后现代主义理论中的"理解""解构""主体"等学说，打破了权威理论的束缚，鼓励人们积极反思和研究自身，对教师的反思产生了深刻的影响。

2. 现象学

在现象学研究中，反思扮演了一个核心角色。现象学对"反思"的理解提供了新的视角，将其视为一种彻底反思的积极活动，旨在阐释现象的深层意义。现象学的实践转向为打破传统的主客对立提供了希望，并构建了理论与实践之间的桥梁。

在许多现象学家的作品中，反思被描绘为对事物的深入关注和对人性的深刻倾听。总的来说，彻底的反思是对生命、生活和存在的意义的深入探索。胡塞尔领导的现象学运动强调"回归事物本身"，而法国哲学家梅洛-庞蒂的现象学视角更为明显，他将反思描述为一种注视那些卓越形式和外观的过程，它们如同从烈火中飞溅的火花在空中翱翔；反思放松了我们与世界相连的有意识纽带，并将注意力引向我们。范梅南也指出，"现象学反思的目的是捕捉事物的真实意义"。

教师在教育实践中面对的是充满活力的学生、不断变化的情境，这些情境往往不允许教师停下来进行深入反思和分析。教师必须在不断变化的情境中迅速行动，这要求他们具备灵活的适应能力。在教育生活中，教师通常是下意识地积极参与，而反思则是在行动之后进行的。在教育情境中，教师和学生不是在反思的基础上行动的，但这种行动应该是全身心的投入，并且可以从反思中受益。

因此，实践智慧是教师在教学实践中创造性反思的产物，这种实践不仅增加了知识经验，也带来了创造的乐趣和职业的价值。当我们这样反思教育和教师时，教师职业的实践性质变得显而易见。

（二）心理学基础

20 世纪以来，学者们普遍将教学研究的发展轨迹描述为，从行为主义心理学到认知主义心理学，再到建构主义心理学。

1. 行为主义

自从约翰·布罗德斯·沃森发表了《行为主义心目中的心理学》一文，标志着行为主义心理学的兴起，直至 20 世纪 60 年代末，行为主义心理学一直以"刺激—反应"模型为核心，主张研究行为而非意识内容，认为心理学应摒弃对意识的探讨，转而关注刺激与反应之间的关系，以及习惯的形成和整合。在教学研究领域，行为主义同样占据主导地位，研究者们依据行为结果来描述教学过程，并探讨这些行为与儿童学习之间的联系。然而，随着时间的推移，理论与实践的积累，人们开始对行为主义研究的局限性感到不满。

2. 认知主义

在 20 世纪 60 年代，认知主义心理学崭露头角，其理论根源可追溯至格式塔心理学。布鲁纳的认知结构学习理论、奥苏贝尔的认知结构同化学习理论，以及建构主义学习理论等，共同造就了认知主义心理学的核心地位，为反思思潮的发展提供了坚实的心理学支撑。

认知主义心理学标志着从行为主义向认识智力生活复杂性和个体性转变的明显趋势。该心理学流派主张，心理学的目标在于揭示人类如何处理信息，理解认知过程及其相关因素，包括复杂的知觉、记忆、语言和思维过程，尤其关注人类学习和问题解决的信息处理研究。认知主义心理学基于个体能够以独特的方式构建和适应自己的现实的立场，强调思维及其对行为和方式的影响，而非单纯的行为观察。认知心理学家试图描述和解释复杂行为背后的心理活动，对思维与行为之间的复杂关系给予了更多关注。他们用元认知这一术语来取代反思，元认知涉及人们对自己认知过程、结果及与之相关的学习特征的认知，包括元认知知识、元认知体验和元认知调控三个相互关联的要素。元认知理论的建立，不仅使反思的概念更加清晰和易于理解，而且将反思从一种心理现象转变为一种实践行为，在实践中发挥作用。在教育领域，认知主义心理学关注教师如何理解自己的工作，以及涉及的思维过程、判断和决策。因此，教学研究越来越多地关注教师的思维与行为之间的复杂关系。

3. 建构主义

建构主义理论起源于皮亚杰的发生认识论和维果茨基的社会建构理论，并吸收了认知心理学、哲学和人类学等领域的最新研究成果。建构主义不是一种教育学理论或方法，而是一种融合了多种学科的理论框架。

皮亚杰是建构主义的先驱，他提出知识是在主体与客体之间的互动中建构起来的。新经验需要以旧经验为基础来获得，同时新经验的引入也会对旧经验产生影响，使其得到丰富、调整或改造。这是一个双向的建构过程。维果茨基则强调学习是在特定的历史和社会文化背景下进行的，社会对个体的学习发展起到重要的支持作用。

尽管建构主义在近年来的教育学文献中受到了广泛关注，但目前对这个概念还没有形成清晰的定义或共识。建构主义者普遍认为，知识是暂时性的、发展性的，通过文化和社会的中介来传播，因此具有非客观性。学习被视为一个自我调节的过程，通过这个过程，在具体经验、合作对话和反思中解决的内在认知冲突得以显现。

从行为主义心理学到认知主义心理学，再到建构主义心理学的转变，为深入研究和阐述教师的思维及反思观念提供了坚实的心理学基础，并促使反思从一种心理现象转变为实践行为，在实践中直接发挥作用。这一切无疑为反思思潮的兴起奠定了良好的心理学基础。

四、关于教师反思方法理论

培养教师反思能力的途径有多种：可以采取教师个体独自反思，也可以形成反思实践共同体，还可以将教师个体反思与群体反思这两种方式配合使用。目前，教师反思的具体方法主要有写作反思日记、进行反思对话、实施微格教学、创建档案袋及开展行动研究等。

（一）写作反思日记

当前，教师反思实践中最常用的方法是撰写反思日记。众多研究显示，这种个体化的反思方式能有效提升教师的反思能力。反思日记要求教师深入思考、分析和总结自己的日常教学活动，并进行书面记录，及时捕捉和表达自己的体验和感受。这种自我反馈的形式允许教师记录教学中的成功经验、不足之处、遇到的困惑、学生的问题及学生的观点，同时教师也可以在日记中提出问题并规划解决方案和发展目标。

实际上，反思日记是教师与自己对话的一种方式，写作过程本身也是教学反思的过程，通过撰写和分析日记，教师能够激发批判性自我反思。写作反思日记的优点包括：一是促进教育方法的改进，提升课堂教学效果；二是通过反思和总结，不断提升教师的专业素质；三是增强教师的科研意识和教研能力，为教学研究打下基础。在彼得森的研究中，提出了影响教师反思能力发展的四个因素：个人反思的发展水平、对指导教师的信任度、对反思日记的期望及反馈的质量和数量。

重要的是，教师在反思日记中应真实记录自己的感受，确保自我教育的有效性。此外，教师应定期回顾反思日记，评估自己在一段时间内的进步，深入思考自己的思想和行为变化，以促进专业发展。可以说，反思日记是一种有助于自我分析、认识、改变和超越的工具，对教师的专业成长具有强大的促进作用。

（二）进行反思对话

反思对话是一种通过与其他教师进行研讨和交流的反思方式，类似于通常举行的小型专题研讨会。在这种对话中，教师们可以分享教育教学经验，从不同视角探讨教学的关键点和挑战，以及共同分析如何应对教育教学中普遍存在的问题。反思对话旨在实现多样观点的交流和共识，是教师集体进行教学反思的一种重要形式。

在教学实践中，频繁的交流和对话有助于及时反思和解决问题。一方面，教师应加强与同事的交流合作，这种即时的、基于实际情况的交流有助于共同探索更适宜的教育方法，有效应对教学改革中的挑战。另一方面，教师应积极参与校内外的教研活动，这种群体性的交流反思具有明确的目的性和针对性，能够集中发现并快速解决实际教学中遇到的问题，从而提升自己发现、分析和解决问题的能力。

实际上，同事和同行对教师的专业成长有着显著的影响，他们的思想和建设性建议是教师专业发展的重要资源。如果教师能够在一个充满合作文化的环境中工作，开放性的对话和讨论将激发每位教师的思想火花，改善教学行为。因此，学校应当重视营造一个良好的对话环境，以支持和促进教师的专业成长。

（三）实施微格教学

微格教学，又称"微型教学""微观教学"或"小型教学"，是一种专门用于培养师范生和在职教师教育教学技巧的方法。它通常涉及使用技术手段记录教师真实的教学场景，然后让教师以旁观者的身份观看自己教学片段的录像，以便在专家或其他教师的协助下识别自己的不足之处。微格教学最早由斯坦福大学艾伦及其同事在 1963 年提出，并在 20 世纪 80 年代传入中国。

微格教学提供了一种"旁观者清"的反思视角。通过这种方法，教师能够重新审视自己在教学中的行为特征，与其他人交流和讨论课堂上教师活动的成功与失败之处，共同探讨改进策略。如果教师发现了自己在教学中的不足，可以选择性地重点观看相关部分，多次回放，以便深入分析、评价和反思自己的教学行为，并通过重复训练来改正不良习惯。

这种基于教师教学行为的研究方法有助于教师提升自我评估和观察能力，改变教学行为，提高教学的针对性，是一种有效提升教师教学水平的手段。

（四）创建档案袋

档案袋，亦称作卷宗，包含了多种专题档案，它在教育领域的运用通常有两种方式：一是作为学生管理的工具，用于学生评价；二是作为教师评价的"教师档案袋"，它是记录教师职业生涯中专业成长的有效手段。教师可以创建自己的成长档案袋，这意味着档案袋的编写、整理和审阅都由教师亲自完成，它是教师个人的专用文件夹。

档案袋主要记录了教师专业发展的历程。在使用这种方法时，教师首先需要根据自身的教学实践确定反思的主题，并进行相应的分类。接着，在每一个主题下，教师应记录和积累自己的教学实践、经验得失、优秀教案、获奖论文及课题的阶段性总结等，并对这些内容进行深入的反思。档案袋能够体现教师在特定领域或主题下的研究发展历程、现状以及未来趋势。建立档案袋的过程是教师整理和系统化已有经验的过程，是专业成长的过程，也是自我评估和自我教育的过程。

反思在整个教师档案袋的开发过程中都起着关键作用，教师档案袋被视为一种结构化的反思教学实践工具。首先，档案袋内容的选取是基于反思的结果，反思是收集、选择和组织材料的基础。其次，对档案袋内容的反思有助于教师发现其中蕴含的教育智慧，并在后续实践中不断增长这种智慧。最后，教师之间可以通过交换阅读档案袋来进行合作反思、专业对话和经验分享，这不仅有助于相互学习，还能够拓展教师的专业知识和视野，通过对比他人的教育智慧来反思自己的教学行为，从而形成适合个人和教育环境的教学技能。

（五）开展行动研究

20 世纪 20 年代，杜威提出了关于行动研究概念的论述，而行动研究作为一个术语则是 20 世纪 30 年代在美国出现的。行动研究方法强调的是实践者个人或小组在现实情境中进行的、旨在解决问题的研究，并将研究结果应用于同一情境。1949 年，哥伦比亚大学教师学院史蒂芬·考瑞及其同事将行动研究的概念引入教育领域。到 20 世纪 70 年代，行动研究进入了一个新的发展阶段，成为一场全球性的运动。目前，行动研究已经成为教师教育中的一个专门概念，教育行动研究是教育科学研究的一种重要方法。

教育行动研究是为了解决教学实践中遇到的难题，教师可以独立进行，也可以与教育理论工作者合作，运用观察、谈话、测验、调查问卷和查阅文献等多种方法，以寻求问题的解决。在目的上，行动研究旨在帮助实践者审视自己的教育理论与日常实践之间的联系，将研究行为融入教育背景，以便研究能够在改进实践中起到直接而迅速的作用，并努力通过帮助实践者成为研究者，以克服研究者与实践者之间的隔阂。具体来说，行动研究的特征可以概括为三句话：为行动而研究，即为解决教学中的问题而进行的研究；在行动中研究，即在教学活动中进行的研究；由行动者来研究，即教师自己应是一个研究者。行动研究运动的贡献在于，它使越来越多的教育工作者接受了哈贝马斯的观点：科学概括出来的知识并不能直接指导社会实践，还需要一个启蒙过程，以使特定情境中的实践者能够对自己的情境有真正的理解，并做出明智而谨慎的决定。在具体实施过程中，教师行动研究的步骤包括：在反思自己和他人经验与教训的基础上，确定所要研究的问题；围绕所要研究的问题，广泛收集相关文献资料；在阅读文献资料的基础上提出假设，制定解决问题的行动方案；根据行动方案展开研究活动，并根据研究的实际需要对方案进行调整；收集研究信息，撰写研究报告。

第四节　教师合作理论

联合国教科文组织在《教育：财富蕴藏其中》一书中提出了未来教育的四大支柱，这些支柱也是每个人一生中的知识支柱。其中之一是学会共同生活，这意味着与他人一起参与人类的所有活动，并在这些活动中进行合作。现代科技的发展是人们合作探索的结果，而乐于合作、善于合作也是人文精神的重要部分。教师作为社会成员，也不例外，而且教师这一职业更要求教师具备合作精神。

从 20 世纪 80 年代开始，教师合作研究和探讨成为了热点。随着社会和教育的快速变化，传统的孤立式教师专业发展受到空前的质疑。人们认为，孤立式的教师专业发展不仅导致了教师在专业情感上的孤独，而且也不利于教师知识的传播与积累，从而阻碍了教师专业发展。西方国家对教师专业的研究，无论在理论还是实践方面，都已经非常成熟，许多教师专业发展学校、教师专业学习社群及教师工作坊等的建立和发展就足以证明这一点。

我国对教师合作的研究起步较晚。进入 21 世纪后，才出现了一些教师发展专业的迹象。我国学者对教师合作的关注，始于对教师专业发展和教师队伍质量提升的需求。随着 20 世纪 90 年代中期教师数量供需矛盾的逐渐缓解，教师队伍质量问题开始成为重点，教师专业化因此被提上教师教育改革与发展的日程。近年来，关于教师专业发展的文献数量也在不断增加。在实践领域，我国持续的教育改革和教师教育改革对教师素质提出了前所未有的高要求。特别是在基础教育新课程改革的推动下，教师专业发展被推到了改革的风口浪尖上。人们普遍认为，没有教师的专业发展，就没有教育的成功，也难以期待课程改革的成功。

教师合作理论的形成是基于对合作、教师合作等概念的界定，下面将分析相关概念。

一、教师合作理论研究的相关概念

（一）合作

合作是一个广泛的概念，不同学科的学者都对其进行了探讨，但至今没有一个统一的定义。在我国，许多学者都对合作概念进行了界定，其中《辞海》的解释尤为显著：合作是社会互动的一种形式，指个人或群体之间为了达成某一目标，通过协调作用而形成的联合行动。合作需要参与者有共同的目标、相似的认识、协调的互动和一定的信任，才能达到预期的效果。《新时期新名词大词典》认为，合作是群体行为的一种，是为了实现特定目标而共同完成的行为。合作是人们个体间协调作用达到最高层次的表现，其前提是双方达成共识，并在合作过程中互相检测和评价对方的行为。

《心理学大辞典》将合作定义为：为了共同目标，由两个以上的个体共同完成某一行为，是个体间协调作用的最高水平的行为。陈琴和庞丽娟认为，合作是为了实现共同目标或获得共同奖赏而共同工作，以最小的付出获得最大限度的共同利益。郑东辉从哲学、社会学和组织行为学等多个角度分析了合作的内涵，认为任何合作都必须具备主体的意愿、可分解的任务、共享的规则和互惠的效益等要素，并指出只有基于这些要素的合作才是真实的合作，才能促进或实现教师的专业发展。

谈曼延在竞争与合作关系的基础上指出，合作是人类实践活动中除竞争外的另一种基本形式。合作是人们为了实现共同目的或各自利益而进行的相互协调的活动，也是为了共享利益或各得其利而在行动上相互配合的互动过程。合作的结果是共享利益或各得其利。人类是合作的动物，没有合作就没有人类社会的存在和发展，也没有个体或群体的生存和发展。在人类实践活动中，当个体或群体依靠自身力量无法达到一定目标时，就需要相互配合协调，共同采取行动，从而形成合作。

西方最具代表性的合作概念是由美国学者弗里恩德和库克提出的，他们认为合作是至少两个相互平等的当事方之间直接互动的方式，他们因为有一个共同的工作目标而自愿地参与共同决策。他们还通过阐释合作的几个特征来进一步明确这个定义的内涵：合作是出于自愿，建立在平等基础上，合作者之间有一个共同的目标，这是合作发生的条件；合作者共同参与重大问题的决策，共同为决策后果承担责任，共享资源，有突出的特性。

操太圣和卢乃桂对"collaboration"和"cooperation"这两个词进行了区分。国内的一些学者常将这两个英文词汇都译为"合作"，实际上，这两个词所表达的意义是有差异的。英国学者尼科尔斯根据《牛津词典》对这两个概念进行了对比。他认为，"合作"（collaboration）是指一个主体和另一个或若干个主体共同从事一项工作，大家要实现的目标是一致的。而"协作"（cooperation）是指一方正在帮助或愿意帮助另一方，大家各有自己要实现的目标。尼科尔斯指出，尽管人们期望真正的合作关系能够建立起来，但目前英国教师教育领域中的大部分所谓"合作关系"（partnerships）实际上属于相互协作性质的合作关系（cooperative partnerships），而不是本质意义上的合作关系（collaborative partnerships）。

此外，美国学者克鲁斯也对"collaboration"和"cooperation"这两个词进行了区别。克鲁斯认为，教师同事合作有三个层次，即协作（cooperation）、同事性（collegiality）和合作（collaboration）。在他看来，"协作"是教师同事之间提供最基本的相互援助，以减轻教师教授多样性科目的压力，强调的是相互之间的直接帮助。它多见于一般的教学交往，如相互借用教材、共享教具等，其中没有分享教学价值观等深层次的活动。"同事性"则是基于教师同事之间相互学习、讨论，以及分享教学实践、教学经验甚至教学计划的合作形式，其合作的范围和深度都远甚于前者。

"合作"是指教师之间共同参与决策的关系，主要是解决教学上的疑难，或者讨论新的教学构思与计划，且这种合作关系不限于单个教师之间，而是扩散在整个学校的环境当中，其中还涉及校内有机体之间的权利关系。

（二）教师合作

自 20 世纪 80 年代起，教师之间的合作受到了广泛关注，这源于人们希望通过加强校内教师集体的合作来推动教师个人发展，并借此提升学校教育的整体质量。教师合作被视为联系教师个人成长与学校教育进步的关键纽带，因此被赋予了极高的价值。众多学者的研究强调了教师间合作及其同事关系的重要性。然而，关于教师合作的具体内涵，无论是在国内还是国际，都没有形成一个统一的定义。可以通过分析国内外学者的论述来理解教师合作的核心意义和特点。

1. 国外学者对教师合作的界定

（1）哈格里夫斯的教师合作观点

加拿大学者哈格里夫斯从教师文化的视角对教师合作进行了深入探讨。他认为，教师文化的内容主要通过不同类型的关系来体现，并从"形式"的角度出发，构建了教师文化的理论框架，将教师文化的"形式"划分为个人主义、派别主义、合作文化和人为的同事关系四种。在他看来，合作文化是日常生活中自然形成的一种相互开放、信任和支持的同事关系。在这种文化中，教师对于教育教学中的失败和不确定性不再采取防御性态度，而是相互帮助，共同面对和接受问题，进行讨论；同事间追求在教育价值上的一致性，但对于细节上的差异也保持宽容。

他还通过与"人为的同事关系"的对比，分析了合作文化的五种特征：① 自发性，即合作关系不是由外部力量诱发，而是由每个教师自发形成的；② 自愿性，即合作关系是在共同工作中自然形成的，既不是义务也不是强制；③ 发展取向性，即合作是旨在促进教师专业发展的；④ 超越时空，即教师的相互交往不受时间和地点的限制，可以充分进行；⑤ 不可预测性，即合作的结果不一定是成果，因此不能简单地预测。

（2）李特尔的教师合作观点

美国学者李特尔对教师间的合作进行了研究，并取得了丰富的成果。她根据美国的实际情况，指出合作文化主要出现在以下四种场合：① 关于教学的日常交流；② 共同进行教学设计、教材开发和教育方法创新；③ 观摩同事的教学；④ 就新的想法、实践方法等相互交流。

（3）油布佐和子的专业合作观点

日本学者油布佐和子对教师合作文化的特征进行了分析，她认为，"互补性"和"信息冗长性"是理解合作文化形成的关键概念。所谓"互补性"，是指在工作场所之外，参与者基于平等的努力和对认知局限的互补；所谓"信息冗长性"，是指个体之间相互分享剩余信息的重要性。在重视"互补性"和"信息冗长性"的集体中，成员通过分享剩余信息，可以从不同视角发现有意义的问题，实现信息的平等交换。

（4）罗森浩斯的教师合作观点

美国学者罗森浩斯在其关于教师合作文化的研究中，描述了影响教师合作学习的校本因素，指出教师合作的基本条件是共享的学校目标，其基本动力是教学工作的不确定性。他的研究发现，共享的目标有助于人们统一行动和调配资源，有利于教师合作的开展，而教师之间的合作学习必然会使教师工作产生确定性结果。因此，他主要是从合作发生的校本环境因素来解读教师合作的。

2. 国内学者对教师合作的界定

（1）从合作的基本构件理解教师合作

郑东辉在提出目前教师合作所面临的挑战的同时，从哲学、社会学和组织行为学等多个角度探讨了合作的真谛。他明确了合作包含的四个核心要素：主动参与的意愿、可分割的任务、共有的规则及相互之间的利益交换。在此基础上，他深入探讨了教师合作的根本属性，认为只有在这四个方面均具备的合作才能称得上是真正的合作，并有助于或实现教师的专业成长。

（2）通过教师合作的特性来认识教师合作

邓涛在综合前述学者观点的基础上，提出三个关键点来把握教师合作的意义：首先，教师合作主要指的是教师之间的一种互动方式或关系形态，其目的在于促进教师发展和改进学校教育，并非为了建立一个具有实质性内容的教师文化或集体；其次，这种合作应是一种批判性的互动关系；最后，理想的教师合作应基于教师的自愿和平等。因此，他认为教师专业合作是教师们为了追求专业发展和改善教育实践，在共同关注的问题上产生的一种批判性互动关系。需要注意的是，教师合作分为专业合作和非专业合作，区分二者的主要标准在于合作活动是否具有专业性质，即是否与专业生活和专业发展紧密相关。

（3）从教师合作的目标出发定义教师合作

陈芳认为，首先，教师合作需具备明确的目标性，无论是完成学校指派的研究任务还是实现个人工作目标，只有目标清晰，合作才能有的放矢。同时，在共同目标指导下，每个教师还需明确自己的责任。其次，教师合作应具备互惠性，即所有参与者都能在合作过程中获得所需的东西，无论是成果还是经验，这是合作能够持续的基础。最后，教师合作应基于自愿和平等，这是合作有效进行的前提，只有自愿、平等的参与才能使合作者自尊心得到满足，并最大限度地激发潜能。基于这一点，她提出教师合作是在自愿、平等的基础上，为了实现学校或个人工作目标，教师之间相互协作、互动，并在教育实践中共同提高专业能力的活动。

二、教师合作策略理论

掌握合作技能是当代教师所需的关键能力之一。在教育改革的当下，教师必须发展这种能力。然而，如何发掘教师团队合作的潜力，并将其作为推动学校全面进步和跳跃式发展的关键因素，已成为学校管理者必须重视的问题。针对这一点，众多研究者提出了各自的观点和提升策略。

（一）教师合作文化的构建

教师的合作是一种自发且主动的行为，每个人内心都潜藏着与他人沟通和协作的渴望。这种渴望能否转化为现实，很大程度上取决于工作环境是否充满鼓励和合作精神。陈芳强调，创建一种促进教师合作的文化氛围是教师合作顺利进行的基础。构建这种文化可以从两个关键点出发：首先是提高学校领导层的合作意识和能力；其次是建立支持教师合作的机制。一个科学、民主、和谐的工作机制是教师有效合作的基础。为了确保合作机制的实施，可以通过树立教师合作的典范、完善教师评价体系及采用科学的竞争机制来实现。

李广平认为，教师合作文化的培育依赖于多个因素的和谐，以及由此产生的开放、宽容和接纳的态度与行为。学校在组织结构和时间安排上应当鼓励教师参与学校管理，参与学校规划的制定，让教师了解学校的发展方向和思路，共同构建发展愿景，使得教师在平衡个人意愿与集体意愿时，愿意为集体利益调整自己的教学理念、方法和材料。学校应在信任和谅解的氛围中提供教师之间的对话、交流、观摩和评价的机会和时间，通过教师间的互动，改变教师组织文化，使教师工作从孤立的技术性活动转向专业探讨和追求的文化活动。教师个人应培养相互支持、协作和信任的价值观，通过共享知识、经验、计划、资料和共同努力，推动教学改进和教师专业发展。

（二）建立有利于教师合作的机制

要充分发挥教师之间的合作潜能，最基础的是要有一个促进教师协作的体系。建立这样的体系可以从几个关键方面入手：包括建立科学的用人体系、民主的管理体系、全面的评价体系、合理的奖惩体系及和谐的竞争体系。

郭德侠在深入分析教师合作的现况及其成因后，得出结论，教师之间能否有效地进行互助与合作，外在因素至关重要。他指出，学校领导作为学校组织的核心领导力量，他们的观点对学校的政策方向和评估体系有着决定性的影响，进而影响教师的行为。基于这样的理解，他建议构建一个教师合作的框架，具体措施包括设定共同的目标、制定合理的合作规则、建立和谐的竞争环境。教师之间的竞争应被视为一种手段，而非目的，真正的目标是促进教师共同成长。

（三）教师合作意识的培养

郭德侠提出，为了在全校范围内培育教师合作文化，首先，校长必须树立合作意识，学校领导应认识到合作对学校整体发展和教师专业成长的重要性。其次，校长需要积极引导教师培养合作意识，不仅要自身具备合作精神，还要有责任和义务向教师们灌输团结协作的理念，以改变教师传统的独立作战的职业观念和习惯，营造全校性的合作与互动文化氛围。

李广平认为，教师之间的合作专业发展是一种由教师主导的自主发展活动，要加强教师自主发展的意识确保其成功实施。具体包括：教师应有发展意识，教育应从单一的职前教育扩展到职业生涯的各个阶段；教师应摒弃仅作为专业发展对象的观念，认识到自己是专业发展的主体，对自己的专业发展负责；教师应拥有自主发展的权利，包括决定发展目标、内容、过程、途径、方法及评价方式；教师应提升专业自我，成为具有独特人格，能够有效利用自我进行教学，积极看待自己和他人，具有认同感、满足感和价值感的人。

黄正夫提倡以积极的合作意识引导教师合作，具体措施包括：以提升自我认识、完善人格作为合作的前提；分享知识、丰富学识作为培养合作精神的基础；强化全局观念，帮助教师建立"共赢"思维；让教师了解合作的好处，加强合作意识，学会共存；鼓励合作研究，提升合作技能和科研能力。

陈芳认为，激发教师合作意识的首要步骤是让教师认识到合作对专业发展的重要性。在此基础上，组织教师进行座谈，回顾和展望自己的专业发展，识别工作中遇到的问题，了解教师对合作的认识，消除疑虑，建立合作中的"共赢"思维。其次是丰富教师的合作体验，鼓励教师在日常工作中参与、经历和体验合作的乐趣，领悟合作之道，在实践中体会合作的价值，从而激发更深入的合作意愿。

（四）为教师合作提供制度保障

陶晓丽的实证研究表明，目前教师合作尚处于起步阶段，缺乏系统性。在没有学校制度性支持和保障的情况下，特别是在合作遭遇挑战时，教师往往会回归到惯常的独立工作模式，而不是积极面对困难，深入合作。因此，为了促进合作的有效性，学校管理者需要从制度建设出发。具体措施包括：推行以人为本的管理制度，确保教师拥有充分的合作自主权；建立积极的教师评价体系，将合作态度和成效纳入评价标准；建立合作与竞争相结合的机制，引导教师在和谐的氛围中竞争。

（五）探索有效的教师合作方式

李广平在综合分析过去的教师合作发展理论与模式，并考虑我国当前教师合作与发展的实际情况后，提出了六种促进教师合作发展的方法：专业对话、同伴临床督导、同伴教学辅导、合作课程开发、合作行动研究和虚拟共同体的合作。他还对每种方法的实施过程、阶段和层次进行了详细的阐述。

黄正夫强调，采用灵活多样的合作方式对促进教师合作至关重要。合作方式不仅影响合作的成效，也关系到教师对合作的热情和态度。从教育人际氛围对专业合作的影响来看，教师合作主要涉及以下三种方式。① 倾听。

倾听是对他人人格的尊重和心灵的慰藉，是人际交往中成功沟通的关键。善于倾听可以缩短教师之间的心理距离，促进换位思考，消除同事间的防备和孤立，实现相互指导，有效沟通。② 讨论。讨论要求教师在表达自己观点时既要了解合作规则，尊重他人意见，发现同伴的优点并加以利用，同时也要独立思考，找到适合自己的教学方式，保持个性和优点，不盲目跟从。③ 对话。对话可以增进教师间的相互理解，是交流和相互支持的基础。对话过程是教师整理和改变思维的过程，它能提供安全感，促进自由广泛的交流，帮助教师专业合作团体成员理解对方的观点。

第五节　教师职业生涯发展理论

在 20 世纪的后几十年，教师发展已经成为欧美教育界一个快速发展的研究领域。这个领域的研究主要分为两个方向：一是横向研究，关注教师专业发展的多个方面，如专业能力、知识等各个维度的特点和发展状况；二是纵向研究，探究教师专业发展的发展过程，包括过程的阶段性划分和各个阶段的特征，即教师生涯发展研究。教师生涯发展涉及教师职业素质、能力、成就和职称随时间的变化过程，以及相应的心理体验和发展历程。

教师生涯发展是从时间序列的纵向视角来研究教师专业成长，观察其在不同时间段的表现特点，根据这些特点来识别教师的需求，从而推动教师生涯的持续进步。在探讨这一主题时，首先需要对涉及的关键术语进行阐释。

一、教师生涯发展理论的相关概念

（一）生涯

庄子的名言"吾生也有涯，而知也无涯。以有涯随无涯，殆已！"是对人生最早的哲学思考，其中"生涯"指的是一个人的整个生命过程。作为学术概念，生涯起源于心理学和辅导理论，其含义经历了从 20 世纪 50 年代前的"工作选择"到"职业"，再到 20 世纪 60 年代后广泛使用的变迁，具体内涵也在不断演变。

在《现代汉语词典》中，生涯被定义为"从事某种活动或职业的生活"。在英文中，生涯对应的词汇是"career"，意味着有机会提升或发展的专业或职业，另一个解释是"progress through life"，即贯穿生命的过程。这两个核心解释构成了对生涯的理解，并且对生涯的解释在这两个层面上不断丰富和扩展。

早期研究者将生涯视为以工作和职业为核心。例如，沙尔特认为生涯是一个人在工作生活中所经历的职业或职位的总称；麦克兰认为生涯是基于长期目标的一系列职业和工作选择，以及教育训练活动，是有计划的职业发展历程；霍尔认为生涯是一个人终其一生与工作或职业有关的经验与活动。

随后，研究者将生涯的概念扩展到生活的其他领域，开始强调生涯的整合性，认为生涯是生活中各种事情的方向与历程，整合个人一生中的各种职业与生活角色，包括有酬与无酬的职业，甚至包括副业、家庭和公民角色。生涯的意义不再局限于个人的工作或职业，而是指一个人终其一生所从事的工作与休闲活动的整体生活形态。

从人性角度出发的研究者提出，生涯是自我实现的方法，为个人提供未来成长的机会，以及个人成长后如何回馈社会的方式。这里生涯的含义不再局限于个体的职业与生活的整合，而开始关注个体在生涯发展过程中的能动作用。

有些学者综合以上观点，将生涯分为主观和客观两个层面。主观的生涯涉及个人成长过程中的态度、价值和动机等的变化；客观的生涯是指一个人一生中所担任职位的延续。

从生涯概念的演变中可以看出，生涯的内容从职业扩展到生活的各个方面，关注的对象从人从事的职业扩展到人在职业中的主观能动性。从发展的形态来看，生涯从静态的职业发展扩展到动态的职业发展历程。因此，生涯发展的研究逐渐受到重视。

（二）生涯发展

随着生涯内涵的演变，生涯发展的内涵也在不断变化，主要可以分为以下三种类型。

1. 个体职业选择阶段类型

金斯伯格将生涯发展视为个人职业选择的一系列发展阶段，这些阶段受到年龄、资历和教育等因素的影响。中国台湾地区学者林幸台在此基础上提出，生涯发展是个体在一生中面临的一系列生计抉择，这些抉择串联成个体的生活历程。生涯发展是一个终身的过程，尽管在不同年龄阶段个体的身心发展状态和需求不同，但整体上仍呈现出前后相连、持续变化和逐步发展的特点，最终形成个人独特的生活方式。

2. 个人组织互动形成类型

舍恩将生涯发展的本质集中在个人与组织的互动中，因此，生涯发展的意义可以从"组织管理"和"个人"两个方面来理解。孙国华认为，生涯发展是个人在其一生所从事的行业中，与环境的相互作用，随时间产生统整、连贯的成长历程或改变情形。这种改变不仅包括职业工作的性质和职位的晋升，还包括心理需求和工作态度的改变。这种界定已经开始关注个体自身的心理需求及态度。

3. 自我实现更新类型

苏泊尔认为，生涯发展是一个连续不断、循序渐进、有固定形态并且可以预测的过程，同时也是一种妥协的过程，其中自我观念的发展与执行占据重要地位。这种定义强调个体在生涯发展中的积极作用。

这些类型是生涯发展理论的重要基础。尽管各种职业生涯发展具有自己的特点，但总体上仍可纳入生涯发展理论的范畴，教师生涯发展理论便是其中之一。

（三）教师生涯发展

傅道春曾提出，教师的生涯是没有晋升阶梯的，因为教师的职位和称呼相对固定，从教学开始到退休，教师始终被称为"老师"，似乎没有晋升的问题。这种看法局限于对教师生涯的早期理解，即生涯发展仅涉及职业角色和地位的变动。

然而，随着教师职级制度的建立，教师的职业生涯在专业领域内开始被视为有晋升机会的工作。根据生涯的广泛概念，生涯不仅涉及工作，还包括生活的各个方面。袁志晃从横向角度分析教师生涯发展，将其划分为"一般性的生活发展"和"特殊性的专业发展"。其中，"一般性的生活发展"涉及六种生活与职能任务，包括家庭、学习、人际、职业、休闲和社群生活。而"特殊性的专业发展"即教师专业发展，涉及专业知识能力的发展，以及教师在学校环境中与同事关系的发展。

教师专业发展的研究众多，哈格威斯和富兰认为教师发展可以从知识与技能、自我理解和生态改变三个方面理解，既包括通过在职教育或培训获得的特定发展，也包括教师在目标意识、教学技能和合作能力等方面的全面进步。林幸台进一步提出，教师生涯发展可以从个人和组织两个方面探讨，个人方面涉及教学知能的进步、专业精神的提升、人际关系的发展等，组织方面涉及学校提供的进修机会、相关信息支持、生涯规划协助等。

因此，教师生涯发展不仅关注教师在工作中的专业成长，还包括在生活中的一般性发展，旨在帮助教师进行有效的生涯规划，增长专业能力，并实现自我。教师生涯发展的本质是教师不断学习新知识、提升专业能力的历程，涵盖教学工作、教师角色扮演，以及家庭和公民角色。

在理解了生涯、生涯发展和教师生涯发展的概念后，对教师生涯发展理论的研究也有了坚实的基础。接下来，可以根据生涯发展理论的发展顺序，介绍不同的教师生涯发展理论的主要观点、研究领域、实证研究发现和潜在的研究课题等。

二、教师生涯的周期理论

（一）按照年龄划分教师生涯阶段的理论

彼得森的研究聚焦于 50 位退休教师，他们平均教学年限为 38 年。通过访谈，他分析了教师随着年龄增长在教学工作中所经历的变化。访谈内容涉及教育背景、教学活动、课外参与、家庭生活、职业发展及学校环境的变迁等方面。研究发现，教师在不同年龄阶段的教学态度经历了三个明显的转变。

第一阶段（20～40 岁）是教师职业的发展期，他们在教学承诺、工作热情等方面经历了显著的变化。在这个阶段，教师学会了如何在教育环境中生存，并努力提升自己的专业水平。一旦找到合适的学校，他们就会结束不稳定的职业生涯，开始进入职业绩效期。

第二阶段（40～55 岁）是教师职业绩效的高峰期，他们表现出极高的工作士气，专业技能也得到了进一步的发展。在这个阶段，教师在其认为理想的教学环境中取得了成就，职业生涯达到了顶峰。

第三阶段（55 岁至退休）是教师职业的维持期或终结期。经过多年的教学经历，教师在专业活动上开始出现衰退。在这个阶段，教师对教学专业的关注减少，逐渐从竞争性的职业生涯中退出。教师的态度和观点出现了较大的差异，有些教师虽然仍充满教育热情，但受限于身体条件，可能感到力不从心；有些教师因不满学校环境而选择退休；还有些教师对自己的职业生涯感到满足。

彼得森的生涯发展阶段划分与莱文森的基本一致，特征也类似，但时间跨度的划分较为宽泛。赛克斯则通过生活史方法对 25 至 70 岁的教师进行了研究，将教师生涯发展分为五个阶段，从进入教学世界到准备退休。

第一阶段（21～28 岁）是教师探索教学生活可能性的时期，建立稳定的生活架构。这个阶段离开教育行业的人数相对较多。

第二阶段（28～33 岁）教师对职业的承诺和责任感增强，面临较大的压力，通常认为这是改变职业生涯的最后机会，因此会在继续职业或改变职业之间犹豫。

第三阶段（33~40 岁）教师达到生命和职业的巅峰，全身心投入工作，建立在社会中的适当地位，成为专业团体中有价值的一员。

第四阶段（40~50 岁）是教师成功进入学校中级行政领导层，与学生的接触减少。

第五阶段（50~55 岁）教师准备退休，态度和纪律上更加自由。继续任教的教师声誉大增，获得更多认可和赞誉。

赛克斯对彼得森的第一阶段进行了更细致的划分，将其分为三个子阶段，使得教师生涯发展的阶段更加精细地展现出来。

除了按自然年龄划分教师生涯发展阶段外，还有按照教师教龄进行划分的方法。

（二）按照教龄划分教师生涯阶段的理论

早期的研究者如瑞恩、特纳、纽曼和伯顿等，对教师生涯发展的阶段进行了划分。瑞恩和特纳在 20 世纪 70 年代的研究中，根据教龄将教师生涯发展分为三个阶段：初始教学期、建构安全期和成熟期。他们探讨了教师在不同阶段面临的问题和关注点，如学生纪律、例行工作、作业批改、课程发展等。

纽曼和伯顿在 1979 年的研究中，通过对不同阶段教师的访谈，建立了自己的理论。纽曼的研究对象是资深教师，他根据访谈结果建立了以 10 年为周期单位的教师生涯发展理论，探讨了教师在不同周期的关注点和变化。

伯顿的研究对象是早期和中期有经验的教师，他根据访谈结果将教师生涯划分为三个阶段：存活期、调整期和成熟期。他提出了相应的支持性条件，以帮助教师渡过各个阶段的难关。

这些划分方法展示了教师生涯发展的全貌，从年轻时的精力充沛到年老时的退休想法，以及教师在不同阶段的需求和压力。然而，这些研究主要是根据教龄或年龄进行划分，没有关注到教师随年龄增长精力减退的现象。这种差异可能与研究对象的教龄或年龄有关。

以上理论为教师的培养和培训等相关研究提供了基础，但它们主要以时间为线索，探讨教师在一生的专业发展中各个阶段的特征。这种一维、线性的研究思路可能过于简化，因此后续研究需要注意这个问题。

第三章 高校教师发展的课程标准研究

第一节 教师发展职业标准的探究

标准在社会的各个层面扮演着至关重要的角色。无论是政治、经济、法律、文化、教育还是艺术领域，都离不开各种标准的制定。权力的交接、利益的分配、功过的评鉴、人才的选拔、智力的评估和艺术品的评价，在大多数情况下都是依据一定的标准来进行的。人类社会中充满了主观随意性，这种随意性可能导致冲突，也可能降低效率。制定标准的目的就是为了消除集体生活中缺乏标准所带来的主观随意性，以减少冲突，提高效率。常言道，"没有规矩不成方圆"，标准使得一些理念得以实施，为集体生活制定了秩序。

一、国内外关于教师标准的讨论

观察 20 世纪职业变迁的一个突出特点是，许多职业开始被视为"专业"领域。职业的结构和性质在不断演化和进步中。要判断一个职业是否达到专业水平，就需要考察它是否满足专业的标准和其专业化的程度。然而，如何准确衡量专业水平的问题，在专业社会学研究领域尚未得到彻底解决。1904年，杜威在其文章《教育理论与实践的关系》中提出，成功的专业具有三个主要趋势：首先，从事专业工作前需要积累一定的学术知识，这已成为基本要求；其次，专业工作以应用科学和技术的发展为核心；最后，专业学校应当提供典型、集中的培训，而不是广泛而具体的工作培训。1933 年，布朗德士对专业概念和标准进行了阐述，他认为专业是一个正式的全日制职业，从事该职业需要通过教育和训练获得深奥的知识和技能，且应当为客户提供高质量、无私的服务。布朗德士的描述强调了专业的三个基本属性，这些属性得到了后来社会学家的广泛认可。1948 年，美国全国教育协会在论述专业时，提出了八个标准，包括：属于高度心智活动、拥有特殊知识领域、接受专门职业训练、持续在职进修、将工作视为终身事业、行业内部自主制定规范、以服务社会为最高宗旨及设有完善的专业组织。

在 1956 年，李伯曼在其著作《教育专业》中提出了专业工作的几个关键特征：工作领域界限清晰，独占性地承担着社会中不可或缺的任务；运用高度理性的技术；要求进行长期的专业培训；从业者无论个人还是集体，都享有自主权；在专业自主的范畴内，直接承担判断和行动的责任；非盈利性质，以提供服务为动力；建立了综合性的自治机构；拥有具体化的伦理准则。1957 年，格林·伍德尝试对专业的基本要素进行了界定和描述，他提出专业必须具备全面系统的知识体系，被客户认可的知识和技能权威，同行间的相互制约和认可，严格的职业道德规范，以及正式成立的专业组织。1960 年，科恩豪瑟提出了四个专业标准：专业的知识和技能能力，充分的自主性，强烈的职业道德感，以及运用专业知识技能的责任感和影响力。此后，关于专业标准的讨论在学术文献中持续出现。

班克斯在 1968 年的《教育社会学》中提出，专业标准包括：长期的专业培训，明确的知识领域，伦理规范，服务优先于利益，专业资格的限定，以及相当的自主权。霍勒在 1969 年的《教师的角色》一书中也提出了六项专业标准：提供重要的社会服务，系统的知识体系，长期的理论与实践培训，高度的自主性，团体伦理规范，以及持续的在职教育。

豪勒在 1980 年的研究中考察了十七个职业，并归纳出了专业化的十四个普遍特征：明确职业职能的界定，理论知识的学习，问题解决技能，实践知识的运用，为了职业发展而进行的自我提升，基本知识和技能的正规教育，对实践能力合格的个体颁发证书或头衔，建立专业亚文化，通过法律手段加强专业特权，公众认可的独特职能，道德问题处理的伦理实践和程序，对不达标行为的惩罚，与其他职业的互动，以及与用户服务的联系。

奥恩斯坦在 1984 年总结了专业的十四个特征：有意识地服务公众和终身投身于职业，外行人难以掌握的知识体系，理论研究和实际应用的结合，长期的专门培训，控制职业标准和入门要求，专业范围内的自主决策权，对专业判断和行为的责任感，强调对工作和客户的承诺和服务，行政管理人员支持专业人员的工作和自由发展，专业人士组成的自我管理组织，专业协会对会员成就的认可，伦理规范解决服务中的模糊和疑难问题，公众对从业者的信任和高期望，以及社会声望和经济收入的高水平。

曾荣光在 1984 年提出了专业的十一项指标，包括：向社会提供必不可少的服务，拥有专业服务的专利，经历长期训练和初始指导，掌握专业的"圈内知识"，享有专业自主权，形成对成员有约束力的专业组织，建立专业守则，赢得社会和客户的信任，享有较高的社会地位和职业回报，持续进行在职培训和科学研究。

马信行在 1986 年提出了专业的五个层面：第一是运用专门知识，即专业人员在工作时必须运用特定的知识和技能；第二是提供专业服务，意味着专业工作能够为公众提供重要且独特的服务；第三是具有专业自主，指专业人员在工作时能够不受外界压力和干预，独立处理问题；第四是接受专业教育，专业人员必须经过长期的专业教育，并持续进修；第五是信守专业道德，专业人员应坚守专业理念，致力于专业工作。

郑肇桢在 1987 年提出，专业工作具有以下特点：具有极其重要的社会功能；工作难度大，技巧复杂；工作者经常需要解决新问题；有一套在工作时谨循的道德守则；需要长时间学习，且通常在高等教育机构中进行；工作者有一定程度的决策自由，以应对非常规情况；工作者属于严谨的组织，制定工作标准，包括工作条件和责任；由于接受长时间训练和承担重大责任，因此享有较高的社会地位和待遇，超过一般职业。

舒尔曼在 1998 年提出，现代专业至少应具备六个核心特征，并对专业教育进行了界定：第一是服务理念和职业道德；第二是全面掌握学术和理论知识；第三是在特定专业领域内能熟练地进行操作和实践；第四是能够运用理论对现实问题做出判断；第五是从实践中学习；第六是形成专业学习和人员管理的团体。

同年，叶澜从教师职业的视角出发，提出了专业素养的构成，主要包括与时代精神相契合的专业理念（如教育观、学生观、教育活动观）、复合的专业知识（包括科学和人文的基本知识、一到两门学科知识、教育学科知识），以及承担责任和权力的多种能力（如理解他人和人际交往能力、管理能力、教育研究能力）。

除了上述关于专业标准的理论外，目前还有其他不同的观点被提出，包括所谓的弹性专业、实践专业、扩展专业及复合专业。

哈格里夫斯和古德森在对比研究了教师专业化的不同观点后，针对社会和教育发展的现状，提出了后现代专业化的七个原则。第一，教师应有机会参与对教学内容的价值及其道德和社会目的的探讨，包括核心课程设置和对这些价值目的相关问题的评估。第二，教师在教学、课程设计，以及关怀和影响学生方面，应享有更多的自主判断机会和责任。第三，教师应在相互帮助、相互支持的合作氛围中与同事协作，运用共享的专业技能和知识解决专业实践中的问题，而不是将合作视为功利性的手段去完成外在的命令。第四，教师的工作应既保持权威性，又具有开放性和合作性，是在更广泛范围内与他人，特别是家长和学生的合作性工作。第五，教师应主动关心学生，而不仅是提供安慰性的服务承诺。这意味着教师的专业性应包括情感和认知的取向，并认识到专业技能和处理方法对于承诺和有效关心的重要性。第六，教师应自主进行研究，并持续学习和探索与自己专业技能、知识和行为标准相关的内容，而不是仅为了满足他人的要求而顺从不断变化和令人疲惫的义务。第七，教师应具备创建和认识更复杂、更高层次任务的能力，并随着任务复杂性的提高，相应提升自己的地位和收入水平。

二、高校教师发展课程标准的探讨

从以上论述中可以看到，其实关于教师专业发展学界早有论述。虽然他们的看法并不一致，但这对于凝练出关于高校教师发展课程的标准并没有太大的难度。根据这些学者的意见，认为一名经过课程培训的合格高校教师应该具备以下这些方面的特征。

（一）能够运用专门的知识和技能

专业标准的建立，首要的是构建一套全面而深入的专业知识和技能体系，这被称为专业知能，它是专业人员从事工作的基石。其他的各种专业特征都是在此基础上衍生出来，并且深深依赖于这一核心。在现代社会中，高等教育机构在培养和发展专业知识技能方面承担着至关重要的角色。这一过程包括将专业知识技能系统化，即将其转化为课程内容；结构化，即整合为专业课程计划；合法化，即课程和计划的认可过程；以及传承，即将这些知识和技能传授给大学生。一个成熟专业的科学知识和技能体系已经被广泛地整合到大学学位课程中，这些课程为学生提供了全面的专业知识和技能训练。完成这些课程的毕业生被视为该领域的"准专业人员"，这一观点已经成为社会各界的共识。

（二）强调服务的理念和职业伦理

专业不仅意味着精湛的学识和卓越的才能，还涉及到服务或奉献的专业道德。专业道德、专业伦理和专业规范，本质上是相通的，它们代表了一个职业群体为了更好地履行职业责任、满足社会需求、维护职业声誉而制定的自我约束性行为准则——一套一致认同的伦理标准。这套标准是由专业全体成员共同遵守和全面应用的，它界定了一个专业服务过程中恰当与不恰当的行为。

2001 年，法国思想家和社会学家雅克·德里达访问中国，并发表了题为"Profession 的未来与无条件的大学"的演讲。在这次演讲中，德里达特别指出"profession"这个词不仅意味着"专业"和"志业",更包含着"专业信仰"的深层含义。根据德里达的解释,"profession"更加强调的是"行为的介入",它是一种"承诺",一种"责任"。他进一步阐述,教师传授理论知识,发挥陈述知识的能力,这是他的基本职责。但是,教师所承担的义务和权力,并不是理论上的,而是行为上的,是对"义务"和"责任"的"承诺"。

美国教育学家舒尔曼在 1998 年也提出了关于专业的观点,他认为一个专业的首要社会目的是服务。专业工作者是指那些接受了教育并利用其知识和技能为那些不具备这些知识和技能的大众提供服务的人。他们内心应当有向大众提供服务的倾向,有义务以道德理解为起点来运用复杂的知识与技能,并通过实际工作来展现公正、责任感和美德。

(三)能够维持高校教师长期的培养与训练需要

在现代知识体系中,专家知识的深度和复杂性是通过长期的训练和专业化的结合来实现的。这种专业知识的积累不是一蹴而就的,而需要通过系统的专业训练来逐步获得。对于高度专业化的职业,如医生、律师等,他们的培养过程是一个漫长的阶段,不可能在短时间内就取得成功。这些职业的专业人士需要通过多年的学习和实践,不断积累和深化自己的专业知识,才能达到专业的高水平。因此,专业知能的获得是一个长期而持续的过程,需要专业人士的持续投入和努力。

高等教育机构在设计和实施教师发展课程时,应当确保这些课程能够满足高校教师持续成长和提升的需求。这意味着课程内容应当是全面和深入的,能够覆盖教师在职业生涯不同阶段的发展需求。此外,课程应当是灵活和适应性强的,能够随着教育领域的变化和教师个人职业发展的变化而调整。

为了维持高校教师长期的培养与训练,教师发展课程应当包括以下几个方面。

① 基础知识和技能:为新教师提供必要的教育理论和实践技能培训,

帮助他们建立扎实的专业基础。

②　专业深化：为获得中级职称的教师提供深入的专业知识和高级教学技能培训，以促进他们在教学和研究方面的专业成长。

③　领导力和管理能力：为有经验的教师提供领导力和管理培训，为他们承担更多的学术领导和管理责任奠定基础。

④　研究能力：提供研究方法、学术写作和发表等方面的培训，鼓励教师在学术研究上取得成就。

⑤　技术整合：随着教育技术的发展，教师需要掌握新的教育技术和工具，以便更好地融入教学实践中。

⑥　国际视野：提供参与国际交流、合作和学术会议的机会，拓宽教师的国际视野，促进跨文化的教学和学习。

⑦　伦理和职业道德：强化教师的职业道德和伦理意识，确保他们在教学和研究中的行为符合专业标准。

⑧　持续评估和反馈：建立有效的评估体系，为教师提供定期的反馈，帮助他们识别自身的发展需求和改进方向。

通过这样的课程设计，高校教师的发展将得到全面的支持，他们能够持续地提升自己的教学、研究和领导能力，从而更好地适应教育领域的变化，满足学生和社会的需求。

（四）享有有效的专业自治

当某个专业在社会中占据着相对强势的地位，且其专长能够满足社会的重要需求时，该专业的科学知识体系往往已经高度专门化和复杂化。这种深度和复杂性使得非专业人士难以对专业人员的技能判断构成挑战，从而为专业自治创造了条件。专业自治意味着该领域的成员不受外行的评判和控制，他们自行决定进入该职业所需的教育和培训标准，并在帮助国家制定规范该职业实践的法律方面发挥巨大的影响力。

然而，在社会对一个专业授予自治权之前，该专业必须通过实际行动证明其对公众福利的承诺。社会需要确保专业人员在行使自治权时，能够以公众的利益为先，确保他们的专业行为和决策符合社会的期望和标准。只有在专业团体展现出高度的责任感和对公众利益的深切关注时，社会才会放心地将更大的自主权交到他们手中。这种自治权的授予是一种信任，也是一种责任，它要求专业人员不断维护和提升自己的专业水平，以回馈社会对他们的信任。

（五）能够有较强的团体认识

判断一种工作是否属于专业范畴，可以从是否形成了强大的专业组织来观察。专业成员通常会发起成立诸如学会、协会、联合会等民间组织，这些组织设定了会员资格，由专业人员组成，实行自我管理。这些专业团体不仅可以认可成员的个人成就，而且还保障了专业地位的确立，巩固了个人利益。同时，通过制定章程和伦理法规，这些组织促进了伦理规范和权利义务的实施，增强了个人和团体的责任感，并保护了客户和公众的利益。

为了实现这些目标，专业组织会传播信息和知识，培训会员，监督并纠正非专业行为。此外，它们还通过会员和专业的意识形态去影响和规范同一领域内尚未加入组织的专业人员的行动。专业组织还会发起或资助研究发展活动，出版专业期刊，鼓励技术交流，并通过积极的工作影响国家，以形成包括特许市场保护在内的、规范专业实践的法律和法规。通过这些活动，专业组织不仅提升了行业的整体水平，也为公众提供了更高标准的服务保障。

在接受高校教师发展课程训练之后，教师应当能够培养出对专业团体的强烈认同感。这种认同感不仅体现在对专业知识和技能的掌握上，还包括对专业伦理、价值观和职业道德的深刻理解。通过这些课程，教师应当能够认识到自己作为专业人士的身份，以及这种身份所带来的责任和使命。

专业团体认同感的培养有助于教师形成以下几个方面的认识和态度。

① 专业责任：教师应当意识到自己的工作不仅是传授知识，更重要的是培养学生的能力，激发他们的潜力，并对他们的学习负责。

② 伦理意识：教师应当理解并遵循专业的伦理规范，确保自己的行为符合职业道德，对学生、同事和社会负责。

③ 持续发展：教师应当认识到专业发展是一个持续的过程，需要不断学习新的知识和技能，以适应教育领域的变化。

④ 团队协作：教师应当学会在专业团体中与他人合作，分享经验，相互支持，共同提升教学和研究水平。

⑤ 服务公众：教师应当有服务公众的意识，将自己的知识和技能应用于社会的福祉，通过教育贡献社会。

⑥ 专业自治：教师应当理解专业自治的重要性，并积极参与到专业组织的运作中，为专业的自主和发展贡献力量。

通过这些课程训练，教师不仅能够提升自己的专业能力，还能够在专业团体中找到归属感，认同自己的专业身份，并以更加积极的态度参与到专业活动中，为教育领域的发展作出贡献。

第二节　高校教师专业能力的具体要求

在教育领域，所谓的"专业"并不是指教师所教授的学科专业，而是指教师的教育行为和教育活动被视为其专业表现的领域。社会学家埃利奥特等西方学者将教师职业与医生、律师、神父并称为"四个伟大的传统专业"。然而，埃齐奥尼等人则将教师、护士、社会工作者归类为"半专业"人员。埃齐奥尼的观点是，教师接受的专业培训时间相对较短，社会地位较低，专业团体难以确立专有权，特有的专业知识较少，且缺乏专业自主权。这意味着教师的专业性尚未达到典型专业人员的水平，还没有完全达到完全专业的标准。

然而，许多社会学者和教育学者并不完全同意埃齐奥尼的看法。早在1904年，杜威在《教育理论与实践的关系》一文中就提到，教师培训的问题是一种比较一般的问题——专业训练。他认为，教师职业与其他职业，如建筑师、工程师、医生、律师等，有相似之处，教师更有理由从其他更广泛、更成功的专业教育中汲取经验。因此，可以根据专业的六个标准和特征，对教师职业的专业水平进行评估，探讨当今教师职业在专业化过程中达到了何种程度。这需要深入了解和关注教师职业的发展，以便更好地理解其在现代社会中的角色和地位。

一、高校教师应具备教学的专业知识和技能

在专业条件中，运用专门的知识与技能是首要条件。然而，关于教师的专业知能具体包括哪些方面，观点各异，没有统一的看法。

北京师范大学谢维和提出了一个优秀教师的知能结构，主要包括以下五个方面。

① 专业化的知识：这包括对学生的理解、对课程内容的掌握及对教学实践的深入了解。教师需要了解学生的特点、需求和学习方式，以便更好地设计教学活动和课程内容。

② 对学生及其学习的承诺与责任：教师不仅要关注学生的学业成绩，还要关注他们的个人成长和全面发展。这包括培养学生的健全人格、支持他们的学习、平等尊重每一位学生，以及促进他们的社会化和成为终身学习者。

③ 教学实践技能：教师需要具备制订适合学生的教学计划、整合应用课程元素、构建积极的教学和学习环境、对学生进行有效评价，以及反思自己教学实践的能力。

④ 班级领导和组织的知能：教师应当承担起领导和组织班级的责任，构建学习共同体，以及创新和变革班级，以适应不断变化的教育需求。

⑤ 持续不断的专业学习：教师应当保持学习，不断提升自己的专业素养，通过实践学习，以适应教育领域的发展和变化。

谢维和的这种观点提供了一个全面的框架，以便更好地理解教师的专业知能，并指导教师在职业生涯中不断提升自己的专业水平。这种知能结构的培养和提升对于教师来说至关重要，它有助于他们更好地适应教育领域的变化，满足学生和社会的需求。

华东师范大学叶澜对教师的专业知识进行了深入的分析，认为它包含三个层面，并具有复合性的特征。

在第一个层面，教师需要具备广泛的科学和人文素养，以及当代重要的工具性学科的知识与技能。这些基础知识和技能不仅能够满足教育工作的特殊需求，而且还能为教师的继续教育和持续发展提供坚实的保障。

在第二个层面，教师需要深入掌握一到两门学科的专业知识和技能。与非教师的专业人员相比，教师应该更加了解本学科的历史发展、未来趋势、科学家的创新活动，以及科学精神等方面的知识，以便在教育实践中充分发挥学科知识的教育功能。

在第三个层面，教师需要具备教育学科知识和技能，包括教育原理、心理学、教学论、学习论、班级管理、现代教育技术等。教师对这些知识的掌握不应仅限于理论层面，更重要的是要学会在实际教学中综合运用这些知识和技能。

叶澜还提出了教师专业能力的三个方面。首先是理解他人和与他人交往的能力，这对于教师实现与学生的有效沟通、形成教育合力、与社会各界合作，以及参与社区精神文明建设都是至关重要的。其次是组织管理能力，教师需要在班级等组织中有效地开展教育活动，管理班级，组织和领导教育教学活动。最后是教育研究能力，教师需要具备科研意识和能力，这不仅是教师专业能力发展的重要保证，也是使教师工作充满创造精神和活力的必要条件。教师的研究工作通常与自己的教学实践相结合，要求教师善于从实践中发现问题，批判性地反思自己的教育行为和经验，积极探索教育教学中的各种问题。

在全球范围内，教师教育的课程内容和实际操作通常涵盖三大类专业知能：普通文化知识、学科专业知识和教育专业知识。这些课程类别各自拥有坚实的理论基础和专门的研究领域。对于这三类知能内容的划分，虽然基本上没有异议，但学者们对于教育专业知能的性质和具体内容却存在着持续的争论。

争论的核心在于学科专业知识与教育（教师）专业知识哪个更重要，以及如何在课时和学分分配上平衡这两者。这涉及到教师教育的"师范性"与"学术性"如何协调的问题。教师教育的性质是什么？培养目标应该如何实现？这些问题引发了广泛的讨论。

有人认为，教学工作并不复杂，只要有足够的学科知识，任何人都可以成为教师。他们认为，教育只是将社会学、心理学、哲学等学科的相关知识应用到教育场景中，并不认为教育是一门系统的科学。然而，自18世纪下半叶第一次工业革命以来，随着义务教育的普及和人类知识的丰富与分化，许多国家开始意识到教师专业化的必要性，并将非正式的师范教育制度化、系统化。

至于在师资培养过程中，学科专门知识和教育专业知识哪个更重要，或者说学术性与师范性哪个更重要的争论，主要关系到课程比例分配和授课顺序的问题，但这并不能否定两者存在的必要性。相反，这种争论反映了教师专业是学术性与师范性的统一体。教师对所教学科内容的掌握是其专业水平的一部分，但并非全部。从专业社会学的角度看，"教育行动与教育活动"才是教师展现其专业水平与能力的主要领域。换句话说，中小学教师应该将"教育"作为其专业领域，而不仅是所教学的学科。

教师必须既是"学者"又是"教育家"，不仅要了解教什么，还要掌握怎么教。当今世界各国普遍要求中小学教师除了精通所任教学科的知识和技能外，还必须了解教育理论、研习教材教法，并经过一定时间的见习和实习，才能成为合格的教师。

二、教师应具备专业的道德水准

在当代教育学中，强调服务的理念和职业伦理被视为教师专业标准的另一个重要方面。这种理念不仅要求教师具备必要的技能，还要求他们展现出对教育事业的热爱和奉献精神。教师的责任重大，他们不仅要对学生负责，还要对学校、家庭、社会乃至整个国家和民族负责。教育是一项培养人才、塑造未来的伟大事业，教师在这其中扮演着关键的角色。

正如古德森所言，教育首先是一种道德和伦理的专业。教师的工作不仅是为了传授知识，更是为了培养学生的品德、塑造他们的灵魂。因此，教育概念首先是一个道德概念，教师的专业特性首先是以道德要求为基础的。教师职业道德是教师职业的基本规范，是他们必须遵守的准则。

我国《中小学教师职业道德规范》明确规定了教师的道德要求和行为准则，旨在引导教师树立正确的教育观念，关心学生的成长，尊重学生的个性，维护学生的权益，为人师表，廉洁从教，努力提高自身的教育教学水平，为我国的教育事业贡献力量。这一规范体现了对教师职业道德的高度重视，也是对教师专业素养的一种肯定。而从高校教师的角度说，高校教师也应该朝向这些基本的方面发展，关心大学生在校的生活，维护大学生的权益，努力提高自身的教育教学水平。

教师专业道德被认为是教师专业的核心要素，原因在于它不仅是教师专业最根本、最直接的体现，而且它是教师职业区别于其他职业的关键所在。教师的工作对象是活生生的个体，特别是正在成长中的青少年，他们需要知识的滋养和思想的引导。教师作为学生个体社会化的承担者，必须对学生的身心发展施加符合社会要求的影响。这种影响的成功与否，很大程度上取决于师生之间的社会互动，以及教师是否被学生认可，其影响力是否能被学生内化。

教师的人格魅力和职业道德魅力在师生互动中起着至关重要的作用。教师的敬业、责任心、热情、和蔼、诚实、谦逊、守信、公正等品质，能够赢得学生的信任，使教师的话语具有吸引力。相反，懒散、缺乏责任感、粗暴、虚伪、傲慢、失信、偏袒等品质则会破坏学生的信任感，影响教师的影响力。教师的高尚职业道德不仅体现在工作中，而且对学生的心灵和品格塑造有着深远的影响。

此外，教师专业道德是其他相关专业特征形成和发展的动力和统帅。道德在教师专业特征中具有统帅作用，只有具备高尚职业道德的教师，才会为了教好每一个学生、传授每一份真知而努力学习，提高自己的知识素质；才会不断探索和攀登，提高自己的研究能力；才能克服工作和生活中的困难和压力，形成稳定的心理素质。教师专业道德本身也包含对其他标准的要求，是教师各种素质的综合表现。

在教育实践中，专业伦理规范的建设具有独特意义。如果将教师视为一门专业，那么专业的一般特征和标准对教师伦理规范建设无不具有道德的含义。教师不仅是提供教育服务的教育工作者，而且是对教育实践具有反思、批判、探究精神的专业研究者，还是不断修业道德接受继续教育的专业学习者。只有教师具备崇高的教育理想和献身教育的奉献精神，才有可能充分调动自身的积极性，不断开发自身的各项素质潜能，将自身各方面的能力素质统一到为未来人才培养而服务的教育教学活动中。因此，高校教师具有专业的道德特征，这些特征明晰且突出。

三、高校教师应接受专业的训练

在评估教师专业水平时，长时间的专门职业训练是一个关键指标。杜威在 1904 年就指出，教师教育应当被视为一种终身的专业发展过程，它与其他专业领域的训练具有同样重要的共同特征。1953 年国际教育大会也强调了这一点，认为教师的健康、智力和性格必须符合一定标准，并且他们应该接受过高质量的普通教育和专业培训。全球所有儿童都有权接受这样教师的教育。教师的专业培训应得到普通教育的支持，这一水平应与大学入学的要求相匹配。此外，只有被认可的专业资格的人才能被任命为教师，即使是临时职位也不例外。

在国际上，中小学教师的培养大多数已经提升到大学教育阶段。不同国家和地区采取了不同的培养模式，如师范院校的封闭式培养、一般大学的开放式培养，以及师范院校与综合性大学共同实施的混合式培养。在美国，各州要求中小学教师至少具备学士学位，有些州甚至要求教师拥有硕士学位或在任教一段时间内必须取得硕士学位。因此，五年的专业培训已经成为美国师资培养的基本要求，并且这一要求已经实施了近半个世纪。这种长期的专门职业训练确保了教师具备必要的知识和技能，以及持续的专业成长和发展，从而能够更好地满足教育的需求和挑战。

对于高校教师而言，接受专业培训同样至关重要，这不仅有助于提升他们的教学和科研能力，还能够促进他们的个人和专业发展。高校教师的专业培训应当包括教学方法的改进、学术研究的深化、学科知识的更新及教育技术的掌握等方面。通过这些培训，高校教师能够更好地适应教育变革，满足学生和学术界的期望。

在培训结果的评估上，可以根据教师的学习成效、教学实践、科研成果和师德表现等方面，划分不同的等级。例如，可以根据教师参与培训的积极性、学习成果的转化情况、教学技能的提升幅度、科研成果的创新性及师德师风的示范作用等因素，对教师进行评级。这样的分级制度不仅能够激励教师积极参与培训，还能够为他们的职业发展提供明确的指导和反馈。

此外，高校教师的专业培训应当是一个持续的过程，而不是一次性的活动。随着教育理念的发展、学科知识的更新和技术手段的进步，高校教师需要不断学习新的知识和技能，以保持和提升自己的专业竞争力。因此，高校应当为教师提供持续的学习机会，如定期的研讨会、工作坊、学术会议及在线学习资源等，以支持教师的专业成长和学术发展。

四、教师职业生涯要注重自身专业发展

在整个教师职业生涯中，持续的专业培训是至关重要的，它能够帮助教师跟上教育思想和教学方法的最新进展。教育的核心目标是理解并适应学生的发展需求，培养他们全面的能力，确保他们在身心各方面都能健康成长。为了实现这一目标，教师必须对教学效果给予极大的关注，并进行深入的自我反思。

因此，教师需要不断地进行专业发展和进修，将理论知识和研究成果应用到职业实践中，并经常对自己的教学进行自我反省和批判分析。通过理论与实践的互动经验，教师能够不断学习和进步。教师教育的新理念将教师教育划分为职前教育、入门教育和在职教育三个阶段。这三个阶段现在被视为一个连续过程的组成部分，旨在提高教师的专业知识水平、技能和态度，以便他们能够有效地从事教育工作。

有效的专业发展不仅为教师的探索、研究、反思、实验和实践提供方法，

还为团体中的其他人提供共享的知识和专门技能。在美国的多项教育改革报告中，都提出了建立"专业阶梯"制度，以提升教师素质和鼓励教师进修。例如，1983 年的《国家处在危险之中》报告建议将中小学教师分为初任教师、资深教师和优秀教师三类。1986 年霍姆斯小组的《明日之教师》报告则主张教师应分为三级：大学毕业的初任教员、拥有硕士学位或有丰富教学经验的专业教师，以及拥有博士学位或具备研究成就的终身专业教师。其中，教员的证书仅在 5 年内有效，他们必须继续进修，才能晋升到专业教师。1990 年霍姆斯小组的《明日之学校》报告进一步提出加强大学与中小学的合作关系，通过"教师专业发展学校"来提升教师素质，使新任教师和成熟教师都能在专业上得以成长。这些报告和倡议都强调了教师专业发展的连续性和系统性，以及教师在整个职业生涯中不断提升自身专业水平的重要性。

高校教师的专业发展不仅局限于教学能力的提升，还包括专业知识水平的拓展和深化。高校教师作为学术研究和知识传播的重要角色，他们的专业发展应当涵盖以下几个方面。

① 学术研究：高校教师应当积极参与学术研究，不断探索和创造新的知识。这不仅包括对现有知识的深入挖掘，还包括对新领域、新问题的探索和研究。通过学术研究，教师能够保持其在学术前沿的活跃性，为学术界贡献新的理论和见解。

② 学科交叉：在当今知识爆炸和学科交叉日益重要的背景下，高校教师应当具备跨学科的知识视野和思维方式。通过学习其他学科的知识和方法，教师能够更好地在教学中融合不同领域的观点，培养学生的创新思维和综合分析能力。

③ 国际视野：全球化的趋势要求高校教师具备国际视野，了解世界各地的教育理念、学术动态和文化差异。通过参与国际会议、交流项目或学术访问，教师能够拓宽视野，提升国际化教学和研究的能力。

④ 教育技术：随着教育技术的发展，高校教师应当掌握新的教学工具和媒体，如在线教学平台、虚拟实验室、多媒体教学资源等。这些技术的运用不仅能够提高教学效率，还能够优化学生的学习体验。

⑤ 师德师风：高校教师的专业发展还应当包括师德师风的培养，即教师在职业道德、学术诚信、师生关系等方面的自我提升。教师的言行举止对学生有着深远的影响，因此，高尚的师德师风是教师专业发展不可或缺的一部分。

总之，高校教师的专业发展是一个全面的过程，它不仅包括教学技能的提升，还涉及到学术研究、学科交叉、国际视野、教育技术及师德师风等多个方面。通过这些多维度的专业发展，高校教师能够更好地适应教育变革，满足学生和学术界的期望，为教育事业作出更大的贡献。

五、高校教师应具备一定的专业自主能力

教师在教育实践中是否拥有一定程度的自主决策权，是学术自由和教师专业性的重要组成部分，也是评价教师专业化水平的关键指标之一。教师专业化在课堂教学活动中的体现尤为明显。教师在课堂教学中拥有课程和教学的相对自主权，这种权威在课程设计、教学过程、学生动机、学生管理、学生评价等方面得到体现，无论是同事还是行政人员都不得干涉。

教师的自主权在课堂教学中的具体表现包括观察学生、组织实施教学方案、选择教学材料、呈现教学材料、安排教学活动、训练学生行为、激发与鼓励学生、布置教学环境、评价学生成绩、评估教学策略等。然而，与医生和律师等职业相比，教师在个人或团体层面的独立自主权相对较小。例如，在课程内容和教材选择方面，教师的自主权有限。

这种状况的主要原因是大多数教师是由政府选派和聘任的，政府为了推行国家教育政策，对教育人员必须有一定的约束，因此对教师的监督管理权从不放松。此外，不同级别的教师受到的限制也有所不同，学校层次越低，教师所受的限制越大，因此中小学教师相较于大学教师在教学自主性方面更为缺乏。

然而，中小学教师的专业自主性会随着其学历和专业化程度的提高而增加。具有研究生学历或师范院校本科毕业的教师，其专业自主性显著高于专科毕业的教师；而师范院校毕业的教师又显著优于非师范院校毕业的教师。

通过这些情况的分析可以看出，在有限的范围内，教师的专业自主性仍有发展空间，而这种自主性主要来源于教师的专业知识和能力。因此，教师的专业自主性与其专业化程度密切相关，是教师专业成长的重要组成部分。

六、专业组织对高校教师发展的推动

专业组织在培养和保护专业人员、维护客户和公众利益，以及孕育和维持一个专业特定的知识和服务的意识形态等方面发挥着至关重要的作用。为了推行政令、提升教师的专业精神、增进教师福利和鼓励教育研究，世界上许多国家都设有种类繁多、性质功能各异的教师专业组织。

在国际上，教师组织被视为教育改革的重要力量，对政府教育决策具有重大影响力，对教师本身也大有裨益。教师职业被认为是世界上组织最为严密的职业之一，因此教师组织在各个领域都能起到并且正在起到巨大的作用。

在欧美国家，教育专业团体虽然未能像医师、律师组织一样拥有权规定从业人员的人数及资格、接纳新会员及开除违规会员的权力，但是像美国全国教育协会（NEA）、美国教师教育学院协会（AACTE）、美国教师教育协会（ATE）、美国教师联合会（AFT）、英国全国教师联合会（NUT）、澳大利亚教师联合会（ATF）、加拿大教师联合会（CTF）、日本教职员工会（JTU）等国家的教师组织，在支持教师的学术自由、提高教师专业水准、促进教师专业发展、争取提高教师福利待遇、维护教师权益等方面作出了巨大的贡献。在政府决策及实施过程中，它们成为有力的"压力团体"，对该国的教育政策产生了重大影响。

除了各国自身的教师组织以外，1952 年由世界教育工作者组织、国际教师协会联合会及国际中学教师联合会合并组成的世界教育工作者组织联合会（WCOTP）是世界上最大的国际教师组织。其宗旨包括促进国际间教师相互理解和友好愿望的实现；改进教学方法、教育机构及教师的专业训练和学术准备；维护教师职业的权利、物质利益和道德原则；进一步密切各国教师间的关系。正式会员来自 95 个国家的 149 个全国性教师组织。半个多世纪以来,世界教育工作者组织联合会对于改革教师教育、促进教师专业化;重视教师的社会权利,提高教师的政治、经济与专业地位;增进各国教师间的彼此了解与教师组织间的密切合作作出了历史性的巨大贡献。

如果严格按照专业标准来评估所有职业,可能没有一个职业能够完全符合这些标准,即便是律师和医生这样的专业也不例外。然而,专业化水平的高低确实存在差异。那么,为什么教师职业难以成为一个"完全专业"?为什么教师专业会带有一些"边缘化"的特点?一些学者对此进行了深入研究,主要结论包括以下几点。

第一,教师专业知识结构的规定相对抽象。教师职业要求不仅需要系统地掌握某一学科的专业知识,还要了解与该学科相关联的其他领域的知识;不仅要掌握学科理论知识,还要熟悉如何应用这些知识和理论的技能。这意味着,构成教师职业资格的知识具有一种发散性的结构。这种发散性的知识结构使得教师职业资格的规定具有较大的模糊性,导致人们或某些权威机构很难具体地规定教师的任职资格,或者如目前很多关于教师资格规定那样,只是一些比较笼统的要求。这给教师资格的认定带来了诸多不便。国外关于教师职业的研究认为,在一定程度上,正是由于这一原因,教师未能组成严格的行会,以至于让一些"不合适"的人进入了教师行业,并因此降低了教师的社会地位。

第二,教师的行为方式常常与一定的道德要求和原则联系在一起。诚然,这种要求是合理的。但是,道德要求和原则的特点恰恰是比较抽象的,它由此也带来了另一个问题:如何将这种对教师行为方式的要求具体化和制度化?显然,教师的行为方式往往是与特定的情境联系在一起的。而且,不同的教师具有不同的个性特征和道德修养方式,同样的教师对于不同的学生和不同的情况也有不同的处理方法。所以,尽管社会和人们对教师行为方式具有一定的道德要求和期望,但这些要求与期望作为教师行为方式的规定通常也是比较抽象的。

第三,教师的行为方式既可以被看成是一种科学,也常常被人们看做是一种艺术,由此将教学活动作为一种充满个性和创造性的活动。这种个体性主要表现在两个方面。一方面，学校的教育活动，或者说对人的培养，决不能等同于工厂的生产活动。它不是一种所谓标准化的批量生产，不能简单地按照统一模式进行，而必须根据每一个学生的特殊情况，根据个性发展的要求与特点，实行因材施教和一定意义的个别教学与辅导。所以，教师的教育教学不可能仅是一种简单的规范性调整，而必须针对学生的个性特征和要求，更多地实行一种个别性调整。这样，具体了解每一个学生的情况，便成为教师的十分重要的职责。同时，由于学生本身的差异，这也要求教师具有与学生进行交往的能力。无疑，这样一种工作和职业的要求，便使得教师职业的规定具有更大的多元性，以及在统一的规定上具有更大的模糊性。另一方面，教师的行为方式本身也具有一种较强的个体性特征。这种行为的个体性特征，也使通过教师的活动对教师进行规定缺乏统一的和普遍性的基础。

专业研究的价值不应仅局限于二元化的"是或不是"的思考方式，而应将专业视为一个持续发展的过程，即专业化的进程。从前文的论述中可以看出，中小学教师的专业化并不是一个"有"或"无"的问题，而是一个专业化程度"高"与"低"的问题。通过六个指标的综合考量可以发现，教师在专业知识、专业道德、专业训练和专业发展方面已经达到一定的水平，但在专业组织和专业自主方面还有待提高。目前普遍的观点是，尽管教师职业正在努力向"完全专业"的方向发展，但现阶段教师仍被视为一个"部分专业"而非完全专业的职业。

罗伯特·豪塞姆提出，教师应被视为一个"形成中的专业"，其地位高于半专业而接近完全专业，位于专业和半专业的中间状态。与其他专业领域如医学、法律、工程相比，教师职业在某些方面可能略显不足。社会对教育专业的期望是，教师能够实现工作的专业化，从"能干的教书匠"转变为"专业的教育家"。如果教育仅是一项任何人都能胜任的工作，那么它就失去了专业的意义。幸运的是，从实践层面来看，教师的教育教学活动已经在一定程度上满足了专业化的标准。而且，现代教育本身的发展对教师的要求已经与这种专业化的标准是非常一致的。将教师职业描述为"形成中的专业"，意味着教师职业的专业化趋势是显而易见的。这一观点的主要论据包括以下几点。

第一，教育服务在现代社会的重要性日益增加，无论是在发展中国家还是在发达国家，教师和教学工作无疑扮演着关键角色。随着知识社会的到来，教师的作用变得更加显著。

第二，尽管对教师应掌握哪些知识存在争议，但教师必须掌握足够的学科知识技能和教育知识技能才能进行有效教学，这一点是毫无疑问的。特别是在现代社会，如何将无限丰富的知识有效地传授给受教育者，如何促进青少年的身心健康发展，如何使受教育者具备创新能力等问题，已经成为每一位教师需要面临的挑战。当代青少年的培养需要专业化的教师，这更需要将教师教育视为专业教育。教育学和心理学的发展使教育理论知识与技术日益系统化，为教师专业化和教师教育的专业化提供了可能。各国都有专门的教育机构实施教师教育，教师专业训练的年限和程度逐渐提高。

第三，教师的任用资格和在职进修日益制度化和法律化。许多国家，包括中国，已经开始制定专门的法规来严格规范教师的专业标准，只允许那些达到标准的人进入教师队伍。

第四，教师拥有的专业自主权得到了适度的保障。尽管学校的管理权和教师的自主权之间时常存在冲突，学校管理的权力大于教师的学术权威，但学校作为"二元结构"（在学校中存在着行政权力和学术权力），可以使管理权和教师的自主权在不同的范围内展开。校长也不能随意干预教师的教学事务。

第五，对教师专业道德规范的要求一直非常强烈。教师作为社会的楷模，必须遵守专业的道德规范，以自身的言行对学生进行正确的引导。

第六，教师的经济待遇和职业声望正在提高。随着社会对教育的重视程度和人民群众对教育需求的提高，过去并不被看好的教师职业近几年变得越来越受欢迎，出现了教师职位竞争激烈的场面。

综上所述，在现代社会，教师所从事的教育教学工作是一种要求从业者具备深厚而独特的专业知识、技能和素养的专业。教育教学活动是一种复杂而专业的培养人才的职业，它不仅要求从业者拥有比一般人更丰富、更深入的多方面的一般知识和学科知识，作为教育教学的原材料，而且还要求从业者掌握一般社会成员不需要或不必系统了解的教育教学知识、技能和教育教学规律。这些包括有关人的认知学习的知识和规律、各种主客观教育教学条件的知识和规律、社会发展的知识和规律，以及利用这些知识和规律选编教学内容、确定教育教学目标、运用教育教学手段和方法、组织教育教学活动的技能等。不具备这些深厚独特的专门知识和技能的人，是无法担任或不能胜任教师的。

美国教育学家李·舒尔曼因此指出：现在，新的专业教育和教师教育的概念已经出现。这些概念与专业教育的各个环节相联系，包括道德观、理论理解、实际技能、判断、从经验中学习及专业社会责任感的发展等。可见，教育教学工作是一种难度较大的"形成中的专业"。从事这一工作的中小学教师应该是较高层次的专业人员或专业角色。在当代教师教育中，教师作为专业人员的概念，得到了广泛而普遍的支持。

第四章　高校教师发展课程目标探究

　　课程目标在高校教师发展中起着至关重要的导向作用，它们不仅指导着教师当前的学习和实践，而且也是教师长期发展的蓝图。通过这些课程目标，高校教师可以在整个职业生涯中不断进步和发展，不仅成为优秀的教育者，还能在学术和专业领域取得更大的成就。从当前高校教师的发展需要来看，优化高校教师发展，应重点从培养教育情感、形成教育技能、构建教育关系和塑造教师人格课程目标入手。

第一节　培养教育情感

　　感受是对于客观存在的事物所持有的态度的内在体验。它与认知和意志构成了人类心理活动的整体，这三者在实际生活中是相互交织和互相影响的。感受代表着人的意识具有一定的倾向性，能够对人的行为产生激励或抑制作用。教育工作者所应具备的情感，需要与教育职业的要求相契合。一名合格的教师，应当充满对教育事业的热爱，对学生的关爱，从教学活动中感受到无尽的快乐，并且能够自我调节情绪。持续而积极的情绪状态，不仅有助于教师的专业成长，也有利于学生的健康成长；相反，如果情绪消极不稳定，不仅会让自己陷入痛苦，也会对学生的成长造成不良影响。

一、师爱情感的培养

夏丏尊先生曾指出，缺乏情感和爱的教育，就如同无水的池塘，失去了其存在的意义。教师的热爱，既是对教育事业的执着追求，也是对学生的深沉关爱，这构成了教师职业道德的基石，并拥有巨大的教育影响力。师爱是解决教育难题、开启学生心扉的关键，它是促进学生内化教师要求、转化为自身行为的催化剂，也是推动教师专业成长的动力。

将爱作为一种事业和对他人的关怀，不仅是一句简单的口号，而是一种深深植入内心的情感，它在逆境中坚定不移，随着时间的推移，这种爱变得更加深沉和真诚。师爱正是这样一种情感，它要求教师在职业生涯中，从空白到充实，从脆弱到坚强，从理论到实践，从特殊到普遍，从被动到主动，逐步成长。爱的培养、成长和成熟，需要教师自身的细腻感知，细心培养，持续努力。

情感并非与生俱来，而是通过学习和经历逐渐形成的。情感的培育需要特定的条件，没有深入行业的体验，就不会有对行业的热爱；没有养育和教育孩子的经历，就难以真正理解和形成对孩子的深爱。对于教师来说，他们在职业上还处于起步阶段，在人生经历上，过去更多地是被爱而非爱人，缺乏师爱形成的基础。即使他们有一些对教育和学生的喜爱，这种情感也是脆弱、零散的，与成熟的师爱有较大差距。因此，教师应当重视师爱情感的培养。

在师爱的修炼过程中，教师应当确立以下几种情感意识。

（一）坚信师爱的巨大教育和发展力量

教育不仅是知识传授和道理讲解的过程，更是一种充满情感交流的活动。学生既具有理性思维，也具备感性认知。因此，不同教师传授相同道理时，对学生的影响可能会有所不同。这不仅是因为讲解方式和方法的不同，更重要的是教师与学生之间的情感联系和深浅不一。学生对某位教师的喜爱，往往会转化为对其教诲的信任和对其课程的投入，甚至在犯错时会感到愧疚，从而使得教师的要求自然而然地转化为学生的自我要求；而如果学生对教师缺乏感情，教师的话语可能就会被忽视，甚至激起学生的逆反心理，这时教师的教育效果就会大打折扣。学生对教师的热爱往往是教师对学生的关爱所换来的，缺乏真实情感投入的教育，仅强调"为了你好"是缺乏说服力的。

教师本身也是理性和感性兼备的个体，教师的专业发展既需要理性目标的引导和激励，也需要情感的推动。一个充满师爱的教师，在责任感和愉悦体验的驱动下，更能够发现专业发展中的问题，更有决心克服发展过程中的挑战，不断提升自己的专业水平；而如果缺乏情感激励，教师可能会感到疲惫不堪，难以持续进步。

（二）懂得师爱其实是造福教师自己

正如古语所云，真正的爱心首先惠及自身。表面上看，爱心似乎是向外传递的，但从深层次的影响来看，充满爱心的人实际上是在滋养自己的心灵，使其保持青春的活力、敏锐的感知、生动的情感和善良的本性，这样的人往往也会获得他人的爱戴。同理，师爱不仅对学生有益，对教师本身也是一种福祉。当一个人处于"给予爱"的状态时，他的身心状态是最为健康的。此时，他的情绪体验是愉悦的，生理反应是放松的，免疫系统也得到了强化。常言道，赠人玫瑰，手有余香，当你努力让别人快乐时，你自己也会感到快乐。帮助他人时，我们往往不会考虑自己，这种行为可以净化我们的心灵，带来更大的精神满足。帮助他人不仅能解决他们的困难并减少他们的忧虑，还能结交更多的知己，带来更多的欢乐。因此，当我们对他人好时，实际上也是在对自己好。关爱学生的教师是最轻松、最快乐的，而师爱与生爱之间的互动及由此产生的共鸣，能让教师生活在极大的幸福之中。

长久以来，由于教师在教育工作中的辛勤付出，他们被誉为"蜡烛"，因为他们"照亮了别人，燃烧了自己"。许多教师将身体的透支和心理的疲惫视为取得工作成就的必然牺牲。这种错误的认识常常带来灾难性的后果。教师当然是值得尊敬的，但这种认识是有缺陷的。这种观念会导致教师面临严重的身心问题，会使一些教师因为过于珍惜身体健康而懈怠工作，也会让一些年轻人害怕甚至回避选择教师这个职业。实际上，教育成就并不一定需要以牺牲身心健康为代价。我们在一些杰出教师的身上看到了教育成就与身心健康和谐统一的现象。他们在长期的教育实践中，使自己的心灵保持了童真、纯洁和美丽，能够抵御世俗的污染，保持高尚、幸福、乐观和健康长寿。他们用自己的经历向我们揭示了教师工作的"自利利人"的本质。反过来，如果没有身心健康的支撑，教育成就也就失去了依托。很难想象，一个身心状况糟糕、连基本工作时间都无法保证的教师能取得好的教育效果。同样，一个连自己身心健康都无法保障的教师，如何能培养出心理健康的学生呢？特级教师斯霞在 85 岁时退休，当人们向她请教养生之道时，她总是说："我喝的是开水，吃的是泡饭和萝卜干，哪有什么长寿的秘诀？要说有，就是当老师。"霍懋征在老年时，身材高大，腰板挺直，精神矍铄，因为她一辈子都在教育孩子，保持了率直的个性和天真的童心。享有我国教育界盛誉的"南斯北霍"，她们的血液中都流淌着对学生深深的热爱。

（三）师爱是要经受考验的

在特定的环境和时刻，对特定个体或事物的情感涌现并持续一段时间，这是非常常见和自然的。然而，能否持续、加深和提升这种情感，则是对个人情感智慧的考验。正如一首流行歌曲所吟唱的："相爱总是简单，相处太难。"教育活动中充满了色彩，学生们活泼可爱，新教师很容易就会"爱上"这份工作，但这种情感能否经受住时间的考验和挫折的洗礼，并逐渐升温、加强，成为教育工作的主导情感，却是许多教师难以达到的境界。师爱的发展通常经历自然、自觉及自发三个阶段。自然形成的师爱在面对挑战时往往难以持久。例如，当你的付出没有得到预期的教育效果，甚至遭遇学生的反对和敌意时，你可能会对爱的教育的力量产生怀疑，甚至考虑放弃。这其实告诉我们，学生的转变和成长需要时间，需要耐心等待，问题不在于爱本身，而可能在于爱得不够真诚、不够深沉，爱的表达方式需要进一步改进。认识到这一点，才能培养出真正的、深沉的爱，学会正确表达师爱，进而进入师爱的自觉阶段。深厚且持久的师爱能够促进学生的健康成长，而学生的健康成长又会激发教师更深的爱心，形成一个良性的循环，最终使师爱发展到自发阶段。在这个阶段，师爱对教师来说已经成为一种自然而然的行为，无需自我提醒，无需刻意去做，日常的言行举止都充满了深深的爱意，体现了爱的力量。

二、理性地看待教育

有人比喻说，如果把学生视为天使，那么教师就如同生活在天堂；若将学生看作魔鬼，教师则仿佛置身于地狱。这说明了教育观念如何决定教师在教育活动中的情绪体验。

美国临床心理学家艾利斯根据自己的成长经历和临床心理治疗实践，提出了著名的情绪 ABC 理论。他认为，情绪并非直接由某个触发事件引起。在 ABC 理论的框架下，A 代表触发事件，B 代表个体对触发事件的信念，即个人对此事件的看法、解释和评价；C 代表在特定情境下个体的情绪和行为结果。通常，人们认为情绪是由触发事件直接引起的，即 A 直接导致 C。但 ABC 理论指出，触发事件 A 只是间接原因，而个体对事件的信念 B 才是更直接的情绪原因。理性的信念会引发适当的情绪反应，而非理性的信念则可能导致不适当的情绪反应。因此，每个人都应对自己的情绪负责。

理性信念往往带来积极的体验，即使有时会感到不愉快，这种不愉快也通常是正常的情绪反应。而非理性信念则使人更频繁地体验到苦恼。艾利斯列举了一些常见的非理性信念，如：① 认为别人必须支持和帮助自己；② 对任何错误和有害行为都必须严厉惩罚；③ 如果事实并非自己所想，那就太可怕了；④ 不幸都是外界或他人造成的；⑤ 如果有些事情可能危险或可怕，就应该害怕；⑥ 逃避困难比面对困难容易；⑦ 必须依赖比自己更有能力的人；⑧ 必须做到所有事情并得到他人认可；⑨ 过去强烈影响自己的事情会永远影响自己；⑩ 别人对自己至关重要，因此必须努力使他们成为自己喜欢的样子。韦斯勒等人总结出这些非理性信念的三个共同特征：绝对化的要求、过分概括化和糟糕至极。绝对化的要求是指以自己的愿望为出发点，认为某事必然会发生；过分概括化是指以偏概全；糟糕至极是指将某件不好的事情的发生视为极其可怕和糟糕，仿佛是灾难的来临。

基于情绪 ABC 理论，理性情绪疗法应运而生，这是一种通过修正非理性信念，建立理性信念，以保持积极情绪的心理训练方法。理性情绪疗法，也称为 ABCDE 论，其中 D 代表对非理性信念的辩论、驳斥和对抗。通过辩论、驳斥和对抗，成功建立理性信念，从而产生有效的治疗效果 E。

研究发现，许多教师对教育现象持有许多非理性信念，这些信念往往是教育观念非科学化的表现，是导致教师消极情绪的认知根源。帮助教师树立科学的教育观念，为他们保持积极、愉快的情绪打下认知基础，是一项迫切需要开展的工作。调查表明，教师有待转变的教育观念包括以下几个方面。

（一）变评价性学生观为移情性学生观

学生被视为有待完善的受教育者的观念，往往过分关注学生的不足，如认为学生中顽皮、不顺从、愚笨的占多数。持有这种评价性学生观的教师可能会因此感到畏惧，不敢对学生进行适当的管教，担心被学生戏弄；或者采取无为而治的态度，对学生睁一只眼闭一只眼，任其自然发展；或者采取强硬粗暴的方式，实施所谓的"高压政策"，导致师生间的对立，这样的教师无法体验到师生之间的尊重和爱护的乐趣，对他们来说，教育变成了一种折磨。

而移情性学生观则认为每个学生都有被教育成才的潜力。持有移情性学生观的教师从发展的、人道的角度看待学生的不足，设身处地地理解学生的行为，耐心细致地观察、分析和了解学生的内心世界，以同情、真诚、热爱和关怀的态度对待学生。他们从不粗鲁地对待学生的缺点，正如苏霍姆林斯基所言："每个决心投身教育的人，都应该宽容地对待学生的弱点。如果对这些弱点进行仔细的观察和思考，不仅用头脑，而且用心去理解它们，就会意识到这些弱点微不足道，不应对它们感到愤怒、生气或施加惩罚！"移情性学生观能够带来良好的教育效果和和谐的师生关系，这不断地激励和维持着教师的愉悦心情。

（二）变他主型情绪观为自主型情绪观

情绪的他主型观点认为，个人的情绪是由外部环境和他人行为所引发的，情绪反应是对这些外部刺激的自然反应。这种观点下，人们常会说"某件事情让我快乐，某个人让我烦恼"。持有这种情绪观的教师也会强调，他们的负面情绪是为了帮助学生改正错误，例如，有教师会认为："我对学生发火，是为了让他们深刻记住，避免将来再犯同样的错误。"

而情绪的自主型观点则坚信个人是情绪的主宰，情绪是可以且应该被管理的。将负面情绪简单归咎于外部环境是一种逃避责任的做法。自主型情绪观还指出，尽管教师的不满看起来似乎是由学生的错误行为引起的，教师发火似乎是为了帮助学生改正，但实际上，教师发火更多是为了释放自己的负面情绪。教师何时停止发火，并不取决于学生的行为，而取决于教师自己何时感到"舒服一些"。因此，随意发火并不是学生改正错误的需求，而是教师自身的需求。从根本来说，随意发火不仅不会让教师"感觉好受些"，反而会留下隐患，使教师在未来的教育活动中感到有更多的情绪需要释放，从而形成一种恶性循环。

三、体验教育的乐趣

能够从日常生活的琐碎和职业工作中发掘快乐，是人的一种关键的心理素质，它直接影响到个人一生的幸福水平。美国心理学家马斯洛在布兰迪斯大学工作期间，将他所有的精力都投入到研究那些心理健康的个体上，并提出了知名的"自我实现者理论"。自我实现者是指那些在事业上取得成功并且在心理健康上达到高度平衡的人。马斯洛概述了自我实现者的多项特征，其中之一就是他们拥有"持续不断的欣赏力"。马斯洛如此描绘自我实现者：他们以敬畏、兴趣和愉悦的心态体验生活中的每一刻。每一个新生的婴儿，每一次落日的余晖，都如同初次见到时那般美妙和令人心动。他们能够从最平凡的日常经验中获得巨大的激励和满足，因此从不感到生活乏味。自我实现者总是全身心地投入到他们认为重要的工作、任务、责任或职业中。他们对工作充满热情，乐在其中，工作与娱乐的界限在他们身上变得模糊。对他们来说，工作既是激动人心的，也是充满乐趣的，工作本身就是一种娱乐。正如一位哲学家所言，生活中并不缺少美，而是缺少发现美的眼睛。我们只有学会在平凡的工作和生活中寻找乐趣，才能找到快乐的源泉。

然而，有些教师缺乏感受教育乐趣的能力，对教育工作感到厌恶。对他们来说，从事教育是不得已的选择，教育成了一种负担和煎熬。这样的教师将他们的教师角色和与学生互动视为烦恼的根源。他们不仅在工作中鲜有成就，而且在生活中也背负着沉重的情感负担，这对他们的身心健康产生了极其负面的影响。

教师职业本应是一个充满快乐的领域。如果一个教师身处快乐的源泉却无法感受到快乐，这无疑表明他的教学境界需要提升，他的教育智慧需要增强。基于作者在教师教育研究和教学实践中的经验，提出以下建议，希望能为教师从教中获得快乐提供一些帮助。

（一）我选择，我喜欢

曾有一次关于"如何使生活更加幸福"的讨论，其中有人提出应该以何种心态去生活。一个被广泛接受的观点是，"我喜欢，我选择"能够带来快乐。然而，世界上只有少数幸运儿能够根据自己的喜好去选择职业、伴侣和生活，大多数人的选择通常是被动接受的。对于普通人而言，要想过得幸福，就必须学会"我选择，我喜欢"。

有些教师可能最初选择教育是出于无奈，但既然已经做出了选择，就应该学会去喜欢它，既是为了学生，也是为了自己。有人认为，如果工作有趣，自然会喜欢；如果无趣，又怎能喜欢得起来。这种想法是阻碍教师热爱教育的一大误区。实际上，有趣和无趣都是个人的主观感受。正如魏书生所说，对于某些片面理解的人来说，任何职业都可能成为苦海；而对于那些全身心投入的人来说，任何职业都能带来无尽的乐趣。对工作的热爱可以创造奇迹，使人即使在苦中也能找到乐，看到严冬后的春天、病树旁的鲜花和绿草，感受到劳动的甜美，享受成功的喜悦。这也印证了当前流行的一句话："心态决定一切。"如果一开始就认为教育无趣，自然会失败，失败加剧了无趣感，无趣感又导致了更大的失败，形成恶性循环。相反，如果一开始就认为教育有趣，只是自己还没有发现它的趣味，全身心投入，成功的回报会激发兴趣，兴趣又会带来更大的成功，形成良性循环，让人欲罢不能。因此，应该说，一项工作有趣，是因为你让它变得有趣；一项工作无趣，是因为你让它变得无趣。

（二）全面收获教育

让我们探讨魏书生是如何享受教师生涯的乐趣的。

首先，他视教师的劳动为具有多倍回报的工作，它不仅带来物质上的成果，如学生的成绩和全面发展的人才，还带来情感上的丰富。教师能够与学生建立深厚的情感联系，这种联系超越了时间和空间的限制，成为教师最大的精神财富。这种情感的投入和收获是其他职业难以比拟的。许多教师放弃了升迁的机会，因为他们深深依恋与学生之间的情感纽带，学生的真情和未来学生的吸引力让他们难以割舍。

其次，他认为教育工作类似于科学研究。每一天，每一节课都充满了研究的机会：学生注意力的变化、记忆力的提升、情感波动、行为习惯的养成等。学校和班级中的每一个学生都可以成为研究的主题，他们的历史、现状、未来、惯性、更新和潜力都是研究的宝贵材料。教师的劳动因此获得了第三层收获——科研成果。

最后，他珍视的是教师能够保持一颗童心。许多政治家、艺术家、哲学家，甚至普通人在晚年都会怀念童心的珍贵，感受到拥有童心的幸福和自豪。然而，他们的职业和环境往往迫使他们收起童心。而教师每天都能与学生一同阅读、练习、歌唱、做实验、举办联欢活动，甚至一同玩耍，面对纯洁善良的心灵，这种经历能够使教师长期保持童心。世界上没有哪一种职业能够像教师这样，终生与淳朴、善良、真诚的学生们一起过着丰富多彩的生活。

魏书生体验教师工作乐趣的方式值得我们学习、理解和欣赏。

（三）强化成就动机

教师的强烈成就动机推动他们全身心地投入到工作中，追求成就，从而感受到成就感与乐趣。一位年轻人向苏格拉底请教成功的秘诀。苏格拉底邀请这位年轻人在第二天清晨到河边与他见面。第二天，他们如约相见，苏格拉底带着年轻人走向河心，当河水没过他们的脖子时，苏格拉底突然将年轻人推入水中，年轻人奋力挣扎却无果。就在年轻人即将力竭时，苏格拉底将他拉出水面，年轻人深深地吸了一口气。苏格拉底问："你在水中最需要什么？"年轻人回答："空气。"苏格拉底说："这就是成功的秘诀。当你对成功的渴望如同你刚才对空气的渴望那样强烈时，你就会成功。"确实，当对成功的渴望像对生命的渴望那样迫切时，工作就不再是负担，而是一种自觉的行动。我们很多时候未能成功，并非因为起点低或基础差，而是我们对成功的渴望不够强烈，没有强到足以抵御诱惑和挑战，或者我们的成功欲望是间歇性的，而不是持续不断的，没有转化为持久的动力。

四、做好压力管理

压力是个体在面对潜在的威胁性刺激时，由于无法立即消除威胁或摆脱困境而感到的一种压迫感。在生活和工作中，人们难免会感到压力，而适度的压力对于维持身心健康是有益的，正如俗话所说"适度的压力是动力"。然而，过度的压力或长期持续的轻度压力对身心健康造成的损害是巨大的。积压的压力会对人的生理、情绪、认知和行为产生负面影响，引发诸如高血压、偏头痛、腰背痛、心脏病、消化系统疾病、月经不调和皮肤病等生理疾病；削弱免疫系统，使人更易患病；损害情绪，导致忧郁、焦虑、失望、无助、沮丧和易怒；降低认知效率，引起注意力不集中、记忆力下降、思维僵化、无法灵活应对问题，以及解决问题的能力减弱；阻碍心理功能的正常运作，甚至导致异常行为。

鉴于当前校园问题的加剧、教育竞争的激烈及教师评价标准的具体和繁杂，教师正面临着前所未有的压力。尽管教师是教育领域的新手，但他们在工作要求和工作量上往往与其他教师持平，甚至承担更多任务。教师的工作能力与职责之间存在较大差距，他们面临巨大的发展压力。因此，教师需要学会有效应对压力，以防止职业倦怠的发生。

（一）有效调适压力的策略

减轻压力的一种方法是要懂得"量力而行"，即不过度透支自己的精力，不将所有事情都揽在自己身上。同时，对未来保持"合理期望"，根据自己的资源和条件逐步实现目标，而不是期望迅速发生巨大变化。此外，避免与他人比较，因为每个人的情况都不同，比较没有意义，应该专注于自己的进步，每天努力提升自己。

1. 增强自我效能感

在相同的环境中，个人对自己的看法和信念不同，其行为效果也会有所不同。自我效能感是指个人对自己成功能力的信心，即对个人能力的判断和对自己的信任程度。具有高自我效能感的人倾向于相信自己的资源足以应对挑战，并将压力视为"挑战"而非"威胁"。相反，如果一个人缺乏信心，遇到压力时会惊慌失措，结果自然不理想，从而加深对自己能力的怀疑，形成恶性循环。当然，信心并非是盲目的，能力也不是凭空产生，教师需要在教育实践中不断提升自己解决问题的能力。

2. 掌握有效的压力应对策略

针对不同的压力源和自身情况，可以采取以下策略。① 直接解决问题，包括评估压力情境，寻找解决方案，并采取最佳行动。② 暂时搁置问题，接受压力，但暂时不处理，稍作调整以增强解决问题的能力。③ 改变视角，从积极的角度重新评估自己的认知和情绪状态，通过自我强化和调整认知、情绪状态来解决问题。一般来说，面对压力，人们的反应可以分为问题解决取向和情绪焦点取向。问题解决取向关注问题本身，评估压力情境，并采取适当措施来改变或避免压力。情绪焦点取向则关注个人在压力下的情绪，不直接处理压力源，而是先改变自己的感受和想法，以减少压力对情绪的影响。哪种策略最有效，需要根据个人情况综合考虑。如果一个人情绪激动，难以冷静思考，可以先采用情绪焦点取向，缓和情绪后再采取进一步行动。然而，如果过度专注于情绪调整，问题可能会恶化，导致情绪更加痛苦。因此，必须综合考虑主客观因素，合理应对。

（1）用积极的心态引导自己

将压力事件视为"麻烦"不如视为"成长机会"，将失败视为"倒霉"不如视为"天将降大任于斯人也"。

（2）合理安排时间

学会时间管理，立即处理应该做的事情。今日事，今日毕。拖延只会增加压力，延长压力的作用时间。

（3）培养幽默感

幽默感可以缓解压力，促进身心健康。研究表明，笑声对身体的影响类似于运动，它不仅能增加氧气的交换、肌肉活动和心跳，还能适度刺激心脑血管和交感神经系统，释放神经传递介质儿茶酚胺，刺激人体天然止痛剂胺多酚，提高对痛觉的阈值，增强免疫系统的功能，使处于压力下的个体的免疫系统功能不会下降。在心理健康方面，幽默的创造或欣赏能释放内心的攻击性和焦虑情绪，维持心理平衡，减轻抑郁症状。

（4）构建社会支持网络

社会支持网络是个体应对压力的外在资源，主要指人际关系中的支持和引导。教师应注重建立良好的教育人际关系和生活人际关系。

（二）学会放松训练，保持松弛状态

放松训练，亦称为松弛训练，是一种通过特定的肌肉放松程序，有意识地调节自身的心理生理活动，以降低生理唤醒水平，纠正身体和心理功能紊乱，从而实现身心放松的方法。这种方法源自古代，我国的气功、印度的瑜伽、德国的自生训练等，都是以放松为目标的身心保健实践。

放松训练的理论基础在于，个体的情绪状态包括情绪体验和身体反应两个层面，而身体反应的改变可以引导情绪体验的变化。内脏的反应主要受控于皮层下中枢和自主神经系统，这些系统不易受到意识的直接操控。然而，中枢和身体神经系统可以控制随意肌的活动，通过有意识地放松随意肌，可以间接地缓解情绪紧张，建立起一种健康愉快的情绪状态。放松训练能够帮助个体学会随意控制全身肌肉的紧张程度，维持心情的平和，缓解紧张、恐惧、焦虑等负面情绪。

在工作一天后感到全身疲惫，或因工作及人际压力导致心理紧张和焦虑，甚至出现腰痛、头痛等症状时，放松训练能够带来愉悦的心情和舒适的感觉。放松训练之后，人们通常会感到头脑清晰、心情平和、身体舒适和精力充沛。长期坚持放松训练，对于提升情绪生活质量，改善认知功能，增进身心健康水平具有非常积极的影响。

第二节　形成教育技能

教育技能是教师通过实践和训练而熟练掌握的，能够帮助他们高效完成教学任务的一系列活动方法。掌握教育技能可以显著提升教师的工作效率，减轻教育工作的压力，从而让教师能够将更多的精力投入到教育创新中。对于教师而言，基本教育技能的培养是其专业成长的关键组成部分。在此，我们将重点介绍那些在职前教育中常被忽视，但教师必须掌握的教育技能。

一、学习动机激发技能

教育的有效性建立在激发学生内在动机的基础之上。目前教育面临的挑战不在于学生"学习能力"的不足，而在于他们"学习意愿"的缺失、"学习兴趣"的缺乏，以及"学习乐趣"的不足。在一个对教育需求更为迫切、教育资源相对有限的时代，教师们往往专注于教学本身，对于激发学生的学习动机和兴趣并未给予足够的重视，这在当时似乎对教育成效的影响并不显著。然而，如果今天的教师仍然延续这种做法，那么教育工作的开展将变得异常困难，甚至可能连基本的课堂教学都无法进行。如果教师无法掌握激发学生学习动机的技巧，那么他们所拥有的其他教学技能可能就无法得到有效的发挥。

（一）学习动机概述

在心理学领域，学习被描述为一个过程，即个体通过经验积累引起的行为或行为潜能的长期变化。这一概念涵盖了知识掌握、技能培养、能力提升、习惯形成、价值观建立及人格特征塑造等多个方面，这些都是学习的成果。

学习动机是指驱使个体启动、维持并指导其学习活动朝向特定目标的内在动力。学习动机的心理构成主要包括需求和诱因两个要素。诱因是指能够满足个体需求的客观事物、环境或条件，而需求则是更根本的驱动因素。

学习动机分为内部动机和外部动机。内部动机是由学习活动本身提供的奖励来维持的，学习者的目标直接指向学习活动，如对学习的兴趣和探索欲望。外部动机则是由学习活动外的情境提供的奖励来维持的，学习者的目标指向学习活动之外，如奖赏和惩罚。

此外，学习动机也可分为亲和动机和成就动机。亲和动机是个体希望与社会中的人保持亲密关系的动力，如父母的爱、教师的赞扬、同伴的钦佩等。成就动机则是个人对于认为有价值的工作愿意投入努力，并追求成就的动力，如认识到学习的价值并希望通过学习提升个人幸福感。

（二）影响学习动机的因素

研究表明，学习动机受多种因素影响，包括以下几个。

1. 强化经验

根据行为主义心理学，行为的结果会影响行为的持续或消失。如果个体在过去的学习中付出了努力并获得了预期的结果，如成绩提升或得到了父母和教师的赞扬，他们更可能在未来继续努力。相反，如果努力没有得到成功的强化或外界的认可，个体可能会放弃。例如，如果学生通过投机取巧在学习中取得好处，他们可能会更倾向于投机而不是努力；如果遭遇挫折，他们可能会摒弃侥幸心理而采取实际的努力。

2. 需要层次

马斯洛认为，人的需要从低到高分为五个层次：生理需要、安全需要、归属和爱的需要、尊重需要和自我实现的需要。不同的人或在不同的时间，其主导需要可能不同。主导需要是决定动机的关键因素。学习目标的设定、学习内容的选择、学习过程中的情感体验和持久性都受到主导需要的制约。

3. 成就动机

阿特金森将成就动机分为追求成功的倾向和避免失败的倾向。追求成功的人倾向于选择有一定风险但把握较大的任务；而避免失败的人则倾向于回避这类任务。具有不同成就动机倾向的学生在学习的自我要求、学习竞争的主动性和学习过程的创造性方面表现出差异。

4. 归因模式

归因是个体对事件或行为结果原因的推断过程。归因影响个人的期望改变和情感反应。研究发现，个体通常具有固定的归因模式，有些习惯从自身找失败的原因，有些则从外部找原因。学生对学业成败的原因推断称为学业成败归因。不同的归因模式对学生学习动机产生不同的影响。例如，将学业成败归因于个人努力会强化学习动机，而归因于运气则可能弱化学习动机。

5. 自我效能感

班杜拉用自我效能感来解释动机的形成，认为个人在追求目标过程中，面临具体工作时，其动机的强弱取决于自我效能感的高低。自我效能感是个人在经历一些失败后，对自身能力的一种评估。其形成过程包括直接经验、间接经验、书本知识和体能训练。自我效能感较高的人通常动机水平也较高。学生学业自我效能感的提升或降低对他们动机的影响极大。

（三）激发学习动机的一般策略

结合不同学者的见解，为了帮助学生更愿意、更快乐地学习，可以采取以下普遍适用的策略和原则。

① 清晰地阐述学习目标和任务，为学生提供明确的学习方向。

② 增强学习内容与现实的联系，用学生熟悉的事例来阐述主题，让学生亲身感受到学习的个人和社会价值。

③ 增进学生的自我效能感，帮助他们正确评估自己的学习能力，从而提升自信心。

④ 教师应对每位学生抱有积极期望，以此激励学生朝向教师期望的方向努力。

⑤ 根据学生的实际情况，创造条件让他们都能体验到成功。

⑥ 提高学生的学习成绩，学生对喜欢的学科通常更擅长，因此教会他们学科知识是激发兴趣的最佳途径。

⑦ 利用学习内容的新颖性、悬疑性、差异性和不确定性，创造问题情境，引发学生的认知冲突，激发好奇心。

⑧ 在可能的情况下，鼓励学生独立探索新知识。

⑨ 采用直观或学生直接参与的活动方式来呈现教学内容。

⑩ 满足学生的基本需求，建立良好的师生和同伴互动关系，提供一个安全、接纳、可信任的教学环境，让学生在无防御的心态下自由探索。

⑪ 及时且充分地反馈学生的学习成果，让学生了解自己的学习状况，并及时发现和改正问题。

⑫ 适当利用考试、竞争等外部压力来激发学习动机，但要避免过分强调成绩比较，以减少学生的焦虑。

⑬ 合理使用奖罚，但要避免外在奖励损害学生原有的学习兴趣或惩罚带来负面影响。

⑭ 避免使用降低分数或其他威胁手段来促使学生学习。

⑮ 鼓励遭遇挫折的学生，教会他们正确面对和处理挫折，提高应对挫折的能力。

⑯ 教师应树立榜样，教师的敬业精神能帮助学生认识到学习的价值，

教师强烈的成就动机会成为学生模仿的典范,教师对学科的热爱也会深刻影响学生。

⑰ 给学生提供自由选择和主动参与的机会,培养他们自我成长的内在动力,使学生成为学习的主人。

⑱ 让学生明白兴趣不是天生的,也不完全取决于学科本身,而更多取决于个人的投入和享受学习的能力。

二、师生沟通技能

交流是建立良好师生关系的基石,缺乏交流则教育无从谈起。当前,师生之间的交流面临着前所未有的挑战。相互理解与尊重减少,对立和指责增多。在师生交流中,教师起着决定性作用。学生之所以放弃或抵制与教师的交流,往往是因为他们在过去的交流经历中感受到了太多的不公平或不满。

实事求是地说,每位教师都渴望与学生建立良好的交流,绝无教师会故意破坏这种交流。然而,师生之间的交流相较于其他类型的交流确实更为复杂和困难。

(一)角色差异

处于不同的位置和角色,我们对待问题和解决问题的方法自然会有所不同。例如,管理者和被管理者,尽管他们有着一致的利益和目标,但在对具体事务上的看法可能会发生冲突。在教育领域,教师作为教育者,学生作为受教育者,教师之间和学生之间的沟通往往更为顺畅,因为他们持有相似的立场。然而,由于教师和学生的立场存在差异,他们之间的沟通相对而言可能会更加复杂。

(二)代际差异

代际差异,通常被称为"代沟",指的是由于不同成长背景,两代人在价值观和行为模式上可能出现的差异和冲突。在高等教育环境中,教师和学生往往是不同时代的人，即使教师相对年轻，他们实际上也代表了上一代人的价值观和规范，承担着教育下一代的角色。这种时代间的差异往往会导致分歧。教师作为站在"代沟"最前沿与下一代交流的人，他们的沟通往往受到时代差异的干扰。社会变革越快，代沟的形成周期越短，代沟越深，沟通的难度也越大。

三、行为塑造技能

学生的行为问题是当前高等教育中普遍存在的挑战之一。教师们面临着纠正学生不良行为、培养良好行为习惯的重要任务。

（一）行为塑造的理论基础

行为塑造是行为主义学习理论的应用，它依据行为主义的基本原则，通过特定的程序来处理特定的行为，以促进行为的变化。自从 20 世纪初华生提出行为主义心理学以来，行为塑造技术得到了快速发展，成为心理学应用领域的一个显著成就。行为塑造技术具有一套标准的操作流程，对于多种问题行为具有显著的干预效果，是一项关键的教育技能。行为塑造的理论基础包括巴甫洛夫的经典条件反射理论、斯金纳的操作条件反射理论和班杜拉的社会学习理论。

1. 经典条件反射理论

巴甫洛夫将反射分为无条件反射和条件反射。无条件反射是生来就有的，而条件反射则是通过学习获得的。在经典条件反射实验中，巴甫洛夫揭示了几个关键规律：条件反射的形成、泛化、分化及消退。

2. 操作条件反射理论

斯金纳强调环境在行为塑造和行为持续中的作用。他认为行为既受环境影响，也能影响环境。正强化和负强化是行为的两种强化方式，而全部强化和部分强化是强化行为的两种途径。部分强化虽然学习过程较慢，但一旦习得，行为不会轻易消退。

3. 社会学习理论

班杜拉的社会学习理论特别强调榜样的作用。他认为，人们的大量行为是通过观察和学习榜样而获得的，不一定需要通过尝试错误和反复强化。榜样学习的过程包括注意、记忆、认同和定型四个步骤。通过这些步骤，学习者将榜样的行为内化为自己的行为，并逐渐形成稳定的行为模式。

（二）行为塑造的具体方法

行为主义者认为，所有的行为（无论是正常的还是异常的）都是学习的结果，不良行为是个体在过去经历中受到不当强化或模仿所导致的，要改正这些行为需要经历一个重新学习的过程。通过重新学习，用适当的反应来替代原有的不适当反应。以下是系统脱敏法、厌恶疗法和示范疗法的简要介绍。

1. 系统脱敏法

系统脱敏法是由精神病学家沃尔朴在 20 世纪 50 年代创立的。沃尔朴的实验研究和临床治疗发现，当存在引起焦虑的刺激时，如果引发一个与焦虑不相容的反应，可以部分或完全抑制焦虑，从而削弱刺激与焦虑之间的联系。这种方法通过放松来降低当事人对焦虑刺激的敏感性，鼓励他们逐渐接近引起焦虑的事物，直至消除对该刺激的焦虑感。

系统脱敏法的一般治疗程序包括以下步骤。

第一，建立焦虑等级层次，根据求治者的主观感受，共同设计一个从轻微到严重的焦虑情境分级表。

第二，进行放松训练，指导求治者学习放松身心的技巧，养成随时通过放松来抵制外部刺激和干扰的习惯。

第三，想象脱敏训练，让求治者在放松的状态下，从最低层次的焦虑情境开始想象，并用手势表达主观不适的程度。如果想象时能保持放松，则逐步提升想象的层次。如果出现焦虑，应尽量忍耐，并进行放松训练以对抗，直至达到最高层次的焦虑情境也不引起焦虑反应。

第四，实地适应训练，让求治者在实际情境中逐级训练，最终能够平静地面对焦虑情境。

2. 厌恶疗法

厌恶疗法是通过使用具有惩罚性的厌恶刺激来矫正和消除某些适应不良行为的方法。其原理是将欲戒除的目标行为与不愉快的惩罚性刺激结合，以对抗已形成的条件反射，形成新的条件反射，用新的行为取代原有的不良行为习惯。

临床上常用的厌恶疗法包括电击厌恶疗法、药物厌恶疗法和想象厌恶疗法。在教育实践中，常使用想象厌恶疗法，即将对厌恶情境的想象与异常行为相结合。例如，对于有不良行为习惯的人，当其出现不良行为或欲望时，让其闭上眼睛，想象自己因此受到批评、惩罚的情景和产生的痛苦情绪，以减少或控制这种不良行为或欲望。有时也采用橡皮圈疗法，当不良行为和欲望出现时，用橡皮圈弹击皮肤以阻止。

3. 示范疗法

示范疗法是教育者提供示范，让学习者模仿，以达到教育目的。不良行为的形成往往是因为缺乏适宜的榜样而向不当的学习对象学习所致。示范可以采用多种形式，如治疗者本身的示范，生活中他人提供的示范，电视、录像或相关读物提供的示范，生活中其他人提供的示范，以及角色扮演中模仿、再现角色的行为等。

（三）行为塑造技能的训练

行为塑造旨在改变或培养特定的行为，这些行为既可能是需要消除的不良习惯，如吸烟、网络依赖等，也可能是需要培养的积极行为。这些目标行为应当是具体、可观察和可衡量的，避免模糊和抽象的描述，例如，不应将"缺乏学习动机"作为一个目标行为。

在确定目标行为时，必须考虑行为与环境的相互作用。要清楚了解问题行为是如何通过特定环境的线索进行强化的，以及在哪些情境下会出现适应性行为，这样才能有效地进行行为干预。

在行为矫正过程中，正确识别一个行为是否真正构成问题行为是一个关键且经常被忽视的步骤。某些被家长、教师甚至学生本人视为"问题行为"的行为，可能是完全正常的行为。如果错误地对其进行矫正，可能会导致严重的负面后果。

第三节　构建教育关系

教师在教育活动中所建立的社会联系，即教育人际关系，是一种独特的社交纽带。这种关系包括师生之间的互动、教师之间的合作、教师与学校管理层之间的联系，以及教师与学生家长之间的沟通。教师在积极的教育人际关系中得以进步，而建立、加强和解决冲突的教育人际关系的历程同样促进了教师的专业成长。鉴于教育人际关系的显著地位、复杂性和处理难度，国际上将教师职业与外交官、谈判专家等职业相提并论，尊称教师为"人际交往艺术家"。

一、教师与学生的关系

美国教育心理学家林格伦曾指出，教师的教育成效在很大程度上取决于师生互动的质量。师生关系是教育人际关系的核心，而教师与其他人的关系都是围绕这一关系建立并为其服务的。

（一）师生关系的特点

师生关系是一种基于制度的社交关系，与日常生活中的社交关系不同，它具有以下特征。

① 教育性：师生关系的根本目的是促进学生健康发展，因此它必须以学生为中心，学生的成长是教师的最高追求，不应有任何功利性考虑。

② 不可选择性：作为一种制度性安排，教师不能选择学生，也不能随意终止师生关系。无论遇到何种学生，教师都应接纳、爱护并培养他们。

（二）师生关系的一致性和冲突性

师生关系既包含一致性也包含冲突性。一致性中蕴含冲突，而冲突的有效解决又加强了一致性。如果只强调一致性而忽视或回避冲突性，师生关系可能缺乏教育性。只有冲突性而没有一致性，则可能导致对立的师生关系。

① 一致性：教师和学生都致力于共同的目标，学生寻求教师的帮助以实现最佳发展，而教师参与教育活动以提供这种帮助。他们的根本利益和目标是统一的。

② 冲突性：教师和学生天然存在冲突，因为学生需要在教育中改变，而改变往往伴随着抵抗和惰性。教师需要提醒、督促甚至强制学生改变，这种冲突性在学生需要深刻改变时尤为明显。

（三）教师如何优化师生关系

对于教师来说，师生关系既是一个全新的挑战，也是一个他们已经熟悉的领域。曾经是学生身份的他们，对于师生关系有着深刻的个人体验，这是他们现在处理与学生关系的宝贵资源。然而，角色的转变可能会带来想法的变化，而且仅模仿榜样并不一定能够做得同样好。教师可通过以下方式优化师生关系。

① 树立威信：教师的威信是建立在学生心目中的威望和信誉上的，是对师生关系积极肯定的表现。教师通常具有一定的威信，但这种威信需要通过后续的教育活动来巩固和发展。

② 适应态度表达方式：学生尊敬教师，但不同时代的学生对尊敬的理解和表达方式有所不同。当代学生可能通过开玩笑、亲密的身体语言或与教师争论来表达对教师的喜爱。教师需要适应这种表达方式，避免误解或对学生产生不良影响。

二、教师与同事的关系

教师之间的良好关系对于他们的专业成长和心理健康至关重要。作为社会中的高素质群体，教师承担着培养下一代的神圣职责。与其他类型的人际关系相比，教师之间的相互作用通常更为简单和直接。然而，随着共同工作时间的增加，人际间的摩擦和矛盾在所难免。因此，教师需要妥善处理彼此之间的关系，以便在教师集体中成长。

（一）教师关系的一致性和冲突性

教师群体既是一个利益共同体，每个教师又是一个相对独立的利益主体。他们之间既有根本利益的一致性，也有具体情境中的冲突性。

① 一致性：尽管教师的劳动主要是独立进行的，但教育成果却是整个教师群体协作的成果。学生的发展是教师群体共同努力的结果。教师之间的学科知识相互渗透、互为基础、相互促进。一个教师的教学效果依赖于其他相关学科教师的教学状况，反之亦然。学生行为的改正和良好习惯的培养需要教师群体的合作。

② 冲突性：教师关系的冲突性主要体现在教师之间的相互竞争和利益冲突上。尤其是在采用量化考核、名利刺激、优胜劣汰的评估和管理机制的学校中，教师关系的冲突性可能更为激烈。

（二）教师如何处理与同事的关系

建立和谐的教师关系的关键在于妥善处理一致性和冲突性这对矛盾，正确处理由冲突性所造成的各种问题，在冲突中寻找一致、追求一致。

教师处理同事关系时，应注意以下问题。

① 不妨把自己视为学生：在同事面前，教师可以把自己定位为学生角色，这样有助于建立良好的同事关系，有利于自身成长。

② 积极关注同事：关注他人的积极面和光明面，有利于自身的进步。

教师应虚心向资深教师学习，理解他们的局限性，并不断自我提升。

③ 认同朋辈强者：强者为教师提供了成长榜样和示范，他们应该被视为学习的对象，而不是忌妒的对象。教师应避免"武大郎开店"式的心态，追求真正的专业发展。

第四节　塑造教师人格

"人格"这个词汇起源于古希腊语，最初指的是古希腊戏剧中演员所戴的面具。在古希腊的戏剧中，不同的角色会戴上不同的面具，以展现各自的特点和性格，这与中国戏剧中的脸谱有相似之处。

在日常生活中，我们也经常使用"人格"这个词，例如"人格尊严""人格高尚""出卖人格"等，这些用法主要涉及法律和道德层面，与心理学中的人格概念并不相同。

心理学上的人格，与通常所说的个性相似。它指的是一个人的思想、情感和行为的独特组合模式，这种模式包含了一个人的稳定而统一的心理特质和行为习惯，这些特质和行为习惯使得一个人在心理学上与他人区分开来。就像一个人的相貌、身高、体态等生理特征一样将他们从生理上与他人区分开来，一个人长期稳定表现出的人格特质将他们在心理学上与他人区分开来。诚实、冷静、风趣、谦虚、热情、厚道、易冲动、好攻击等，都是用来描述人格特质的词汇。

一、教师的人格特质

众多研究指出，除了应具备高尚的职业道德、合理的知识体系、熟练的教育技巧和健康的体魄之外，教师还必须拥有适应教育工作的良好人格特征。有观点认为，人格特征处于更为根本的位置，因为那些与有效教学相关的特定行为，只是那些效率卓著的教师内在人格特征的外在表现。美国教育专家保罗·韦地在对 90 000 名学生关于他们喜欢何种类型老师的观点进行搜集和分析后，总结出了优秀教师的 10 种品质：① 友好；② 尊重课堂中的每一个人；③ 耐心；④ 兴趣广泛；⑤ 仪表得体；⑥ 公正；⑦ 幽默感；⑧ 品行端正；⑨ 关注个人；⑩ 宽容。其中大多数都属于人格特征的范畴。

　　某些人之所以未能成为合格的教师，是因为他们的个性特征不适合教育职业。例如，一位在大学数学系表现出色的毕业生在担任教师后，教学效果不佳，学生反馈负面，自己也感到痛苦。他的恩师，一位对他抱有很高期望的教授得知此事后感到非常担忧，并决定前往该学校与学生同住一段时间，以便提供指导。经过深入的了解，教授发现学生的问题主要源于两个方面：一是对人际交往缺乏兴趣，只对数学问题感兴趣，很少与同事和学生交流，缺乏研究和理解学生的意识和能力；二是逻辑思维能力不强，授课时常跳跃无序，导致学生难以跟上思路。然而，这些特点对于科研工作者来说却是宝贵的，因为高度集中的注意力和跳跃性思维常常孕育着创新和突破。最终，这位教授通过努力，将学生调至专门的数学研究机构，学生果然在数学研究领域取得了显著成就。美国学者特拉弗斯指出，有些师范生可能已经形成了不适合多变课堂环境的固定个性特质，对于这样的学生，应该建议他们寻找不需要人际适应能力的事业。一个师范生的个性中如果充满潜在的敌意，他可能难以展现出教师应有的热情、支持力和条理性。每个人都有自己的局限性，因此应该帮助师范生评估自己的能力，并在评估结果显示他们不适合成为成功教师的情况下，不将其视为个人失败。苏联等国家在师范院校招生考试中早已加入了资质测试，以了解考生是否具备同情心、仁慈心、理解心灵世界的能力，以及影响他人情感生活的能力等。此外，发达国家的师范教育和教师在职培训都非常重视培养教师的十种素质。

二、淡泊品质的培养

　　教师的淡泊品质是指教师在关注工作成果的同时，不极度追求名誉和利益。这种品质是杰出教师所必需的人格特征。

　　在教师的专业成长中，区分他们的事业追求和名利追求极为关键。事业追求是教师投身教育工作的巨大动力，体现在将学生的培养和发展视为自己的职业目标。而名利追求则是将个人的名誉和利益作为教育工作的首要目标，导致教师的教育动机、情感和行为受到名誉和利益的驱动。教师正确的教育动机应当是源于强烈的事业追求，而非名利追求。

尽管在教育实践中，有许多教师强烈追求名利，他们与那些以事业为重的教师在表面上可能有许多相似之处，例如，都可能是忙碌的，都可能有众多荣誉。但是，深入分析后可以发现，以事业为重的教师和以名利为重的教师在教育过程中的动机和重点常常有本质上的不同，这导致他们的教育成效和个人的发展路径产生显著的差异，具体如下。

① 事业心强烈的教师会关心每一位学生，特别是那些处于弱势的学生群体；而名利心强烈的教师则往往无法对所有学生公平对待，他们倾向于偏爱那些能够为他们带来名誉和利益的学生，而对于那些不能为他们带来名利甚至可能损害他们名利的学生，他们可能会感到不喜欢甚至厌恶。

② 事业心强烈的教师专注于教育的实际效果，将学生的成长和发展视为教师工作的核心目标；而名利心强烈的教师在实际教育活动中可能采取形式主义的态度，他们更注重外表和形式，而不是实质性的效果。他们的努力在主观上是为了个人的名利，而非学生的健康发展。尽管这种行为有时也会促进学生的发展，但当学生的利益与教师的个人利益发生冲突时，他们往往会优先考虑自己的利益，甚至可能牺牲或损害学生的利益。事业心强烈的教师不会故意追求短期的轰动效应，而是遵循教育和学生心理发展的客观规律，追求学生的长期可持续发展；而名利心强烈的教师则可能追求教育的即时效果，急功近利的心态可能会导致他们采取不利于学生长期发展的行为，使学生的发展后劲不足。

③ 事业心强烈的教师通常对教育活动本身有着直接兴趣，因此他们忙于教学和相关教育任务；而名利心强烈的教师对教育工作的兴趣是间接的，他们更多地忙于教育活动之外的事务，例如，与学校管理层和学生家长建立过于紧密的联系，争取各种出头露面和自我宣传的机会。

④ 事业心强烈的教师往往能够与同事建立良好的关系，并在教师群体中获得良好的声誉；而名利心强烈的教师可能会对同行产生嫉妒，采取心机手段，导致同事间关系紧张。

⑤ 事业心强烈的教师无疑会受到大多数学生的喜爱，并最终获得校领导和学生家长的高度评价；名利心强烈的教师可能会得到一些校领导和学生家长的认可，但不可避免地会引起大多数学生的不满和反感。

⑥ 事业心强烈的教师能够在教育过程中获得更多的乐趣；而过分强烈的名利心可能会对教师的身心健康造成损害，因为过度的名利追求往往是烦恼和挫折的根源。

在当前社会转型期，有许多因素可能激发教师的名利心，但教师的神圣职责要求他们必须是有强烈事业心的人。正如卢梭所言："有些职业是如此高尚，以至于如果一个人是为了金钱而从事这些职业，那么他就不能被认为适合这些职业……教师所从事的，就是这样的职业。"

三、确立教师正确职业观的要求

教师在职业生涯的起步阶段，往往面临着缺乏名声和利益的局面。这种情况下，他们可能会更加渴望成名，同时也会承受较大的经济压力。在迫切需要名利的同时，又不能过分追求名利，这既是对教师淡泊心态的严峻考验，也是对其淡泊心态的一种锤炼。为了树立强烈的事业心并保持对名利的淡泊，教师需要在以下几个方面下功夫。

（一）确立积极健康的职业理念

教师的职业不仅是为了满足基本的生活需求，更重要的是为了实现个人价值。教育事业需要教师具备高尚的精神追求，因为只有这样的人才能将教育工作推向更高层次，实现更深层次的教育目标。在前几年的教育实践中，一个教师的成功与否可能主要依赖于他的知识和技能，但是，随着职业生涯的发展，他的人格力量将成为支撑他继续成长的关键因素。教师的人格力量包括他的道德品质、教育理念、教育情感和教育行为等方面，这些都将对教育效果产生深远的影响。因此，教师在职业生涯中，需要不断提升自己的人格力量，以实现更高层次的教育价值。同时，教师还应关注自身的心理健康，保持积极的心态，以应对教育工作中可能遇到的挑战和压力。

（二）发展对名利的健康看法

名利是教师工作成果的自然体现，它绝不应成为教师从事教育工作的初衷或终极目标。对名利的过度追求往往会导致不必要的困扰，因为成绩是可以通过个人的努力获得的，而名利在现实社会中受到众多因素的制约。教师应对名利持有平和的心态，对名利的态度应该是得之我幸，失之我命。长远来看，社会对个人贡献的回报总体上是公正的，这一点在许多优秀教师的成长历程中已经得到了验证。只要你付出了努力，不刻意追求名利反而可能会带来更多的名利；而如果过于关注名利的得失，则可能会使自己变得目光短浅、心态急躁，常常会有欲望受挫、渴望遭遇失败的体验。

（三）深入体验教育工作的内在满足

教师如果能够深入感受到教育工作的内在乐趣，这将是一种重要的心理素质。那些过分追求教育之外的名利的教师，往往是因为他们没有从教育过程中找到足够的乐趣，缺乏自我肯定、自我欣赏、自我满足和自我激励。实际上，教育活动本身充满了丰富的乐趣和收获，它是教师愉悦心情的持续源泉。当沉浸于教育工作中时，对名利的追求自然会变得淡薄，甚至愿意为了这份乐趣而牺牲一些名利。

（四）持续提升个人精神层面的修养

精神层面的修养并非抽象概念，它体现在人们的日常言行之中。那些精神层面不够丰富的人，他们的需求往往停留在较低层次，即使这些需求已经得到了满足，他们的需求层次也不会得到提升。在物质欲望泛滥的时代，这类人很容易被名利所困扰。而精神层面较高的人，在低层次需求得到基本满足之后，高层次的需求就会占据主导，他们拥有自己的价值追求、奋斗目标和个人标准。这样的人既能取得成就，又不会为名利所困。精神层面的提升是一个漫长且没有终点的过程，很难设计出具体可行的练习。对于广大教师来说，与几位精神层面较高的人交朋友、阅读几本有深度的书籍，是提高精神层面修养的有效途径。

四、移情的培养

简而言之，移情是指深入理解他人的思想、感受和行动，就像它们是自己的一样。美国心理学家罗杰斯将其视为一种能力，能够体验他人的精神世界，就如同它是自己的精神世界。教师的移情则是指教师能够透过学生的表面行为，快速而准确地把握学生的真实想法、内在情感和行动动机。这种能力被形象地称为"深入学生心灵的能力"。正如魏书生所指出的，一位优秀的教师每天所看到的，不只是学生的面孔，更是他们心灵的组合，以及他们外表的喜怒哀乐与内心变化之间的联系和原因。

在教育的道路上，了解学生是育人的第一步，而准确移情是教师必须掌握的关键技能。苏霍姆林斯基强调，如果不能理解孩子的内心世界，那么教育就失去了文明的基础，对学校的领导也将无法科学地进行。美国学者班纳和卡农提出，教育中的道德层面要求教师能够站在学生的角度，想象他们所面临的困惑，理解他们寻求指导的愿望，教师需要回忆自己早期的脆弱、学习上的挑战，以及对赞誉和名声的担忧。移情能力让教师能够精准地理解学生的意图，深刻感受学生的情感，客观地认识学生，宽容地接纳学生，这是教育成功的基础。研究表明，"善解人意""能够设身处地体验学生的行为"是受学生欢迎的教师所共同具备的特质，也是优秀教师的重要标志。美国学者瑞安斯、佛兰德斯、西尔斯等人的研究显示，教师的移情能力与学生的学习成绩有正面的关联，移情能力强的教师能够激发学生更加多样化、个性化的行为表现，同时也能够促进学生创造性的发展。

在教育活动中，教师和学生之间存在着知识、经验、思维能力、生活背景、社会地位，以及特定情境下的动机和态度等多方面的差异，这些差异使得师生之间的相互理解变得复杂。教师有时会误解学生的想法和意图，难以理解学生的困扰和焦虑，即使是杰出的教师也可能会遇到这种情况。因此，教师需要有意识地提升自己的移情能力。如果教师不主动去了解学生的思想和情感，仅凭主观臆断，自以为理解了学生，实际上却可能对学生造成伤害，破坏师生关系，并影响教育的成效。

五、其他重要的人格特质

除上述特质外，以下人格特质对于教师而言也是特别重要的。

（一）宽容

宽容本身就是一种教育方式。苏霍姆林斯基曾指出，他通常会对犯错或做出愚蠢行为的学生持谅解态度。这种谅解能够触动学生自尊心的敏感部分，激发他们内心深处改正错误的积极动力。相比惩罚，谅解所激发的道德感召力更为强烈。宽容要求教师坚信每个学生都有良好的本性。宽容还要求教师接受学生的不足，将学生的错误视为成长过程中不可避免的经历。正如一位美国教师在教室黑板上方的标语所写："教室：一个允许犯错的地方。"

（二）细致

教育是一项极其细致且复杂的任务。苏霍姆林斯基以诗意的语言描绘了教育的细腻性："在每个学生心灵的最深处，都有一根独一无二的琴弦，当你轻轻拨动它时，会奏出属于那个学生特有的旋律。"这种描述强调了教育工作者需要具备的细心和敏感度。粗枝大叶、敷衍了事的态度是无法深入学生心灵，无法激发学生潜能的。教育工作者必须具备敏锐的观察力，能够洞察学生的内心世界，理解他们的个性、需求和困扰。只有这样，教育才能真正成为一门艺术，而不仅是传授知识的过程。

（三）耐心

耐心意味着为教师自身和学生提供充足的时间；耐心体现在对学生个体差异的充分理解和尊重；耐心是对学生成长过程的支持和期待，而不是急切地期待他们立即成熟；耐心是对教育目标的持续追求，永不放弃。急躁是耐心的对立面，冲动往往会导致事与愿违。邹韬奋在青年时期曾担任英语教师长达七八年，虽然他发现教学工作充满乐趣，但最终还是选择了辞职。他在《经历》一书中反思道："我性情急躁，当学生回答不出问题或犯下错误时，我很容易感到愤怒；我往往会严厉地对待这些学生，让他们感到尴尬，事后我常常后悔，但在下一次遇到相似情况时，我仍难以避免再次犯同样的错误；这种易怒的性格不仅对我的学生不公平，对我的健康也造成了损害。我认为忍耐是教师应具备的品质，而我在这一点上，特别是在教育方面，显然缺乏足够的忍耐力，因此我得出结论，自己并不完全适合担任教师。"

（四）善良

善良要求教师具备一颗慈悲为怀的心，具备深刻的同情心，能够感同身受地体会学生的苦难，就像这些苦难发生在自己身上一样。这是一种高尚的教育境界，许多教师终其一生都在努力达到这一水平。然而，有些教师不仅未能展现出应有的善良，反而有时会表现出一种令人遗憾的心态，似乎将学生的痛苦视为一种满足自己某种需求的手段，这种态度对于教育来说是极其有害的。教师应当是学生成长道路上的引路人，是学生心灵成长的守护者，而不是成为学生痛苦的原因。教育的真谛在于激发学生的潜能，引导他们走向光明，而不是将他们推向深渊。

（五）诚实

教师应当是一个真诚的人，一个不回避自己错误和不足的人。作为人类，犯错和不懂是不可避免的。教师的错误本身并不是问题，不懂也不是问题，真正的问题是试图隐藏这些错误和不足。当教师坦诚地向学生承认"我不知道"时，这展现了教师的成熟和诚实。诚实不仅不会损害教师的尊严，反而会增强教师的权威。诚实的教师最为自在，因为他们不需要承受欺骗的负担和压力。

人格是遗传、环境和个体行为相互作用的结果，一旦形成，人格特质通常具有持久性，改变它们需要智慧和坚持。教师需要识别自己的人格特质对教育工作的正面或负面影响，对于有益于教育的人格特质，教师应加以巩固和提升；对于不利于教育的人格特质，教师首先需要相信自己能够改变，并具备坚定的意志，在教育实践中不断修炼，以此为基础，为教育事业的成就打下坚实的个人品质基础。

第五章　高校教师教学能力课程内容的探讨

随着教育理念的更新和教学方法的创新,高校教师需要不断提升自身的教学能力,以适应教育改革的要求和学生的学习需求。因此,从教师发展课程的角度说,教学能力课程是一个重要的构成部分。在高等教育领域,教学活动展现出了其独特的专业性、自主性、创新性和实操性等特征。教师的授课质量是影响教学成效的关键因素。在教学活动中,教师需依据课程内容和学生的具体情况,选用恰当的教学手段,并有效地组织教学活动。教师的专业发展是一个持续的学习、经验积累和问题解决的过程。为了提升他们的教学技能,必须关注他们的专业知识扩展、教育技能培养,以及职业道德的塑造,从而在教育学理念、教学知识、教学技巧等方面实现全面提升。

第一节　高校教师教学能力的内涵和构成

一、教学能力的内涵

从心理学的视角分析,能力是个性心理特质,它直接决定个体在活动中的效率,是活动顺利完成的关键。能力与活动密切相关,只有通过参与活动,个体才能培养和发展自己的能力,同时他人也能评估和了解这些能力。在能力的构成上,可以将其分为一般能力和特殊能力两大类。一般能力,即智力,是人们进行各种活动所必需的基础能力，它适用于广泛的领域。特殊能力则仅在特定的活动领域中发挥作用，它是人们在该领域内成功完成任务所必需的专门能力。教学活动作为一种独特的认识过程，是在教师指导下，学生学习和掌握人类积累的文化科学知识和经验，同时发展他们认识和改造客观世界的能力，以及塑造和改造他们主观世界的过程。因此，认同教学能力也是一种特殊能力。

在教育学的领域中，大学教师扮演着培养高级专业人才、推动科学技术发展与创新，以及促进社会服务的关键角色。大学教师的职责和角色要求他们具备相应的专业知识和职业道德，这些要求源于他们的工作地位、本质、劳动特性及教师职业的独特性。教师的专业素养涵盖了专业知识、教育技能和教育情感等多个方面，而教育技能则主要涉及教育教学工作的基本技巧和教学能力，其中教学能力是教育技能的重要组成部分。教学能力是指教师在教学过程中所需的能力，它被视为教师实现教学目标和取得教学成果的潜在能力，反映了教师在顺利完成教学任务时所表现出的直接有效的心理特征。

相较于教师能力和教育能力这两个更为宽泛的概念，教学能力属于这两个概念的子集。教师能力涉及从事教育职业所需的各种能力，其范围最广，不仅涵盖教育能力和教学能力，还包括科研、班级管理及人际交往等多方面的能力；而教育能力和教学能力则主要关注学生如何接受教师的影响，从这个角度来看，教育能力的范围更为广泛和全面。因此，在三者之间，教师能力的范围最广，而教学能力在内涵上最为丰富。

二、教学能力的构成

在中国的学术研究中，对高校教师教学能力的定义有多种观点。例如，康锦堂在其著作《教学能力结构及测评》中提出，教学能力主要涵盖教学表达、组织、操作和研究等方面；薛天祥在《高等教育学》一书中提到，教学能力包括预见、实践、表达和教育机智等方面；陈永明等在《教师教育研究》中认为，教师的教学能力主要涉及教学设计、语言表达、课堂管理、现代教育技术应用及测量评价等方面；教育部师范教育司编写的《教师专业化的理论与实践（修订版）》中提出，教学能力包括设计、实施和学业评价等方面；周川在《简明高等教育学》中强调，教师必须具备教学设计、实施和学业评价能力，并指出在新世纪，高校教师还应具备终身学习、反思教育、网络资源教育、创造性和心理辅导等核心能力。这些不同的分析和定义对于我们深入理解教师教学能力的内涵和构成要素提供了极大的帮助。

在高等教育领域，教师的教学能力展现为一个多层次、多维度的结构，可以从三个不同的视角来探讨教学能力的内涵。首先，从教育学的视角来看，教学能力涉及教育目标的确立、教育活动的执行和教育方法的选择等方面，主要包括教学设计、实施和研究能力；其次，从心理学的角度分析教学能力，这对于理解教师的思想品质、个性心理特征等对教学能力的影响至关重要，可以将教学能力细分为教学认知、操作和监控能力；最后，从社会学的角度审视教学能力，它反映了时代的特点，因为教师的教学能力会随着社会的进步而发展，教师的沟通、终身学习、心理辅导，以及适应全球化和信息化的能力同样重要。因此，对高校教师教学能力的理解应当是全面和综合的，建立一个系统的评价体系，重点考察教师的教学设计、实施、监控、反思教育和终身学习等能力。

三、高校教师教学能力的发展

教师的教学能力正经历着一个逐渐累积和持续提升的过程，这需要社会、学校和教师个体共同努力。教师的教学能力会随着学校教学目标和要求的改变而相应变化。

根据智力适应理论，智力是一种适应环境的需求而发展的心理功能。这意味着成年人的智力发展与其对环境的适应紧密相关，环境对个体的要求促使个体智力功能的相应发展。美国心理学家 W.Schaie 基于智力适应理论，将人的智力发展分为不同阶段。他认为，在儿童和青少年时期，智力发展的核心是信息获取和问题解决的技能，这一观点得到了皮亚杰和其他儿童心理学家认知发展理论的证实。然而，这种智力发展观仅适用于儿童和青少年时期，成年期的智力性质和特征需要从新的角度理解。Schaie 认为，在成年初期，即青年期，个体开始职业生涯和家庭生活，这一阶段的主要任务是努力实现个人理想和目标。这意味着他们必须将所学知识和技能应用于实践中。在这个过程中，不仅涉及抽象认知技能，还包括社会认知技能；不仅涉及标准化智力测验所测量的能力，还包括测验未能测量的能力。同时，这一过程中个体的自我意识得到增强，能够监控自己的活动并评估当前活动与目标之间的差距。智力适应理论和 Schaie 关于人一生智力发展阶段的划分，为理解教师提高教学能力的可能性和专业培训的重要性提供了理论支持。高校教师教学能力发展的侧重点有以下四个方面。

（一）将学科知识转化为教育知识的能力

为了能够有效地进行专业教学，新教师必须首先对所教授的学科知识有深入的理解和熟练的掌握，具体来说，就是要精通一到两门学科的深层次知识和技能，教师应当是学术研究和学科领域的专家。高校教师通常拥有相关学科的硕士或博士学位，具备坚实的专业知识基础。然而，这还不够，教师还应该掌握教育学的知识，理解教育的规律和学生的学习心理，能够将知识从教材形式转化为教学方法，在课堂上有效地将学科知识转化为教育知识，并以多种易于理解的方式向学生传达专业知识。特别是随着大学生学习能力的提升，教师不仅是知识的传递者，还扮演着知识资源管理者的角色，因此，在知识的转化和管理方面的能力都需要进一步增强。

（二）有效讲授与师生互动的能力

新教师不仅需要具备坚实的专业知识，还应该拥有广泛的通识文化知识，具备深厚的人文素养和科学修养，以及较高的思想境界。在讲授时，教师要能够将理论与实际相结合，思路明确，表达准确，内容准确，重点鲜明，以此激发学生的积极反应。教学是一个师生共同参与的、控制知识传递的过程，只有双方和谐互动、相互促进，才能实现最佳教学效果。因此，新教师需要研究教育对象，理解学生之间在能力、性格、情感和思想上的差异，并依据这些差异及教学情境，不断调整自己的教育理念和行为，创造性地采用不同的教学策略，以实现教学目标，满足学生的需求。教学机智是教师教学能力的一种高级体现，它依赖于新教师教学经验的积累和在实践中的即时应变，而教师教学机制的培养则需要一个长期积累的过程。

（三）反思教学与终身学习的自我更新能力

新教师加入高校后，学校和学院会通过各种形式的培训和指导来帮助新教师提升教学技能，如集中培训、课堂教学观摩、资深教师的指导及教学竞赛等，以便教师之间能够相互学习、交流，助力新教师顺利通过教学关。在教学实践中，青年教师应持续反思自己的教育理念和教学行为，及时吸收新的教育理念、思想、方法和技巧，以优化和提升教学过程。鉴于科技迅速发展、知识激增和社会变革加速的现状，新教师必须培养终身学习的能力，以更新和调整自己的知识体系和素质，满足教育改革和时代进步的需求。

四、影响教师教学能力的教师个人因素分析

（一）教师的个体特性

在人生的成长阶段，青年人的世界观正在形成，对于教师来说，他们的教育理念是其世界观和价值观的关键组成部分。教育理念体现了教师对教育本质的深刻思考，它指导着教师的教育实践和教学行为，是教师个人教育理论素养与世界观相互作用的结果。在教师的专业素养中，教育理念占据着重要位置，如教师对高等教育的理解、对教师角色和学生角色的看法等。

态度是性格的核心要素之一。高校教师的工作态度至关重要，它影响着教师是否能够展现出敬业精神、积极性和创新动力。要成为优秀的教师，最重要的品质是敬业精神，此外，还包括知识广博、关爱学生等特质。

高校教师职业虽然具有一定的自主性，但要想胜任教学工作并非易事。如果教师有强烈的职业发展愿望，这将激发他们的自我意识，设定更高的目标，从而规划好职业生涯。这样的规划能够帮助教师明确目标、制订计划、

对照标准、寻找差距，并且不断自我反省，努力提升专业素养和道德修养，向成为一名合格教师的道路迈进。因此，积极的期望和强烈的发展动机是推动教师专业成长的关键因素。

（二）教师的个体实践

实践活动对个人能力的提升具有积极作用。能力是通过活动来展现的，它是控制活动顺利进行的心理特质。教学实践是教师将知识和技能转化为教学能力的关键。教师需要在社会实践中获得思想的熏陶和能力的拓展，并在专业实践中接受教学指导，激发智慧的火花，同时还需要对教育思想和教学实践进行及时的反思和评估。

1. 社会实践

加强高校教师队伍建设，培养合格教师不仅是高校的任务，也是全社会的责任。在社会这个广阔的舞台上，课堂教育和实践教育相辅相成，教师可以同步提升思想水平和业务知识，以培养出适应中国特色社会主义建设需要的合格人才。高校青年教师通常刚毕业不久，思想活跃，有进取心，渴望了解社会、服务人民，他们有着早日成才的理想、强烈的责任感和参与感，这是他们参与社会实践活动的内在动力。通过社会实践，高校教师在课堂教学中更注重理论联系实际，关注社会需求，贴近学生思想，改进教学方法，从而增强教学的吸引力和实效性。

2. 专业实践

专业实践是提升教师教学能力的高效途径。高校通常从三个方面开展青年教师教学实训工作：教学理论学习、教学方法与技术训练、教学设计与教学实践。教学理论学习作为先导，使新教师了解高等教育教学改革的新趋势，更新教育理念，重视创新人才培养，注重教学方法的运用。在教学方法与技术训练方面，重点让新教师学习各种教学类型，如讲授法、讨论法、实习实验法、演示法、案例教学法和网络教学法等，掌握各种教学方法的基本规律和注意事项，并接受多媒体课件制作和网络课程开发的技术培训。教学设计与教学实践是实践应用环节，形式上包括微格教学、现场教学观摩、教学经验交流、授课与评课和教师教学竞赛等，传统的老教师"传帮带"过程同样重要，老教师在教书育人方面的示范作用需要得到充分发挥。

在这些因素中，教育政策法规和学校对教师的评价制度、教师的社会报偿、校园的文化氛围是制约因素，对教师教学能力的提升有重要影响；教师个人的教育理念和从业态度、自我发展的要求和专业实践等是核心因素，对教师教学能力的发展和提升起着至关重要的作用。

第二节　提升高校教师教学能力的主要对策

一、常见的教学能力提升对策

（一）从教学观念层面入手

建立尊重教师和重视教学的文化氛围，增强高校教师对职业的归属感。大学必须拥有一批热爱教学、重视教学的教师，才能从实质上提升高等教育质量，确保人才培养和教学改革的有效实施。教师若不能全身心投入教学和关爱学生，没有对教师职业的高度认同，便难以成为受学生欢迎的杰出教师。因此，大学在建立尊重教师和重视教学的环境时，不应仅限于口号宣传。在职称评定和聘任考核中，应当对教学表现突出的教师给予肯定。在当前大学普遍偏重科研而轻视教学的现实情况下，尤为重要的是要培养一种重视教学的文化，确立教学的中心地位，塑造教学典范，让广大教师愿意投入教学并享受教学带来的乐趣。学校通过教学改革项目、教师卓越工程项目、青年基金、自主科研计划等，以资助教改课题和科研项目的方式，支持教师进行教学科研工作，这有助于促进教师的健康成长。教师教学发展中心定期举办的午间教学研讨会，也有助于营造一个积极探讨教学的氛围，促进教师之间的交流，帮助教师重塑对教学的价值信念。

（二）积极提升教师的教学实践能力

引导教师细致规划教学流程，全方位强化教学技能。课堂教学可根据时间顺序分为课前、课中和课后三个阶段，每个阶段的活动内容和能力展现都需细致分析。在课前阶段，即教学准备阶段，影响因素分为两类：一是教师个人因素，包括知识水平和教学意愿；二是外部因素，包括教学目标、内容和学生特点等。在课中阶段，即教学实施阶段，需要将知识从教材体系转换为教学体系，将书本知识转化为教育知识，这需要精心策划。在课后阶段，主要通过反思教学、积累经验和参与交流研讨来提升教师的教学研究能力。每个阶段都应提供专业指导，以全面提高教师的教学设计、实施和评价能力。为了激励教师改进教学方法和组织形式，A 大学启动了"卓越课程"建设项目，鼓励教师精心组织和设计教学过程，采用小班授课，精炼教学内容，并增加学生的课外学习任务。通过合作学习、小组讨论、项目学习等方式，创造一个开放、协作、自主的学习环境和批判性思维的学习氛围，促进学生知识、能力和素质的全面协调发展。此外，学校定期举办教师教学研讨会、教师卓越讲坛观摩点评和教学研讨交流活动，这些都极大地帮助了青年教师提高其教学能力。

（三）积极促进教师的教学成长

构建科学合理的教学成长体系，推动教师在不同阶段的发展。根据教师的发展规律和需求，针对不同类型的教师开展发展工作，重点关注教师"过好教学关"的关键环节。通过师德教育、新教师集体备课、岗前培训、微格教学、导师指导和团队融入等方式，利用老教师的"传帮带"和教研室的作用，推广"融入一个团队、确定一个方向、设立一个目标"的新教师培养模式，为教师提供更多的学习交流和锻炼机会。教师的主要目标是全面提高教学能力和学术水平，实现个人发展。学校教学发展中心应围绕教育理论学习、教学方法与技术研讨、教学设计与实践交流等方面开展有效的教学培训，鼓励教师进行短期专业进修、国内外学术交流和海外研修，以更新专业知识，提升业务能力和科研水平，培养国际视野和创新精神。对于教学经验丰富、教学水平较高的老教师，应充分发挥他们的示范引领作用，组织教学经验总结和精品课堂教学展示活动。

二、带动教师教学能力的学徒制探索

（一）关于认知学徒制

1. 学徒制的起源

在正式学校教育出现之前，学徒制是人们学习的主要方式。在西方，许多牧师、医生、工匠和商人都是通过学徒制得到培养的；在中国历史上，鲁班和黄道婆等师傅以其观察、交流、模仿、训练等方法，使学徒逐步参与到实践共同体中，并逐渐掌握师傅所需的技能和知识。然而，随着社会的发展，传统的学徒制因其耗时且效率低下，以及需要较高的师徒比例，已不适应工业化社会的需求，并且它本身也存在一些缺陷，如仅适合传授外部技能或身体技能，不适合认知技能的发展。随着学校教育的兴起，学徒制逐渐不再是主流的学习方式。学校教育与学徒制在许多方面存在差异，最显著的是，学校教育将知识与技能从其实际应用情境中分离出来，导致了理论与实践的脱节。在传统学徒制中，学习是在社会性和功能性的情境中解决真实复杂问题的过程。20 世纪 80 年代末至 90 年代初，认知科学研究促使许多学者对当时学校教育进行了批判，认为学校在传授概念知识和事实知识、教授结构化问题解决技能或低层次技能方面有一定效果，但在培养学生解决真实复杂问题能力方面存在问题，学生学到的知识往往脱离实际应用环境，导致无法在新情境中迁移应用。为了解决这些问题，美国认知科学家柯林斯和布朗结合传统学徒制的核心要素，如示范、指导和"脚手架"，以及学校教育对认知能力培养的重视，对传统学徒制进行了现代化改造，并于 1989 年正式提出了认知学徒制模式。自此，国际学术界开始关注认知学徒制的研究与应用，这一模式被认为适合于新手。

2. 认知学徒制的含义与特征

（1）认知学徒制基本框架

认知作为心理活动的一个关键维度，涉及个体对经验的整理和诠释，涵盖知觉、注意、记忆、表象、思维和语言等多个方面。认知学徒制的核心前提是这种模式能够提升学习者的高级思维能力，包括专家实践中所需的思维、问题解决及处理复杂任务的能力。该模式旨在通过对专家活动过程和情境学习的关注，解决当前学校教育的主要问题，即学习者在学校教育中获得的技能和知识往往不够扎实，知识脱离实际应用情境。教师学习属于成人学习范畴，可以借鉴认知学徒制的理念，为教师专业发展提供新的理论视角和实践启示。

认知学徒制模式试图揭示学习的真正本质——学习是学习者与知识以及知识产生的活动、情境和文化互动的结果。为了实现认知学徒制的预期效果，学习者和教师在模式中的每个组成部分都有明确的角色和作用，只有通过学习者和教师之间的协同互动，才能发挥认知学徒制基本构成要素的功能。

（2）认知学徒制特征

认知学徒制帮助学习者激活所学知识，增强分析问题和解决问题的技巧，并培养专业技能提供了一种创新的视角。其主要特点包括：① 认知学徒制融合了传统学徒制和正式学校教育的元素；② 认知学徒制专注于在真实情境中的学习和专家实践文化；③ 认知学徒制强调将学习活动的思维过程可视化；④ 认知学徒制适用于培养高级认知技能和深度学习；⑤ 认知学徒制既注重学习内容，也注重学习过程。

（二）高校教师教学能力培养与认知学徒制假设描述

基于对认知学徒制的深入理解和对"在实践中学习"理念的倡导，本书提出以下理论推断：恰当实施认知学徒制将对教师教学技能的提升产生积极影响。认知学徒制的各个组成部分相互作用，能够营造一个有效的学习环境，这个环境能够有力地支撑教师的实践学习，特别是在培养和发展教师在问题解决等方面的高级思维能力和策略方面。问题解决能力是实践活动的核心。

（三）高校教师教学能力培养与认知学徒制假设优势

1. 培养理念的高度耦合

为了培养教师的教学能力，需要一个支持性的学习环境，这样的环境可以采用认知学徒制的策略和原则，或者在认知学徒制的框架下形成。认知学徒制的理念与教师教学能力的培养目标是紧密相连的。教师教学能力的培养是一个通过个人实践不断自我提升和实现自我的过程，这是教师作为主体自发、积极、持续和有创造性的实践活动。教师的成长更多是自我塑造而非被塑造的结果，因此，单纯依赖科学知识培训或规范的教育理论学习是不够的。认知学徒制适用于个人学习环境，它强调培养学习者的问题解决、人际交往、信息检索能力，同时也重视学习者的反思、自我调节等元认知能力以及各种高级认知能力，这些能力对于教师自我学习的实现至关重要。认知学徒制的策略和原则可以用来支持青年教师教学能力的培养工作。

2. 实践取向的教师知识观

实践知识具备实践性、内隐性、个体性、情境性和探索性等特质，只能通过发挥个人的实践能力和反思来掌握。它涵盖教师的教育信念、自我认知、人际交往、情境理解、策略性思维和批判性反思等六个方面。实践表明，教师的实践知识是其专业成长的核心和关键工具。考虑到实践知识的这些特点，简单的自上而下的教师培训模式往往效果不佳。因此，应当以情境认知为基础，鼓励教师发展自主性，在资深教师的指导和交流中通过实践和反思自主地生成和更新实践知识。认知学徒制的教学理念核心在于帮助学习者掌握专家实践中所需的策略性和程序性知识（这些通常属于实践知识的范畴），如通过认知学徒制，将专家内在的、通常隐藏的认知过程明确化，这一过程对于解决问题和应对现实挑战至关重要。

3. 显性知识与隐性知识

在中国，显性知识和隐性知识的分类方法得到了广泛的认可，尤其是隐性知识受到极大重视。知识在线公司的 CEO 用比喻的方式来描述显性知识和隐性知识的总量及其存在形态："显性知识只是冰山的一角，而隐性知识则是冰山底部庞大的部分。隐性知识构成了智力资本，就像是给树木提供养分的根系，而显性知识不过是树上的果实。"中国的教师、教育研究者同样赞同这种看法。认知学徒制能够将内在的思维过程具体化，使学习者能够像专家一样进行学习和思考，从而塑造心智模型。

4. 有助于激发实践动机培养情境实践能力

一方面，认知学徒制鼓励将学校课程中的理论任务转化为学习者认为有意义的实际情境，使得学习在真实的社会互动中自然发生，学习者能够深刻理解学习的目标和实际应用，认识到工作的重要性，并参与到专家的实践中。这种学习方式因其对学习者而言具有实际意义，因此能够激发学习者强烈的实践动力。另一方面，认知学徒制致力于营造一个学习者积极交流并实践专业技能的学习氛围。教师的教学能力因学科和年级的不同而表现出差异性和独特性，认识到这一点对于实施有效的教学能力提升措施至关重要，能够达到事倍功半的效果。

（四）学徒制的高校教师教学能力培养策略

1. 教师导师制

在高等教育领域，教师教学能力的培养包括了教师职业生涯的初期（通常指从事教学工作的前 1 至 3 年或 4 年）以及在职期间的持续发展。针对初期教师的培养，国内众多高等教育机构已经实施了青年教师导师制度，这一制度的学习环境与认知学徒制有着显著的相似性。通过借鉴认知学徒制的理念来构建青年教师导师制度，不仅有助于从实践的角度深入理解认知学徒制，而且能够从认知学徒制的视角出发，对教师导师制度进行改进和优化，从而实现实践与理论之间的相互促进和补充。

（1）教师导师制建构

作为一种管理制度，教师导师制应当设定清晰的工作目标、建立系统的组织架构并确立有效的内部运作机制。

　　教师导师制的培养目标包括短期目标、中期目标和长期目标。短期目标是为新入职教师、转岗至教学岗位的中级职称及以下人员、学院指定的需要指导的教师以及自愿寻求指导的教师提供 1~2 年的导师制培养，以培养其作为大学教师所需的基本素质和能力。中期目标是打造一支具有强大后劲和高水平的教师队伍。长期目标是通过校园内互助文化的合作，形成教师发展的良性循环，从而提升高校的教学质量。

　　在导师的招募、选拔与培训方面，应面向全校进行招募和选拔，主要对象是具有副高级以上职称的教师和拥有硕士以上学位且被评为教学能手的讲师，优先考虑教学名师。申请者还需具备良好的综合素质、正直的品行、严谨的学术态度、热情和奉献精神，以及较高的教学科研能力。选拔出的教师需接受集中培训，以明确培训目的和任务，不仅学会指导新教师的方法，获得相应的理论与技术支持，还能拓宽教学视野。导师应认识到教师专业发展是一个自我指导的过程，学校应鼓励建立友好的师徒关系，为促进新教师独立性和创新精神，可以适当鼓励教师对导师的教学方法和观点提出挑战。

　　师徒结对的原则是"一对一"，最多不超过"一对二"，这种协作形式在两人或三人之间进行，具有很大的灵活性。导师的职责包括帮助教师制订发展计划、指导备课、明确课程地位、传授教学经验、安排试讲和辅导、指导科研方向等。教师的职责则包括协助导师备课、查找资料、听课、答疑、批改作业、指导实验、试讲、参与教改项目等，以及了解教学规范、把握教学环节、运用教学手段和技术进行教学改革实践，并积极进行科学研究。

　　过程管理和目标考核方面，过程管理是定期检查教师导师制的实施情况，避免形式主义，及时发现问题，这是青年教师导师制实施的重点。目标考核则要求每学期或每学年导师和教师分别提交书面总结，由学院进行评价和提出改进意见。过程管理和目标考核可分为三个阶段：第一阶段由系（教研室）负责，年底进行，主要考核培养规划、教案编写质量等；第二阶段由各学院负责，在下一学年期末前进行，主要考核教师参与讲课、实践环节等；第三阶段由学校相关部门组织检查验收。

评价与奖惩制度方面，强调正向激励以促进良性互动，对考核不合格的导师取消导师资格。学校设立"教师教学优秀奖"，针对导师设立"教师优秀导师奖"，为表现优异的教师和导师颁发证书，并在晋级、年终考核、评优评先、名师培养等方面给予优先考虑。

（2）教师导师制中体现的认知学徒制原则

在探讨认知学徒制视野下的教师导师制时，应包含以下四个核心机制，这些机制是认知学徒制的核心，能够帮助教师深入理解问题并培养专家级的思维技巧。

第一是内隐知识的外显化。现代社会要求人们掌握多样的技能和知识，这需要较高的智力水平和深入的思考能力。导师通过展示特定任务，使自己的思维过程可视化，教师通过观察和指导，形成和优化自己执行任务的概念模型，从而改进思考问题和解决问题的方法，并逐渐将这种能力应用到其他任务情境中。教师导师制的重点不在于概念性事实知识的获取，而在于专家在获取知识或应用知识解决复杂现实问题时所涉及的推理过程、认知和元认知策略。

第二是"脚手架"的搭建与拆除。这涉及到教师在导师指导下进行实际操作，而不仅是接受指导。导师和教师之间需要频繁互动，将各自的思维过程展示给对方，以便提供有效的指导和支撑。导师应扮演好"脚手架"的角色，在任务初期做好"专家"准备，通过观察和辅导帮助教师澄清易错点，补充遗漏的重点，并就讲解内容、语言清晰度、PPT质量、学生参与度等方面提供反馈、暗示和修正，同时提出新的任务。随着教师完成任务能力的提升，导师应逐渐减少对教师的支持，将更多的责任和控制权交给教师，逐步拆除"脚手架"。

第三是反思性教学。教学是一种涉及师生、生生之间广泛交往的活动，它融合了知识、技能、过程、方法及情感态度价值观。教师是否能对这种动态生成的实践过程进行反思，往往决定了其专业化成长的水平。通过反思，学习者在能够进行情感交流的组织文化环境中能够迅速成长。导师帮助青年教师提高认知技能，使其能够将自己的思维和问题解决过程与专家和其他优秀教师进行比较，通过反思构建特定问题的解决模型，从而修正自己的问题解决过程，实现思维方式和推断结论的永久性改变。

第四是实践共同体。许多教师因缺乏与同行交流、协商、研讨，以及课堂观察、集体备课等活动，而错过了专业发展的重要适应期。认知学徒制视野下的教师导师制是由教师和导师共同组成实践共同体，教师初期面临的问题和困惑可以在这里得到及时解决，导师可以随时对教师的教学设计进行指导。这种实践共同体是自然形成的，能够促进教师的专业发展。教师导师制的实践创造了一种潜在的"课程"，使教师能够通过合法的边缘性参与专家实践文化，直接观察"专家"的活动并参与不同水平的专业技能训练，从而迅速取得进步，为成为真正意义上的专家打下坚实的基础。

2. 教师合作团队制

教师导师制能帮助新入职的教师通过导师的引导快速融入学校和工作环境，但这种培养方式也存在缺陷。它过于依赖导师个人，而导师的尽责程度和带教能力参差不齐，有时导师的职责履行不够充分，存在形式化的问题。此外，导师缺乏系统的专门培训，导致带教方式和能力各异。同时，教师对于认知学徒制和自己在不同成长阶段的需求也有不同的认识。因此，在维持教师导师制的同时，应努力创造条件，让教师能够融入团队并在其中成长，即构建教师合作团队机制。

（1）教师合作内涵

教师合作作为一种人际互动的关系形态，旨在促进教师发展和学校教育改革。它包括自然合作和人为合作两种形式。

自然合作是理想的合作模式，但由于高校教师在不同学科、学术领域和层次上的差异，完全自然形成的教师合作缺乏组织和规划，难以持续和深入。

当前高校教师的合作是在自然合作和人为合作文化基础上，融合了包容性的教师合作。这种合作既体现了教师的自愿、自发和自主原则，又包含了合理的控制、计划和组织安排。在尊重教师自愿和自主的基础上，结合相关规章制度，通过教育实践发展起来，旨在提高教师群体的科研能力和教育教学质量，促进教师专业发展。教师合作的形式包括集体备课、项目驱动、课题合作、师徒教育模式、教学团队建设等，其中教学团队建设是高校中影响较大的教师合作实践形式之一。

（2）教学团队建设

教学团队可以理解为：一个以学生为服务对象，由承担相似教学任务的教师构成的集体，它具备合理的知识层次和年龄分布，并建立了有效的沟通与合作机制。该团队主要通过教学内容和方法的改革来开展工作，以一系列课程和专业建设作为发展的平台，旨在提升教师的教学水平和教学质量，共同进步的教师群体。教师加入教学团队后，可以体验到"火炉效应"——团队协作、积极的学术氛围及前沿课题研究，这些因素共同构成了教师快速成长的"旺火炉"，有助于教师教学能力的迅速提高。

团体是由成员之间的互动、联系和相互影响构成的，旨在实现共同目标、满足共同需求，并通过一定的社会活动方式和社会规范维系在一起的社会组织形态。教学团队作为一种团体组织，通过团体内的社会互动，能够发挥出个体或非团体组织所无法比拟的作用。美国心理学家勒温提出了"团体动力学"理论，运用场理论和力学理论的概念，阐述了团体成员间各种力量的相互依赖和相互作用，指出团体不仅是个体的简单相加，而是一个超越个体的整体，团体对个体有着深远的影响，个体在团体中会展现出与单独环境中所不同的行为和反应效果。

美国管理学者彼得·圣吉提出的"五项修炼"模型是学习型组织理论的一个典型代表。他观察到，随着企业组织的日益复杂化，为了在竞争激烈的社会中稳固和发展，组织必须充分利用每个成员的学习能力。他将学习型组织的关键特征归纳为五个主要方面：第一是系统思考，即从宏观角度审视整个组织；第二是自我超越，意味着识别并强化个人的优势和劣势，不断克服自身局限；第三是心智模式的改善，即更新个人信念体系，这些信念帮助组织成员理解周围环境并指导行动；第四是共同愿景的建立，通过整合个人愿望形成组织的共同目标，以此激励成员共同努力；第五是团队学习，团队成员通过对话和互动，相互协作和学习，以促进组织的整体学习和创新。学习型组织的核心在于持续学习，而团队学习与个体学习的最大区别在于其互动性，成员之间通过互相提供增强性反馈，更新彼此的心智系统，实现心智的流动性，并加强学习成果。

建设教学团队是"本科教学质量与教学改革工程"中一个创新且具有远见的项目，作为一种新兴的教学组织形态，它总是通过特定的行为方式来实现改革的目标。具体内容包括以下几个方面。

① 专业建设：专业是高校培养人才的基础，每个专业都有其明确的培养目标、范围、内容、重点和要求。教学团队的建设应紧密围绕学校专业进行，旨在帮助学生掌握必要的专业知识和技术技能，了解专业的最新研究成果和发展趋势，重点在于专业理论、基本规律的教授，以及实践能力和实验技能的培养，为学生专业素质的形成提供支持。

② 课程建设：这既涉及一系列课程的构建，也指单一课程的建设。高校课程体系庞大且复杂，包含了多样化的教学活动，服务于高等教育的目标和人才培养。若对课程的内涵和结构缺乏清晰认识，教学活动将难以有效开展。课程建设是学校教学工作的关键部分。

③ 教育教学改革：教学团队需要根据社会对新时代人才特征的要求，更新教育理念，改进教学方法，并掌握现代教学技术，以适应教学内容日益丰富和学生需求多样化的趋势。联合国教科义组织提出，21 世纪人才培养的目标是"做人、做事、合作、创新"，即首先要学会做人，然后才能学会做事，而要做好事情，需要学会与他人合作，并且只有善于合作，才能不断创新。此外，还需要开展人才培养模式、培养方案、教学质量标准、教学内容、考核方法、教学评价等方面的学术研究，以不断提升教学质量。

④ 师资队伍建设：建立教学团队的目的是提高教师素质，需要注重选拔具有深厚学术造诣和创新学术思想的教师，他们应坚持在一线教学，具有高尚的品德和严谨的学术态度，以及团结协作精神和良好的组织、管理及领导能力。教学团队应由不同年龄和职务的教师组成，以实现优势互补，发挥教学名师的示范作用，特别是对有发展潜力和热爱教学工作的教师进行有目的、有计划、有重点的培养，以加速他们的成长。

⑤ 团队机制建设：课程教学是人才培养的途径，课堂是人才培养的主

战场。教学团队需要明确所承担课程的教学质量目标，并确立团队在备课、课堂教学、教学评价、团队规划、教学资源共享、考核与评价等方面的沟通与合作机制，倡导和培养团队成员共同认可的团队精神。例如，集体备课通常由一名教师执行，其他成员进行观察和反思，即使是教授同一课程的教师，在教学内容处理、教学方法选择、教学整体设计等方面也存在明显差异，这种差异是一种宝贵的教学资源。在团队评议的基础上重新设计课程，使课程变得更加科学和完善，有利于实现教学目标和促进教师专业发展。

无论构建何种类型的合作团队，最基本的要素是将教师团队建设成为一个专业学习共同体或学习型教师团队。一个缺乏学习精神的团队无法真正成为合作团队。同时，教学团队建设也是弱化院校科层制管理的一种新型教师组织结构，使教学团队成为教师平等交往和对话的场所。

（3）教学团队体现的认知学徒制要素

课程构成了教学内容体系的基础，课程建设是教学改革与发展的关键任务。精品课程是指那些拥有卓越教师团队、教学内容、教学方法、教材和教学管理的示范性课程，分为国家级、省部级和校级三个层次。精品课程的建设是一种系统化、持续性的努力，它要求团队合作和知识传承，教师在职称、年龄、学历等方面的组合应合理，并具有持续发展的潜力，这为教师提供了成长的机会。

在内容方面，精品课程建设的核心是教学内容，重点是打造高水平的教学团队、编写创新的教学大纲、编写适用的先进教材、完善新的教学方法和手段、建立有效的考核体系。这需要团队成员共同探讨、研究，汇集智慧，精心组织，同时需要科研成果的支撑、教学技能的展示、教学方法的创新、教学内容的完善，以及教学课件的制作。团队成员，无论是学科带头人、课程主讲教师还是其他参与教师，都应掌握相关领域的知识，这一过程涉及控制策略和学习策略的获取，以及对整个过程的反思和监控，即元认知策略。

在方法方面，建设高水平的师资队伍是精品课程建设的重点，评估指标中，"教学队伍"位居首位，自 2003 年精品课程建设启动以来，其权重一直保持不变（占评价指标的 20%）。课堂教学质量不仅是衡量教师教学水平的重要指标，也是课程成为高水平精品课程的关键。因此，精品课程的主讲教师尤其需要由学术造诣深厚、经验丰富的教授担任，这对教师会起到示范作用。精品课程建设也注重对教师的培养，在教学方面，教师能够得到骨干教师或专家的指导。团队要持续进行决策和协商，成员带着自己的经验和智慧进行积极交流，清晰表达各自的观点，共同研习，如决定应掌握哪些知识和技能，以便顺利实现目标。许多相关推理过程（即内隐的知识）在清晰的表述和交流中得以显现，教师能够不断得到熏陶和训练，形成和改善自己正在试图执行任务的概念模型，使教学被重新设计。通过反思，教师可以向团队其他教师展示自己的教学智慧。

在顺序方面，精品课程建设要具有特色和一流教学水平，教师在教学设计、教学方法、教学手段等环节的思考和运用，体现了探究中复杂性的递增。在目标实施之前，他们首先要产生关于这一课程的设计思路和蓝图，为最终的成品建立一个大致的概念模型，这体现了全局技能先于局部技能。随后，在不断改进过程中，成员要进行分析、反思、假设、检验等流程，必然涉及更加多样化的策略和技能，这体现了多样性的递增。

在社会性方面，教学团队建设形成一个工作场域，其成员在真实情境中学习，教师通过与团队负责人、学科带头人和骨干教师进行密集的交互，学会探究所需的各种知识和技能，思想被唤醒，这种日常交流胜过独自一人在无人反应的空寂中思索。教师能在对他们的教学与科研的憧憬中看到自身的价值，激发出求知、解决问题的欲望，从而设定个人目标去寻求技能和解决方案，这便是认知学徒制的重要构建之一——实践共同体。教师投身于不同人员所组成的实践共同体中，行走在多元的背景中，教师之间的这种差异便是一种丰富的教学资源。团队成员通过行动、思维及互动对话产生认知，提出解决问题的不同方式，对教师来说，既是为教学团队实践做出贡献，同时自身的专业素养和教学水平也得到了提高。通过合作解决问题进行的学习既有强大的内驱力，也是拓展学习资源的有效机制，每个人都有不同的技能和专长，大家共同合作，发挥"1＋1＞2"的作用。

第三节 学生视角中高校教师教学能力存在的问题及对策

一、教师在教学过程中存在的问题

目前，大多数教师并非来自师范专业，即使经过了岗前培训，也可能不具备教育学、教育心理学、学科教学论等教育理论知识及教学技能，这导致他们在教学素养方面存在不足。此外，高校教师的学位通常为博士或硕士，有些教师在取得博士学位后直接进入工作岗位，一方面未能及时从学生角色转变为教师角色，另一方面由于工作起步较晚，缺乏教学经验。在职业生涯早期，教师可能因为科研和职称的压力，无法深入研究课堂教学。

通过基于学生视角的研究，得出以下讨论和结论。

第一，教师的口头表达能力需要加强。调查显示，三个年级的学生普遍认为教师的口头表达能力是上好一堂课的关键因素之一。然而，在实际教学中，一些教师存在普通话不标准、吐字不清、语速不当等问题，即使教师做了充分的教学准备，这些问题也会严重影响课堂教学效果。学生如果发现教师无法生动形象地解释概念、论述观点，或在师生互动中缺乏沟通技巧，可能会产生厌学情绪，影响学习积极性。

第二，教学方法和方式较为单一。有些教师在授课时过于注重知识的传授，忽视学生思维能力和智慧的培养；有些教师只是简单地读 PPT 内容。高等教育应注重培养学生的思辨意识和创新能力，但教师如果一开始就对教学内容表达不熟练，采取注入式教学，可能会使学生成为知识的容器，仅学会模仿和记忆，无法激发学生的积极性。接受高等教育的学生具有较强的适应能力和独立学习能力，因此启发式教学更能发挥他们的主观能动性，但教师未能采用这种方式。此外，青年教师可能忽视了对教学方法的探索和创新，使课堂教学过于刻板，缺乏丰富性。

第三，部分教师对教学内容的深度和广度掌握不准确。随着年级的上升，学生对教学内容的关注逐渐增加。许多学生表示，部分教师对教学内容的深度、广度和前沿性掌握不足，例如，未能将书本知识与实际联系、缺乏案例分析、很少将相关学科的前沿信息纳入课堂教学。本科生有强烈的求知欲和探索欲，大学作为创新知识的发源地和传播地，应为学生的求学创造良好的环境，但部分教师投身于自己的科研领域，未能将自己的学术成果转化为实用的教学资源。

第四，有些教师未能充分利用信息技术手段。学习科学和信息技术对教学专业发展而言，并不是传统教学的破坏者，而是大学教师提升自身教学专业能力的促进者和支持者。在调查中，学生认为有些青年教师并不能熟练使用多媒体辅助设备，电子课件的布局缺乏条理性和层次性。理科学生认为，对于公式推导或复杂计算，教师应选择传统的板书授课，让学生更容易接受教师在手写过程中的步骤转换。一些教师认为信息技术只是呈现教学内容和提升教学效果的手段，因此将 PowerPoint 作为首选甚至唯一的技术辅助形式，这显然是不够的。随着慕课的流行，青年教师应思考如何转变自己的教学形式，充分利用互联网的优质资源，探索更多的软件，实现线上教学与线下教学的完美结合。

第五，部分教师的学生评价方法存在不合理之处。目前，有些教师倾向于使用总结性评价，即以期末考试成绩作为评价学生学习成果的唯一尺度。然而，学习是一个持续和逐步发展的过程，学生在学习中的批判性思维、研究能力和团队协作能力的提升往往是分数所无法全面反映的。因此，应当强化过程评价的重要性。同时，有学生反映，个别教师在评价过程中表现出较强的主观倾向，缺乏公正性，有时会基于个人对学生的喜好而有意提高或降低学生的分数；还有一些教师为了职称评定或晋升，可能会适当放宽评分标准，以在期末获得更高的学生评价。

第六，教师与学生在课堂上的互动频率普遍较低。课堂不应只是教师的个人表演舞台，单一的教学方式无法充分激发学生的学习热情。一些教师在研究生阶段以个人研究为主，因此在教学过程中容易出现两种极端情况。第一种情况是教师控制了整个课堂的讨论，除了传授课本知识外，还会分享个人的成就，不自觉地展示自己的优越性；第二种情况是某些教师只是照本宣科，将完成课程的定量目标视为教学的唯一目的。这两种教学方式都容易引起学生的反感，缺乏师生互动的课堂不仅效率低下，而且质量不佳，教师无法了解学生是否真正掌握了教学内容，学生也无法向教师表达他们的学习需求。

二、提高教师教学能力的对策

（一）加强语言表达能力的锻炼

许多教师并未接受过师范教育，因此在课堂上的表现力较弱，尤其是在语言的组织和表达方面。课堂是教师与学生直接互动的场所，教师的一举一动都会被放大，这可能使得缺乏教学经验的教师感到尴尬和紧张。教师需要增强自信，选择穿着得体大方的服装。在课堂上，教师应该面带微笑，与学生进行眼神交流，与学生互动时可以走近学生，不必始终站在讲台前。讲话时，教师不仅要表达情感，还要注意控制语调、语速和音量。教师可以在工作之余安排时间朗读文本材料，或者在空教室中模拟上课。语言表达能力是教师专业素养的基础，不应被忽视。因此，教师必须投入时间和精力不断提升这一能力。

（二）积极探索多种教学方法

教师需从传统的注入式教学转向启发式教学。启发式教学在教与学的关系上，既认可了教师的引导作用，又突出了学生作为具有强烈主观能动性的主体地位。我国教育学家叶圣陶曾提出"教是为了不教"。教师是学生在求学道路上的引路人，这种引导是引领学生探索未知领域，让学生在探索过程中获得判断、感悟、反思和创新的能力，这也是学生生存发展的关键条件。

因此，青年教师在探索教学方法时，应将启发式教学视为指导原则。

1. 案例教学法

举例是阐述问题的一种方式，案例教学法基于此，扩展教材内容。对大学生而言，获取实践性知识比陈述性知识更为重要。教师通过提供案例，组织学生共同学习与探究问题，为学生提供理论联系实际的机会。教师在授课前需精心挑选和编写案例，案例通常以文字材料为基础，涵盖事例的内容和数据。案例应确保真实性，同时具备吸引力。在授课过程中，教师应将话语权交给学生，将学生分组，引导他们以讨论形式分析案例。在评价环节，教师可将学生的发言与教学内容相结合，或指导学生得出结论。

2. 发现法

发现法，又称"发现学习法"或"发现学习"，是学生通过教师提供的按发现过程编制的教材或材料"再发现"，以掌握知识并发展创造性思维与发现能力的一种教学模式。采用发现法教学需要教师具备较高的教学设计能力。教师在深入理解教学内容的基础上，应努力寻找新知识与学生现有知识之间的关系，并将其作为引导学生发现问题的线索。在学生探索新知识的过程中，青年教师应给予学生必要的提示，防止学生偏离正确方向，并在学生解决问题后，帮助他们将获得的知识进行结构化、系统化地整合。

3. 情境教学法

情境教学法是帮助学生将无形的知识转化为在实际生活中能灵活运用的技能的教学方法。教师可以结合学科背景，将课堂转化为某个真实情境的知识产出。在创设的情境中，学生不再是被动接受者，而是知识展现的主体。这不仅增加了学生的知识储备，还提高了他们学以致用的能力。然而，情境教学法存在许多不可控因素，要求教师具备处理课堂突发状况的能力。教师在整体规划的基础上，不能忽视细节问题，如学生的微小动作、说话语速、神态等。

（三）将科研与教学有机地统一

1. 提高语言表达水平

随着年级的提升，学生对教学内容的深度、广度和前沿性有更高的期待。

教师应将科研成果融入教学，不仅向学生清晰地展示知识，还要激发他们的探索欲望。然而，一些教师在课堂上的语言表达存在不足，如普通话不标准、吐字不清等，影响了教学效果。尽管教师做了充分准备，但表达能力的欠缺严重影响了课堂教学。因此，教师的语言表达能力亟待提高。

通过学生视角的研究，得出以下结论。

① 教师应提高语言表达能力，清晰、生动地传达教学内容，同时展现个人魅力。

② 教师应结合科研成果，不断丰富和更新教学内容，满足学生的求知欲。

③ 教师应注重培养学生的思辨能力和创新意识，而不仅是传授知识。

④ 教师应创造互动式课堂，鼓励学生积极参与，提高教学效果。

2. 教学方法应多样化

调查发现，不同年级的学生普遍认为，教学方法的多样性对于提高学习兴趣和效果至关重要。然而，在实际教学中，一些教师过于依赖传统的讲授式教学，缺乏创新和互动。为了提高教学效果，教师应尝试以下方法。

① 引入案例分析，让学生在实际情境中学习和思考。

② 采用小组讨论，促进学生之间的交流与合作。

③ 利用多媒体和互联网资源，丰富教学手段，提高学生的学习兴趣。

④ 设计实践性强的课程，让学生在实际操作中掌握知识。

3. 教师应关注学生的个性化需求

每个学生都有独特的学习风格和兴趣，教师应关注学生的个性化需求，调整教学方法，使教学更贴近学生。教师可以通过以下方式关注学生的个性化需求。

① 了解学生的学习背景和兴趣，针对性地设计教学内容。

② 营造开放、包容的课堂氛围，让学生敢于表达自己的观点。

③ 提供多样化的学习资源，让学生根据自己的兴趣选择学习内容。

④ 鼓励学生提问和质疑，培养他们的独立思考能力。

总之，为了提高高等教育教学质量，教师应关注学生的个性化需求，提高语言表达能力，采用多样化的教学方法，并将科研成果融入教学。这样才能激发学生的学习兴趣，培养他们的思辨能力和创新意识，实现高等教育的目标。

（四）合理利用信息技术手段

随着信息技术的迅猛发展，出现了慕课和翻转课堂等新型教学模式，这些模式为学生提供了更多获取知识的途径。学生可以在线上自学课程内容，这就要求教师重新构建自己的教学能力。教师如果精力充沛且对新事物的接受和学习能力强，将更有利于他们适应信息化教学环境。教师需要学习使用多媒体设备，不仅要熟练操作 PowerPoint，还要探索其他 Office 软件的应用。教师应利用信息时代的即时学习特点，鼓励学生通过网络自学知识。但这并不意味着减少教师的教学任务，相反，教师需要了解学生的现有知识水平和学习心理，根据教学目标来安排教学内容，决定哪些内容适合在课堂上重点讲解，哪些内容适合学生课后自学。在学生自学过程中，教师还应向学生提供高质量的线上资源，避免学生将时间浪费在资料搜集上。

（五）确立公平、多元化的学生评价体系

教师应当运用形成性评价策略，将学生在学习过程中的表现（如小组合作项目、阶段性考试）与期末考试相结合，形成一个综合性的评价体系，并合理分配各部分的评分比重。同时，客观且公正的评价方法有助于教师评估教学成效并进行教学改进。在制定评价标准时，教师应与学生进行沟通，而不是单方面作为权威来主导评价过程。例如，关于课堂出勤的规定是否需要严格执行，对于迟到和缺勤的处罚方式，应既能起到提醒学生的作用，又不应过于严厉；课堂上的发言和表现是否应计入平时成绩；学生更倾向于开卷考试还是闭卷考试等问题。教师在充分与学生讨论后，应制定出细致的评价规则，以此营造一个民主和透明的教学环境。

（六）教师要善于进行教学反思

教师的成长历程应视为一种反思性实践，其目标宏大且任务繁重。教师应致力于通过学术研究来积累教学实践经验，将教学视为一种持续的探索之旅。首先，新教师需要正确认识自我。尽管在学生时代可能是同辈中的佼佼者，但初入职场时，由于缺乏教学经验，可能会遭遇学生的质疑。面对批评，教师应保持谦逊，积极接受而不是忽视或逃避。其次，教师需要掌握沟通技巧。教师应主动与学生交流，认真倾听他们的声音，理解他们的需求，而不是仅持有"让学生接受"的单向教学观念。同时，教师也应与同事进行交流，包括同龄和经验更丰富的教师。这样不仅能解决自己在教学上的疑惑，还能吸取他人的优秀教学经验。为了提升教学水平，教师可以录制自己的课堂授课，课后通过反复观看来思考可能忽视的细节，以及在教学中需要实现的突破。教学能力的提升是一个逐步的过程，简单地模仿他人无法带来真正的进步。只有以负责任的态度，用分析和批判的眼光审视自己的教学，才能在理解教学实践的真谛后，形成独特的教学风格，并最终实现教学能力的显著提高。

第六章　高校教师科研能力的培养

科教兴国战略是我国实现现代化建设的重要战略部署,高等学校作为人才培养和科学研究的重要基地,承担着推动科技进步、促进社会发展、培育高素质人才的重任。高校教师作为高等教育工作的实施者,其教学水平、科研能力,以及服务社会的意识直接关系到国家人才培养的质量和科技创新的能力。

第一节　高校教师科学研究能力综述

一、高校科学研究的理论基础形成

(一)高校科学研究的萌芽

现代科学研究的概念和实践起源于欧洲,随着哲学探讨和自然科学的研究活动的深入,以及近代大学的建立,科学研究在欧洲逐渐兴起。在中世纪,大学的主要职责并不包括科学研究,它们在社会创新和智力发展中并没有扮演关键角色。尽管那时有些教师会进行科学研究,但这通常是出于个人兴趣,并不是大学正式工作的一部分。然而,随着文艺复兴运动的兴起和近代科学的诞生,自然科学的研究开始进入大学,科学研究从哲学和社会科学领域扩展到自然科学领域。17 世纪以后,随着近代科学技术的发展,大学的科学研究活动变得更加广泛,这为大学的发展奠定了坚实的基础,例如,英国的爱丁堡大学、牛津大学和剑桥大学。在这个时期，大学的科学研究主要是由教授个人或以教授为核心的小团队进行的，参与科研的人数相对较少，因此，这个时期的大学科学研究可以被视为初步发展阶段。

在中国古代，高等教育起源于封建社会。战国时期齐国设立的"稷下学宫"是第一个由政府设立的高等学府，那时传授知识和研究知识是交织在一起的。到汉朝，太学成为一种更正规的大学，主要传授知识和研究学问。唐朝时，中国封建社会的高等学府有了显著的发展，包括国子学、太学、四门学、书学、算学、律学等，但教学和科研的职能还没有明确分开。唐朝以后，从北宋到清代的书院成为一种特殊类型的高等学府，其显著特点是将学术研究与教学相结合，学术研究是书院教学的基础，而教学又使学术成果得以传播和发展。可以看出，在中国古代的高等学府中，科学研究和学术活动是存在的，但它们通常是作为教学的辅助活动，而不是独立的职能。

（二）高校科学研究的形成

从 17 世纪中叶开始，随着资本主义生产力的不断提升和科技的飞速发展，高等教育机构开始转变研究重点，传统的以人文知识为核心的研究领域逐渐被新的学科领域所取代。自然科学研究在高等学校中占据了越来越重要的地位，成为高校科研活动的主要内容。在这个过程中，高校内部的科研人员结构、研究内容、研究方法、科研机构设置、科研的组织管理方式，以及科研在高校中的地位和作用，都经历了深刻的变化。科学研究不再是高校的边缘活动，而是成为了高校的核心任务和基本职能之一。

为了适应这一变化，高校开始建立专门的科研机构和大量专为科学研究所用的实验室。这些实验室和机构的建立，不仅为科学研究提供必要的物质条件，也标志着高校科学研究从无组织、分散的个体研究模式，向有组织、系统化的集体研究模式转变。这种转变极大地提升了科研的效率和水平，为高校科学研究的深入发展奠定了坚实的基础。同时，这也促进了高校与社会其他科研机构之间的合作与交流，推动了科学研究和技术创新的社会化进程。

在 19 世纪初，德国经历了普法战争的挫败，社会上的知名人士和有远见的思考者将这一失败归咎于教育体系，特别是对宗教神学和亚里士多德形而上学在教学内容中的主导地位表示强烈不满。在这种背景下，哲学家约翰·戈特利布·费希特尖锐地指出了德国大学教育中的问题，并明确提出了两项大学办学的基本原则：学术自由和教学与科研的结合。这些理念得到德国教育大臣威廉·冯·洪堡的认同和支持。洪堡在 1810 年依照这些原则创立了柏林大学，这所大学强调科学研究的重要性，并坚持教学与科研的融合。

洪堡的理念是，教师应当为了科学的进步而教学，教师和学生应当在科学发展的基础上相结合，共同参与科学研究活动。教师不仅需要具备教学技能，还应当具备科研工作能力，推动科学的进步。在柏林大学，洪堡提倡学生以大学教授为导师，参与教授的科研工作，通过研究过程接受教育并培养自己的学术兴趣。他还明确规定了大学生应当参与科研工作，通过这种方式，学生可以更深入地理解所学知识，同时培养自己的科研能力。洪堡将教学与科研有机结合，指出学生的主要任务是学习和科研。

这种洪堡式大学的传统思想在第二次世界大战之前一直影响着许多国家的大学教育。因此，科学研究逐渐成为越来越多国家高等学校的两大职能或主要任务之一。这种模式不仅促进了科学研究的繁荣，也为高等教育的发展注入了新的活力，培养了大批具有创新能力和实践能力的优秀人才。

（三）高校科学研究的发展

考察高等教育的发展历程可以看到，高等学校与社会特别是与企业的联系和合作，最初是在美国兴起的。在 20 世纪初，美国的一些企业开始与大学建立合作关系，共同培养人才和建立科学实验室。到 1921 年，已经有 526 家公司设立了依赖于大学教学和科研的研究机构。第二次世界大战期间，联邦政府、企业界和大学开始联合起来，共同推动大学和企业的发展。战后，这种合作模式得到了进一步的发展，形成了以大学为中心的教育、科研、生产联合体，也就是高技术密集区，或称之为高技术园区。美国硅谷就是以斯坦福大学为中心建立起来的高技术密集区，该区自 1951 年建立以来，已经拥有 1 800 多个高技术企业。到了 20 世纪 80 年代中期，美国已经建立了 100 多个科学技术园区。

从 20 世纪初到 20 世纪 80 年代，是高等学校科学研究的快速发展时期，也是产学研相结合的时期。洪堡式大学崇尚"纯科学"的理论研究，坚持"纯科学"至上的办学思想，致力于新知识的探索，将科学研究的目的和价值完全放在科学知识本身的积累、完善和进步上，忽视了大学的科研在直接解决经济、技术和各种社会实际问题上的作用和贡献。这在一定程度上造成了科学与工业界及社会各界的分离，使得许多大学的优秀科学家避开工业和社会各界而潜心于纯理论的学术研究。

然而，随着现代科学技术和经济社会生产的发展，大学科研需要走出校门，适应科技进步和社会发展，而社会生产的发展也呼唤大学科研从"象牙之塔"走向"科技公园"。因此，大学科研逐步发展成为产学研结合，与科技、经济和社会的发展融为一体。国家大学科技园就是经国家科技部、教育部共同批准认定的科技创业服务机构，作为科技企业孵化器的组织者，是区域经济发展和行业技术进步的主要创新源泉之一，是大学实现社会服务功能和产学研结合的重要平台。

二、高校科学研究的基本类型

（一）基础研究

基础研究是一种旨在深入探索自然现象、社会现象，以及物质运动基本规律的研究活动，它的核心目标是追求新知识的发现和创新，为后续的应用开发提供科学的指导和支持。这种研究不直接追求实际应用或经济收益，而是致力于扩展知识边界，深化对客观世界的理解。基础研究的特点是周期长，成果难以预测，且研究成果往往不会立即转化，但其一旦取得突破，就能对科技进步、社会生产和生活产生广泛而深远的影响，推动人类对自然界规律的认识达到新的高度。

　　基础研究是推动国民经济和社会发展的根本动力。未来经济和社会发展中遇到的基础理论和技术问题，都需要依靠基础研究的创新理论、技术和方法来解决。基础研究具有开放性和国际性，一个国家的综合实力往往可以通过其基础研究水平来衡量。基础研究根据其性质，可以分为纯基础研究和应用基础研究两类。纯基础研究没有明确的应用目的，其价值主要体现在学术贡献上；而应用基础研究则有着明显的应用背景，具有间接的生产服务价值。

　　高等学校是进行基础研究的理想场所，它们为高层次人才的培养和科技创新提供了坚实的基础。为了在国民经济建设、国防建设和社会发展中取得突破，高校应当突出其在学科前沿领域的重点，结合自身的学科优势和特色，加强基础研究队伍建设。例如，在计算机网络技术、信息显示技术与通信技术等领域取得具有重大理论价值和应用价值的成果，这些成果不仅能够推动科学技术的进步，还能够为经济社会发展提供强有力的支撑。

（二）应用研究

　　应用研究的主要目标是解决与国民经济、社会发展，以及人口、资源、环境等相关的重大科技问题，它为经济和社会的全面、协调和可持续发展提供了坚实的科技支持。例如，它涉及提高劳动生产率，促进经济结构的调整和升级，推动经济增长方式的转变，以及提升经济增长的质量和效益等方面。应用研究是一种利用基础研究的理论成果直接解决当前生产和临床实践中具体问题的研究活动，它具有鲜明的应用性和针对性。

　　应用研究通常建立在基础研究的基础上，它将基础研究的成果作为平台，直接关联科技进步和经济发展，是高校科研工作的一个重要组成部分。应用研究不仅是对基础研究的延伸，也是基础研究与发展研究之间的桥梁。通过应用研究，高校能够将科学理论知识转化为解决实际问题的具体技术方案，从而推动科学技术的实际应用，满足社会和经济发展的迫切需求。这种研究活动不仅有助于提升高校的科研水平，还能够促进高校与社会各界的紧密联系，提高高校服务社会的能力。

（三）发展研究

发展研究是一种利用基础研究和应用研究，以及实验的知识，旨在推广新材料、新产品、新设计、流程和方法，或对现有样机和中间产品进行重大改进的系统性活动。这种研究活动将基础研究和应用研究的成果进一步扩大，具有非常明确的应用目标，其主要目的在于将知识应用于实际生产，而不是仅获取知识。发展研究包括结合实际生产进一步放大实验已有成果的研究，对已有科技成果新用途进行研究，以及在研究领域中寻求其他新发现。

现代高校的首要任务是积极开展科学研究，培养高级专门人才和发展科学技术文化。高等学校对各级教师不同水平的科研要求是高校教师职务的任职规定。然而，不同层次、类型的高校在开展科学研究时，应根据高校自身发展目标，突出重点，分类指导，根据国家需要和自身实际，分层次、多模式、有重点地开展科学研究和科技开发工作。在处理基础研究、应用研究、发展研究之间的关系时，不同学校应有所侧重。教学型高校和师资力量相对薄弱及新办（升格）的高等学校，首先要把教学工作做好，在保证教学质量的前提下，开展一些科学研究。一般高校应注意逐步形成和发挥自己的优势，努力在某些研究领域形成自己的特色。而重点大学则应逐步建成"两个中心"，既是教育中心，又是科研中心，既要培养高质量的专门人才，又要在科学研究上做出重大的原创成果，成为国家科学研究的重要依靠力量。通过这样的发展模式，高校能够更好地服务社会，推动科技进步和经济社会发展。

三、高校科学研究的特点

（一）科学研究的基础性

在高等教育体系中，高校教师构成了科研队伍的核心力量，他们所传授的系统基础理论构成了教学内容的核心特点，而这些专业课程内容通常也是相对成熟和完善的。这种系统化和理论化的教学特点，使得高校科研人员的知识结构普遍倾向于基础理论型。这种知识结构对于开展基础研究非常有利，因为基础研究正是培养高水平、高质量教师队伍和科研人才的关键途径。

高等学校的科学研究活动主要涵盖基础研究、应用研究和发展研究三个层面，其中以基础研究为主导。高等学校汇聚了众多人才，拥有完整的学科体系，具备强大的基础科学研究实力和先进的研究设施，并且有着重视基础研究的历史传统，这使得高等学校成为推动基础科学进步的理想场所。因此，在高校中，基础研究的比重通常高于应用研究和发展研究，这是高校与一般研究机构的一个重要区别。在发达国家，基础研究主要由大学承担，这是其通行的做法和成功的经验，许多发达国家的高等学校在基础研究中占据了重要的地位。

2016 年的大学骨干教师培养计划特别强调了实施"高等学校青年骨干教师出国研修项目"，旨在鼓励和推进高等学校与国外著名大学之间的合作，选派青年骨干教师到国外高水平大学进行进修学习。教育部通过"访问学者""研究生""博士后研究"等项目及各种国际合作项目，每年资助 5 000 名高等学校骨干教师到国外高水平大学进行访问学者研究、博士后研究或攻读博士学位，以便他们能够追踪学科发展的前沿，提升学术水平和教育教学能力。这些举措不仅有助于提高高校教师和科研人员的国际视野，还能够促进学术交流和科研合作，从而为高等教育的国际化和创新发展提供强有力的支持。

（二）科学研究的综合性

在第二次世界大战之前，科学研究的典型特征是专业化的细分领域研究，以独立的个体或小规模集体为主要研究实体，所需的资金和研究人员数量相对较少。然而，战后科学研究的面貌发生了显著变化，开始以跨学科、跨行业和跨国的综合性研究为主导，大规模集体研究成为主要组织形式，研究经费和人员数量也随之增加。为了在科学研究上取得重大突破，人们必须对现代科技发展史有深入的理解，并且认识到在科学研究中加强各学科之间的协作和融合是至关重要的。

高等学校恰好具备促进这种协作和融合的条件。高校拥有众多的学科门类和研究机构，科研人才集中，信息渠道广泛，能够适应现代科学技术发展既高度分化又高度融合的趋势。高校不仅能够开展各个学科领域内的研究，还非常适合进行跨学科、跨专业及跨领域的综合性研究，这是其他科研机构难以比拟的。由于教学工作的需要，高校教师队伍由多个学科的专家组成，这种合理的配置使得高校在开展综合性课题研究和开拓新领域方面具有显著的优势。相比之下，多数专门研究机构无法像高校那样具备科学研究的综合性特点。

（三）科学研究的教育性

高等学校的核心使命在于培育具备创新思维和实践技能的高级专业人才，推动科学技术的发展，并为社会主义现代化建设贡献力量。教学与科研在高校中是相辅相成、相互促进的两个重要方面，它们都是高校职能的关键组成部分，教书育人和科学研究都是高校的中心任务。高校的教育质量在很大程度上是通过培养出的人才和科研成果来衡量的。

因此，在开展科学研究的过程中，高校应当鼓励学生参与多种形式的科研活动，例如，设立学生科研项目，让学生直接负责科研项目，或者成为导师的科研助手，使学生成为科学研究的主体。为了拓宽学生的视野，培养他们的创新精神和实践能力，高校应当将科研成果及时转化为教学内容，实现科学研究和人才培养的有机结合。

高等学校有必要建立和完善相应的机制，引导教师正确处理教学与科研的关系，培养教师的科研意识，形成以教学为中心、科研促进教学的良好局面。通过这样的机制，高校能够有效地提升教学质量，同时促进科学研究的深入进行，为社会培养出更多具有创新能力和实践技能的高级专业人才。

四、高校科学研究的原则

（一）科研与教学统一的原则

科研工作是教育发展的根基，而教学工作则是这一根基所滋养出的涓涓细流。应当在教学的实践活动中寻找科研的灵感，同时，科研的成果也应当指引教学方向。高等教育机构应当将科学研究和教学活动有机融合，以此培育出具有高素养的专业人才，这一原则是科学研究时必须坚守的底线。为了提升自主创新能力，为了培育出更多的高素质创新人才，必须从本质上改变教学与科研相互独立的现状，必须解决高等教育中"产、学、研"三者之间的断裂问题。需要深刻理解科学研究在高层次人才培养和科技创新中所发挥的关键作用，需要坚持将科研与教学紧密结合，高水平的研究能够为高质量的教学提供坚实的支持，而高质量的教学则是培育高素质人才的基础，也只有这样，才能保证创新能力能够持续不断地提升。

（二）基础研究与应用研究、发展研究相结合的原则

根据《中共中央关于科学技术体制改革的决定》，高等学府和中国科学院在基础研究，以及应用研究领域承担着至关重要的使命。这些机构不仅是教育领域的中坚力量和培养高级专业人才的温床，也是我国科技创新体系中的关键组成部分，是开展基础研究的主力军。因此，高等学校应充分利用其在交叉学科整合、人才资源丰富、学术氛围活跃、国际交流频繁及信息获取便捷等方面的优势，通过筹集研究资金、建立研究基地、完善研究质量保障体系等多种手段，为我国基础研究的进步作出显著的创新性贡献。

随着高新技术的发展，基础研究成果转化为生产力的周期越来越短。因此，在重视基础研究的同时，也应当积极投身于应用研究和发展研究，努力推动高新技术的产业化。研究型大学应当成为国家技术创新和高新技术产业化的孵化器，在基础研究、应用研究和发展研究三个方面发挥关键作用。

考虑到我国经济发展的现状和正在进行的现代化建设,高等学校应当注重基础研究。科学研究的首要任务是制定科学研究发展规划,确定发展目标,这需要根据科学技术发展的趋势、经济建设的需求及本单位的具体实际情况来进行。

(三)规划课题与横向课题、自选课题相结合的原则

在高等教育机构中,科研项目的来源主要分为三个类别:规划课题、横向课题及自选课题。规划课题和横向课题通常能够获得经费的支持,而自选课题则通常没有经费的资助。规划课题,也称作纵向课题,是指政府行政部门根据国家或地方的经济社会发展需求,通过发布课题指南的方式,下发给高校的研究课题。这些课题可能涉及基础研究,也可能涉及应用研究,甚至是应用研究和发展研究。横向课题则是指企业、事业单位及其他各类团体和组织,为了解决自身面临的问题,而委托科研人员进行的研究项目,这类课题主要以应用研究和发展研究为主。自选课题是指研究者根据社会发展的需求,结合个人的研究兴趣和研究能力,自主选择的研究课题。

随着科教兴国战略的深入实施,高校科研工作也日益受到各级政府的重视。从国家到地方各级政府,都是从改革开放和发展的实际需求出发,定期制定科学研究规划,明确提出科学研究的目标和任务,并提供一系列可供选择的科研课题。为了充分发挥高校科研在社会主义现代化建设中的重要作用,高等学校应当与科研机构、产业部门及企事业单位建立多样化的合作关系,积极参与技术市场,不仅积极申报纵向课题,还要努力争取横向课题,以此增强科学研究对国家经济、社会发展需求的适应性和活力。

(四)学术研究目标与经济效益相结合的原则

高等教育机构承担着学术研究的核心职能,这是其存在和发展的根本所在。作为学术研究的重要阵地,高校必须追求学术上的卓越和成就。然而,在市场经济的大背景下,高校在设定学术目标时,不仅要追求学术上的卓越,还要考虑如何将这些学术目标与经济效益相结合。这就要求高校

在制定学术目标时，也要树立成本效益的意识，对科研项目的投入产出比进行仔细核算，同时，对科研项目进行市场分析，这是项目立项审查中不可或缺的一环。

高校还应当加强科研成果的推广和应用，促进科研成果的转化。这意味着，高校需要将基础研究成果逐步引导向应用研究领域，以此追求社会效益和经济效益的最大化。通过这种方式，高校不仅能够为社会提供知识和技术上的创新，还能够为自身的发展创造经济上的支持，实现学术研究与经济效益的双赢。

第二节　高校教师科研行为分析

一、高校教师科研行为的性质

（一）科研行为是实施职业权利的行为

对于那些在高校中专注于自己专业领域的教师来说，从事科学研究是他们的一项职业特权。这项特权不仅包含了法律赋予的权利的基本要素，而且体现了教师作为法律关系主体的权能和利益。法律权利指的是主体依法享有的某种权能或利益，这种权利使得主体既可以自由选择是否进行某种行为，也可以要求他人进行或不进行某种行为。

如前所述，法律权利涵盖政治权利、民事权利、社会权利、诉讼权利等多个方面。高校教师的科研行为，在不同程度上体现了这些法律权利的内涵。从政治权利的角度来看，公民享有言论自由权，高校教师同样享有表达自己思想的自由，而科研在某种程度上是思想自由和言论自由的体现。从民事权利的角度来看，科研成果的产出和转化可以为教师带来经济上的收益，他们因智力劳动而享有占有和使用劳动成果收益的权利，这本质上是一种财产权利。从社会权利的角度来看，公民有从事科研、文学艺术创作的自由，教师在进行科研时，只要遵守科学精神和法律规则，其科研活动不受任何组织和机构的干涉。从诉讼权利的角度来看，教师有权阻止他人的剽窃和抄袭行为，并对由此造成的损害有权要求赔偿。

实际上，作为一种法律权利，科研活动无论是基于教师的职业权利还是基于公民的基本权利，并没有本质上的区别。每个公民都有权从事科学研究。之所以强调高校教师科研行为是一种职业权利，是因为高校教师在进行科研时，除了法律权利的行使，还有一种职业责任和驱动。对于非教师的公民来说，科研是一种可以选择是否行使的法律权利，而对于高校教师来说，科研则是他们履行职业义务的一部分，是一种不可随意放弃的权利。因此，对于高校教师而言，科研不仅是行使法律权利的行为，更是一种履行职业责任和义务的行为。

（二）科研行为是履行职业义务的行为

对于那些在高校中承担着传道授业解惑职责的教师来说，从事科学研究不仅是他们的一项职业责任，也是他们必须遵守的法律责任。法律义务指的是法律关系主体根据法律的规定，必须承担的某种责任，这种责任表现为主体必须进行或不进行某种行为。从职业责任的角度来看，科研行为是高校教师应当具备的专业素质，是他们职业角色的一部分。从法律责任的角度来看，科研工作是高等教育制度对教师的基本要求，是他们作为教师必须遵守的法律规定。因此，对于高校教师来说，从事科研既是他们职业发展的需要，也是他们履行法律义务的体现。

首先，从事科学研究是高校教师的一项基本职业责任，是他们应当具备的专业素养。对于高校教师而言，科研是他们加强专业知识、提高科学素养、增进智力水平的关键途径，也是他们展现社会价值、与社会进行沟通和交流的科学活动。同时，基于教学的需求，随着知识更新的加速，仅传授现有的知识和技能已无法满足高等教育培养创新人才的要求。因此，高校教师从事科研活动，有助于丰富教学内容、扩展教学视野，以及引领未来的发展方向。此外，对于教师个人的职业成长来说，科研活动是展现其个人价值的重要方式，教师通过科研取得的成就，能够得到同行的认可和社会的尊重。最后，从教师自我修养的角度来看，科研活动以探索真理、追求真相为目标，这个过程实际上是对教师诚实、勤奋、坚持不懈的品质，以及追求卓越精神的考验，是教师自我提升、不断进步的重要途径。

其次，从事科学研究是大学教育体系对教师职业行为的基本要求。高等教育机构肩负着培养人才、创新知识和服务社会的重要职责，而科研能力是衡量高校社会影响力和知名度的重要指标。高校教师是完成这些使命的关键力量，是提升他们所在高校知名度和影响力的重要依靠。《中华人民共和国高等教育法》明确规定了高校教师应当具备的四项基本条件，其中科研能力是不可或缺的一项。此外，我国各类高校普遍要求教师承担科研任务，无论是对研究型大学还是教学型大学，教师科研都有明确的规定和要求。每所高校都制定了关于教师科研工作量考核的具体办法，通过量化管理来评估教师的科研表现，将不同形式的科研成果转化为具体的分值。高校不仅规定了教师每学年应完成的基本科研工作量，而且将科研工作量的完成情况与年终考评结果挂钩，科研成果的数量和质量直接影响到教师的职称评审。这种将教师科研工作制度化的做法在中国高校中普遍存在，而在国外大学也同样被采用。

1913 年，在美国约翰斯·霍普金斯大学 18 位教授的倡导下，美国大学教授联合会正式成立。该联合会提出了美国各高校应实施"学术自由和终身职位原则"的建议。到了 1970 年，这一建议被美国的私立和公立大学普遍采纳，教授终身制成为美国高等教育体系中的一个重要组成部分。在获得终身教授资格方面，虽然各个高校有不同的规定，但教学、研究和公共服务是成为终身教授的基本条件。理论上，这三个方面同等重要，但实际上，几乎所有的研究型大学都将学术成就和科研成果作为获得终身教授的最重要评判标准。例如，哈佛大学在招聘终身教授时，会优先考虑那些在学术上已有显著成就的教授。至于教学表现，哈佛大学认为，卓越的学术成就可以在一定程度上弥补教学的不足，但出色的教学效果并不能弥补学术能力的不足，因此，科研学术能力及其成果实际上是衡量教授是否能够获得终身教职的唯一标准。哈佛大学前校长科南特曾明确表示，学术价值是选拔教师的最重要标准，从某种意义上说，是唯一的标准。只有在教师具备学术创造力和学术造诣的情况下，才能被聘用。如果没有学术才能和潜力，即使教师的品格高尚，工作勤奋，也没有资格在哈佛大学任教。

相比之下，英国一直恪守传统，即使在 19 世纪，像牛津大学这样的顶尖高校仍然坚持认为大学的主要任务是培养人才，而不是进行科学研究。牛津大学认为，大学不应该鼓励从事高深的科研，科研只是大学教师个人的兴趣爱好。然而，牛津大学将科研排除在外的做法遭到英国社会各界的批评。1850 年，皇家调查委员会对牛津大学进行了调查，并认为由于缺乏致力于科学研究和学术教育的学者，牛津大学和整个英国都遭受了重大损失。牛津大学缺乏高水平的科研成果，这不仅损害了牛津大学的声誉，也影响了它在国家中的地位。根据皇家调查委员会的调查报告，英国议会通过了《牛津大学法》，要求牛津大学建立一支高水平的教师队伍，既从事教学又进行科研，并按专业设系，使大学的结构从以古典学科为中心转变为以专业为中心，并与职业对口的体系，使专业的教学与科研和实际结合起来。在牛津大学的影响下，从 19 世纪中期开始，学术研究成为英国各个大学的职责和大学教师进行学术研究成为教学之外必须承担的工作任务。

上述情况表明，无论是出于个人兴趣，还是为了提升职业素养，亦或是遵循大学科研制度的强制性要求，从事科学研究已经成为高校教师必须承担的责任。这种责任不仅是对个人能力的提升，更是对高等教育机构使命的响应。科研活动不仅能够促进教师个人的学术成长和创新思维，还能够推动学科的发展和进步，同时为高校带来声誉和影响力。因此，无论是从个人发展的角度，还是从高校整体发展的角度来看，从事科研都是高校教师不可或缺的职责和义务。

（三）科研行为属于法律行为

科研活动是一种追求真理、深入了解客观世界的探索过程。这个过程不仅涉及到抽象思维和逻辑推理，还包括了实现科研成果的具体方法和使用这些成果的途径。而法律行为是指那些能够产生法律效力和法律后果的人类行为。当科研活动视为法律行为时，主要是指科研人员在获取科研成果时所采用的方法和手段，而不包括抽象思维和逻辑推理过程。这是因为科研活动本身具有独立性，是思想自由和言论自由的具体体现。在科研过程中，思维和推理是主观的、有意识的活动，不受法律约束。然而，科研成果的获取和使用则是具体的法律行为，它们的合法性决定了是否会产生积极的法律效果。如果科研成果是通过诚实劳动和不违反法律、行政法规的强制性规定，以及社会公共利益或公共道德而获得和使用的，那么这些科研成果的使用将会带来正面的法律后果，即科研成果的创造者将根据知识产权法获得对智力劳动成果的独占权。相反，如果科研成果的获取和使用违反了相关法律法规，损害了社会公共利益或公共道德，那么就必须承担相应的法律责任。根据我国《民法通则》第118条的规定，公民和法人的著作权、专利权、商标专用权、发现权、发明权和其他科技成果权受到剽窃、篡改、假冒等侵害时，有权要求停止侵害、消除影响并赔偿损失。从这个规定中可以明确，科研过程中的剽窃、篡改、假冒等行为是被法律所禁止的。科研成果的获取和使用必须合法，这表明科研行为已经不仅是受到科学精神和学术传统召唤的活动，它还受到法律规范和道德标准的约束。

二、高校教师科研行为的特点

（一）科研行为是教学与科研相统一的体现

"科研与教学相融合"是现代大学遵循的一项基本教育理念，这一理念最早由19世纪初柏林大学创始人威廉·冯·洪堡提出。洪堡主张，大学应是一个不断探索和追求知识的场所，这种对知识的追求是大学不可或缺的基本原则。在这样的学术环境中，教师和学生都应致力于对学问的探索。教师的角色不仅是知识的传递者，学生的角色也不仅是被动的接收者。教师应通过研究来进行教学，使研究成为培养学生能力的主要途径，同时教学也应成为推动研究的一种手段。大学教师应当将研究过程中的思考和新发现直接融入到教学中，使学生能够在获取知识的同时，对研究产生兴趣并获得快速成长。从培养学生能力的角度来看，教学对于教师的研究是至关重要的。洪堡关于科研与教学相统一的原则，其核心在于科研活动应当以培养学生的能力和发展为根本目的。

在威廉·冯·洪堡的时代，大学的规模相对较小，学生人数也相对较少。作为学术研究的殿堂，大学的研究领域主要集中在哲学、神学、法学、医学等传统人文学科，而自然科学作为世俗学问在大学中尚未得到充分的关注。大学教师的科研动机相对纯粹，研究活动更多是出于个人兴趣。大学被看作是隔绝尘世的"象牙塔"，为教师和学生提供了一个宁静的研究环境和广阔的活动空间。大学教师对学问的研究主要集中在对哲学、神学及法学领域传统权威学说的注释和解释上，并在这些基础上融入自己的创新性思考，提出新的问题。这些领域的研究与教学活动紧密结合，相互促进。洪堡的办学理念使得柏林大学的声誉迅速提升，科研与教学相统一的原则也因柏林大学的成功而被美国、法国、英国等国家的大学所效仿，逐渐成为现代大学教育的基本理念。到了19世纪末，教学与科研并重的原则在大学中形成了广泛共识，成为世界各国大学普遍遵循的教育原则。在我国，各类高校也将教学与科研作为基本的办学原则，《国家中长期教育改革和发展规划纲要（2010—2020年）》更是强调了科研与教学的互动及与创新人才培养的结合。

在高等教育中，教学与科研的相互促进是高校教师科研行为的一个显著特征。虽然科学研究并不局限于高校，也不只有高校教师才能进行，但高校教师在进行科学研究时，其行为与其他研究机构的科研人员存在本质区别。尽管从表面上看，两者都是探索未知、创造新知识的认识活动，但高校教师的科研行为与学生培养有着密切的联系。高校教师的科研活动不仅能够引领学生体验探索和创新知识的乐趣，科研成果的取得也能激发学生对科学研究的兴趣，同时，科学研究给社会共同体带来的福祉也能培养学生强烈的社会责任感。

对于高校教师来说，科研是一种探索未知、创新知识的认知活动，同时也是教学内容和组成部分。科研与教学的统一，是高校教师科研行为与其他科研机构研究人员行为的最本质区别。德国学者卡尔·雅斯贝尔斯在评价科研与教学的关系时曾指出："科研和教学的结合是大学至高无上、不可或缺的基本原则。只有那些从事过科学研究工作的人才能真正地传授知识。最好的科研人员应该首先是大学教师。"

在我国，钱伟长院士也曾就高校教师与科研、教学的关系发表过看法："你不教课，就不是教师；你不搞科研，就不是好老师。大学必须拆除教学与科研之间的高墙，教学没有科研做底蕴，就是一种没有观点的教育，没有灵魂的教育。"这表明，高校教师的科研行为不仅是为了个人的学术成就，更是为了提升教学质量，培养学生的创新能力和批判性思维，从而实现教育的根本目的。

随着大学规模的不断扩张，大学教育已经从最初的精英教育转变为大众化教育，小班授课逐渐被大班教学所取代。学科领域的多样化发展，使得大学教师的科研活动也呈现出多样化趋势。在洪堡时代，大学以"为科学而科学"的纯科学研究为主，而现在，这种研究模式已经逐渐被基础研究、应用研究、开发研究，以及研究与开发所取代。高校教师科研的外部环境和内部条件都发生了巨大变化，教师的科研行为明显受到市场、政策及资金的制约。科研不再是教师的业余爱好，而是成为他们努力追求的活动，甚至逐渐演变成一种职业，科研与教学呈现出分离的趋势。

在这种环境下，科研在大学成为占主导地位的意识形态。教学成为试图与科研相斗争的意识形态，并且作为一种对立的、具有自我的项目，教学是寄生在科研作为一种意识形态的基础之上的。这在一定程度上说明科研与教学相统一的理念面临着严峻挑战。

从大学的发展过程来看，"教学与科研相统一"原则本身就是一个需要持续讨论的问题。虽然有人支持这一原则，但也有不少人提出质疑。教师群体中也有抱怨称很难同时兼顾教学和科研，但无论争议有多大，教学与科研都是大学的不变使命。大学不能为了获取利益和声誉而放任教师只进行有利可图的科学研究活动。事实上，一些获得政府资金或社会基金支持的大规模科研项目，不仅会给大学和从事具体研究的个人带来可观的收益，提升大学的社会声誉，但同时也会引发与大学教学之间的冲突。

为了避免教学和科研的本末倒置，大学通常会采取一些特别措施。美国一些知名大学的做法具有代表性，他们通常会选择另外成立相关但独立的实体专做这个项目，而不让其成为学校整体的一部分，麻省理工学院的林肯实验室就是这方面最好的例子。这种做法在美国大学具有示范效应，类似的实验室在英国、日本等国家的大学中也普遍存在。我国重点院校也不同程度地存在一些脱离教学的实验室和科研所，与美国大学所不同的是，我国大学的实验室或研究所的管理层和所长通常都由教授担任。

显然，让21世纪的大学一成不变地恪守19世纪初提出的"教学与科研相统一"的原则，并不算是大学的进步。但从美国大学采取的办法及其他国家大学纷纷效仿的情形来看，教学与科研相统一依然是现代大学坚持的理念。在此背景下，高校教师别无选择，只能边教学边搞科研或边搞科研边教学。对高校教师而言，这大概是教书匠与学者的区别。

（二）科研行为是对科学精神的传承

科学精神是一个抽象且难以具体界定的概念。科学是追求真理的研究活动，因此，科学精神应指代追求真理的内在动力和影响力。然而，这种内在动力和影响力的具体内容是什么，很难有一个统一的定义。科学社会学家罗伯特·金·默顿在《论科学与民主》一书中对科学精神的内涵进行了阐述。他认为，科学的精神气质是指那些约束科学家的情感色彩价值观和规范的综合体，这些规范通过规定、禁止、偏好和许可的方式表达，并借助于制度性价值而合法化。这些规范在不同程度上被科学家内化，形成了他们的科学良知，或者用流行的术语来说，形成了他们的超我。默顿将这种"必不可少"的规范视为科学精神的气质，并具体概括为四种规范：普适性、共有性、去私立性和有组织的怀疑。默顿的这些观点对科学精神的理解产生了深远影响。他的"四规范"说虽然承认科学研究是创新知识的过程，但更注重的是科学家的行为规范结构，即科学共同体的内部规范结构。因此，默顿所描述的科学精神的气质是指科学共同体在科学活动过程中的应然情形，并不代表科学研究的实然情形。这也导致默顿的"四规范"说自提出以来就备受质疑，这反映了人们对科学精神实质的不同理解。

作为学术组织，中国科学院在《关于科学的理念的宣言》中对科学精神也做了明确具体的描述。① 科学精神是对真理的追求，不承认任何亘古不变的教条，认为科学有永无止境的前沿。② 科学精神是对创新的尊重，创新是科学的灵魂，科学尊重首创和优先权。③ 科学精神体现为严谨缜密的方法，每一个论断都必须经过严密的逻辑论证和客观验证才能被科学共同体最终承认。④ 科学精神体现为一种普遍性原则，科学的大门应不分种族、性别、国籍和信仰地对所有人开放，科学研究遵循普遍适用的检验标准。这些描述进一步丰富了我们对科学精神内涵的理解，强调了科学精神在科学研究中的核心地位。

尽管不同个体或机构对科学精神的理解和表达存在差异，但都认同在寻求真理的征途中，科学精神的重要性是不可否认的。从古至今，科学家在追求科学真理的过程中展现出的坚韧不拔、孜孜不倦的精神，无疑是科学精神的具体体现。以意大利科学家布鲁诺为例，他坚定地支持日心说，尽管当时宗教权威将其视为异端，经过长达八年的迫害，布鲁诺最终在罗马鲜花广场的石柱上英勇牺牲。然而，300 年后，人们在同样的地点为布鲁诺竖立了一座铜像，以此纪念这位为科学献身的英勇斗士。

另一位伟大的科学家牛顿，在人类发展史上占有举足轻重的地位。他在物理学、数学和天文学领域的贡献，都具有划时代的意义。牛顿将其最伟大的科学成就——三大运动规律，写入了《自然哲学与数学原理》这部杰作中。出人意料的是，这部作品的出版得益于另一位科学家埃德蒙·哈雷的敦促和无私资助。哈雷作为一名科学家，一生成就斐然，让他名垂后世的是他的名字与宇宙中一颗彗星的名字紧密相连。

事情起因于哈雷向牛顿请教一个关于平方反比律的数学问题，牛顿给出了一个令哈雷惊叹且满意的答案。然而，哈雷渴望了解得出结论的计算过程。在哈雷的极力劝说下，牛顿闭门谢客两年，终于完成了这部杰作。然而，牛顿最初拒绝公开这部作品的核心部分。在哈雷的耐心劝说下，牛顿才拿出了手稿。哈雷亲自完成了著作的校对、编辑，并撰写了序言。更为困难的是，原本答应出版该作品的出版商突然反悔，认为一本晦涩难懂的数学原理的书不可能有好的销路。并不富有的哈雷支付了全部的出版费用，使得科学史上最伟大的著作得以诞生。牛顿因万有引力定律而名垂千古，令人敬仰。然而，哈雷为牛顿的成就所做的无私奉献，更让人由衷敬佩。即便是默默无闻的学者，也会尽自己的微薄之力，诠释科学精神的力量。

屠呦呦，一位杰出的中国药学家，致力于传统中药与现代医学的融合，她的主要贡献在于成功研发了革命性的抗疟疾药物青蒿素和双氢青蒿素。在2011年9月，她因青蒿素的发现和应用，荣获国际医学界高度认可的拉斯克奖。四年后，也就是2015年10月，屠呦呦被授予诺贝尔生理学或医学奖，以表彰她在医学领域的这一重大发现，她也因此成为首位获得科学领域诺贝尔奖的中国公民。在她的科研生涯中，屠呦呦展现了科学家应有的不懈追求和探索精神，她的成就不仅推动了人类健康和医学的进步，也为科学探索和真理追求提供了典范。屠呦呦不仅是科学精神的实践者，还在传承与发展中扮演了不可或缺的角色，她的工作和精神将继续激励未来的科研工作者。

在与企业科研团队和商业化科研机构相比较的背景下，高等教育机构的教师在进行科学研究时，往往更能坚守和传递科学精神。观察外部环境对大学科研活动的效应，尽管高校教师在创造新知识和创新技术方面也参与竞争，争夺优先权和独创性，但是由于高等教育机构本身的非营利性质，意味着其在培养人才、推动知识创新和服务社会等方面，并不追求经济利益。大学的公益性赋予了教师们在科研上一定的学术自主权，允许他们基于个人兴趣进行探究，这在高校中是一种普遍现象。由于教师们不直接承受市场压力，没有特定的商业目标，他们的研究内容不受强制性限制。此外，相对宽松的研究环境和不太激烈的研究竞争，为高校教师提供了更为适宜的土壤，使他们能够专注于科研本身，传承和发扬科学精神。

观察高等教育机构中教师科研的内容、目标和特色可以发现，基础研究占据了核心地位。基础研究旨在通过实验和理论工作，探索现象和可观察事实的基本原理，以及获取新的知识，它不追求任何特定的应用或实用目的。

在这种研究领域，高校教师扮演着至关重要的角色。基础研究的目的在于知识创新和探索，而非商业利益。它的成果通常通过论文和著作来体现，这些成果可能不会直接产生经济效益，甚至可能因为研究问题的前沿性而鲜有人问津。这种研究的特点要求科研人员必须具备长远的眼光和为科学真理探索而不计名利的精神。诺贝尔医学奖得主屠呦呦就是一个生动的例子。她从37岁开始专注于青蒿素的研究，直到85岁高龄，依然坚持在青蒿素药性研究的道路上。她的工作在获得诺贝尔奖之前几乎是默默无闻的，但她的贡献对降低疟疾患者的死亡率起到关键作用。高校教师作为基础研究的主力军，无论是因为对科学精神的个人崇尚，还是因为基础研究本身的特性所要求，都自然而然地承担起了传承科学精神的责任。

从高等教育机构教师科研的内在影响出发可以看到，一个拥有科学精神的教师在教学和指导学生的过程中，对学生产生的影响是深远且重要的。科学研究不仅需要产出高水平的成果，还需要重视培养具有高水平科研能力的人才。正如俗语所说，"青出于蓝而胜于蓝"，这不仅是指在知识上的传递和继承，更包括科学精神的传递和继承。因此，高等教育机构的教师承担着传递和继承科学精神的重要责任。他们在科研和教学的过程中，通过自己的言传身教，引导学生理解科学研究的真谛，激发学生对科学的热爱和追求，培养学生们的科研能力和创新思维。通过这样的方式，高校教师为科学事业的发展贡献了自己的力量，也为社会培养出了一批又一批具备科学精神和创新能力的人才。

第三节　高校教师科研能力的现状与培养

一、高校教师科研能力的现状

（一）高校教师是科学研究的主力军

高等教育机构作为社会的学术中心，其在社会发展中的角色和承担的社会责任包括教书育人、科学研究及服务社会。学术活动和学术使命是高校存在的基础。自 19 世纪初柏林大学确立科学研究职能以来，知识创新已经成为高等学校工作的重要组成部分。历史上，许多对经济发展有显著推动作用的科技发明都源自高校，而影响人类生活方式的重大科研成果中，有 70% 是在高校中产生的。在我国，高校在推动技术进步、社会发展和经济发展方面也扮演着极其重要的角色。在科研人员的数量上，我国高等教育机构从事科研活动的教师人数是相当可观的。此外，在科研经费支出方面，我国各类高校同样是一支不可忽视的力量。

（二）各类科研成果数量多但质量有待提高

高等教育机构中教师的科研成果主要通过专著、论文的发表及专利申请和授权的数量来体现。教育部科学技术司每年发布的高等学校科技统计报告详细记录了各高校在基础研究、应用研究及应用开发领域取得的成就。这些报告包含了高校每年出版的专著、发表的论文，以及提交和获得的专利的精确数据。从历年统计数据来看，高校教师在出版专著、发表学术论文，以及提交专利申请和获得专利授权方面的数量呈现出稳定的增长趋势。高校教师的科研产出呈现出连续增长的状态，他们在科研成果数量增长方面所做的贡献是相当显著的。这不仅体现了高校教师在科研工作上的努力和成就，也反映了我国高等教育机构在科研创新方面的整体进步。

在对比高校教师科研成果的质量与数量时，质量方面的评价并不那么令人满意。尽管从国家自然科学奖、国家发明奖、国家科技进步奖的获奖情况来看，高校教师与其他国内科研机构和组织相比，仍然是获奖的主要力量。然而，如果从高校教师出版的专著、发表的论文被引用的频次，以及专利申请、专利授权的数量与全国申请数量及授权数量相比较，略显不足。

从高校教师出版的专著来看，虽然数量较多，但被引用的频次并不高，这可能反映出专著的质量和影响力有待提高。在学术论文方面，尽管高校教师发表的论文数量庞大，但被引用的频次相对较低，这可能说明论文的创新性和学术价值有待加强。在专利申请和授权方面，高校教师的数量与全国申请数量及授权数量相比，也显得不够突出。这可能意味着高校教师在专利创新和应用方面的能力有待提高。

总的来说，虽然高校教师在科研成果的数量上表现出色，但在质量方面，尤其是在专著、论文的引用频次及专利申请和授权方面，还有较大的提升空间。这也提示我们，高校教师在追求科研成果数量的同时，应更加注重成果的质量和影响力，以提升我国科研水平的整体质量。

我国在科研领域的发展不仅要注重论文数量的增长，更应关注科研成果的质量和影响力。为了提高我国科研成果的国际竞争力，需要加大对科研创新的投入，鼓励科研人员开展原创性研究，提高科研质量和学术水平。同时，也需要加强与国际科研领域的交流与合作，借鉴和学习先进国家的成功经验，以促进我国科研事业的全面发展。

尽管在数量上中国专利的增长速度迅猛，但在专利质量上仍有提升空间。其中一个原因是美国的专利申请主要来自高等院校或企业，而中国的专利申请大部分来自企业或个人申请者，这可能导致知识产权的质量不稳定。汤森路透对中国专利质量的判断可能并不完全客观，但它确实反映了一个基本现实：与中国专利申请数量及授权数量的快速增长相比，我国高校在专利申请与专利授权方面的表现还有很大的提升空间。这一现象提示我们，高校在科研创新和知识产权保护方面需要进一步加强和提升。

（三）高校教师对知识产权认识不足

为了解教育界对知识产权的认知情况，进行了一项小范围的访谈研究。本次访谈共邀请了 15 位教育工作者参与，其中包括 6 位教授、5 位副教授和 4 位讲师。在学历背景上，有 11 人拥有博士学位，4 人拥有硕士学位。这些访谈对象分别来自金融、数学、经济、法学、交通运输工程、航天测控等不同的专业领域。

在访谈中，设计了 12 个问题，其中 7 个问题专注于对知识产权的认知。这些问题包括：① 知识产权包含哪些权利？② 知识产权是什么性质的权利？③ 知识产权制度保护什么？④ 知识产权应该受保护吗？⑤ 知识产权制度对基础研究及应用研究有影响吗？⑥ 承担国家资助的课题，项目完成后其科研成果属于谁？⑦ 从保护知识产权出发，对科研过程中的严重抄袭和造假应该怎样处罚？

通过对这些问题的回答进行分析发现，教师们对知识产权的认识存在一定的不足。这表明，在高等教育领域，加强对知识产权教育和认知的重视是非常必要的。通过提高教师对知识产权的理解和认识，可以促进学术界的科研创新，并有效保护科研成果的合法权益。同时，这也将为高校教师在科研过程中的合规行为提供指导，减少抄袭和造假等不端行为的发生，提升整体的科研诚信水平。

在访谈中，几乎所有受访者都能清楚地认识到知识产权所包含的权利，他们普遍认为知识产权应该涵盖著作权、专利权和商标权。然而，当被问及"知识产权制度保护什么"时，大多数受访者无法提供准确的描述，尽管如此，他们一致认为知识产权应当受到保护。

关于知识产权的性质，只有 4 位受访者能够明确地指出它是一项财产权，而其他受访者大多数表示之前并未深入思考过这个问题。大多数受访者认为知识产权制度对于应用研究或技术领域的研究有着较大的影响，而对基础研究领域的影响则较小，甚至有人认为基础研究不受影响。

对于国家资助的科研项目，科研成果的归属问题是一个复杂的话题。在受访人群中，有 8 人认为科研成果应归功于参与项目研究的教师，3 人认为应归教师所在学校所有，而 4 人对此表示不太明确。

在对待科研中的严重抄袭和造假问题上，13 人认为应当依据校纪校规进行处罚，2 人认为应当受到法律制裁。这些数据显示，教师们对知识产权制度的认识存在不足，这可能会导致在科研过程中出现行为上的偏差。因此，加强知识产权教育，提高教师对知识产权的认识和尊重，对于维护科研诚信和促进学术创新至关重要。

二、教师教育科研能力提升的必要性

教师的教育科研能力是指教师在教育教学过程中，通过参与各种教育教学活动和实践研究，进行创新和整合的能力。这种能力首先体现在教师对亲身经历的教育实践和教育现象进行深入探究和分析，能够从中发掘新问题和现象的深层意义。在日常教学工作中，教师应培养勤于思考的习惯，并经常审视自身教学中需要改进的地方，以此促进理性思维的形成。

教师教育科研能力的进一步发展涉及对新的教育问题、思想、方法等方面的深入探索和创造性思考。教师需要运用广泛的经验和知识，创新性地形成解决新问题的方案。通过不懈的探索和研究，教师的教育研究能力将自然提升到一个更高的层次，从而形成教育智慧，这标志着教师专业技能的成熟和提升。

在高等教育领域，教师的研究工作通常与自己的教学实践相结合。毫无疑问，教师从事教育科学研究是提高高校教育质量和提升教师专业技术水平的必要途径。通过教育科研，教师不仅能够更新教育理念，改进教学方法，还能够为学生提供更加丰富和深入的学习体验，从而促进学生的全面发展和教育事业的进步。

（一）提升教师教研能力是新时期高校教育发展的要求

在全球化和信息化快速发展的当今世界，高等教育领域已经发生了深刻的变革。这些变革体现在教育理念、人才培养、课程改革、教学内容和管理模式等多个方面。新的教育理念对教师的个人素质和教学研究能力提出了更为具体的要求，包括整合和塑造教学要素的能力、教学合作与沟通能力、开发学生自主学习和创新潜能的能力、教学研究能力，以及教学创新能力。

这种教育理念鼓励教师跳出传统的框架，根据学生的个性特点进行因材施教，充分激发学生的创新精神和内在潜力。新教育理念倡导设定具有调整空间和弹性的教学目标，要求教师在具体的教学情境中，以敏锐的思维灵活应对和处理教学中的各种问题。同时，新教育理念追求教育内容的多样性、疑问性、启发性和问题的开放性，以此作为增强学生创新探索新领域能力的契机。

英国学者斯腾豪斯提出的"教师即研究者"的观点，强调了教师在课堂教学中应采取探究的方法，而不仅是单纯的讲授和灌输。这一观点要求教师尽快转变角色，摒弃传统教学模式，以启发者和研究者的身份出现。在课程改革中，教师应将每一间教室变成新课程的实验室，投入更多时间从事成效显著、富有创新性的实践活动，与学生相互影响、讨论、激励和鼓舞，共同探索新的知识领域。这些变化对教师的素质提出了更高的要求，也为教师的专业发展提供了新的方向和机遇。

（二）教师教研能力培养为提高教学质量提供了条件和保障

观察西方发达国家在高等教育质量建设方面的经验可以发现，提升高校教师的教学水平和促进教师的专业发展，关键在于激发教师参与教育科学研究活动的热情。提高教育质量不仅依赖于高校增加资金投入和强化教育教学行政管理，更重要的是要通过建设一支高水平的教师队伍，推动创新性教学来实现。这就要求高校教师不断地对自身的教学活动进行探索和研究，对教学过程中出现的问题和现象进行分析，审视自己的教学工作，找出需要改进的地方，并综合考虑影响课堂教学效果的各种因素，如教学内容是否充实、教学手段是否现代化、教学过程中与学生的沟通互动是否有效等。

在整个教学过程中，教师需要通过教育教学研究来深入探究教学问题，寻找解决方案，以实现在有限的时间和空间内达到最理想的教学效果。因此，为了提高高等教育教学质量，应该从培养教师的教育科研能力入手，将教育科研的成果应用于教学实践，以此来推动教育改革，提升教学质量。这种做法不仅能够促进教师的专业成长，还能够为学生提供更加优质的教育体验，从而培养出更多具有创新能力和批判性思维的人才。

（三）教师教育科研能力培养是提高教师专业技能的基本要求

教师的教育科研能力是其教学能力的关键组成部分。如果教师希望提升自己的教学水平，那么提高教育科研能力是必不可少的。由于教师职业的专业化特征，教育科研能力的培养对于提高教师的专业技能至关重要。教师的专业发展涵盖了学科专业性和教育专业性两个方面。国家对教师任职资格的要求不仅设定了学历标准，还要求教师具备相应的教育知识、教学能力和职业道德。

在当前形势下，国家对教师的专业知识和技能的要求日益提高。专业知识涵盖了学科知识和教育教学知识等方面，而专业技能则包括教学技术和教学能力两个层面。专业知识和技能的提升是一个长期的过程，需要通过持续的学习和实践积累。例如，计算机操作和教育教学技能的熟练掌握和灵活应用，以及在教育科学研究中运用创新思维，对研究课题进行调查研究、案例研究等方法的反复分析和论证，最终解决教学问题。

在这个过程中，教师的知识视野将不知不觉地得到拓宽，专业技能也将得到提升。因此，教师教育科研能力的培养不仅是教师专业发展和提高专业技能的基本要求，也是高校教师在开展教育教学活动中应具备的基本素质。通过教育科研，教师能够不断更新教育理念，改进教学方法，提高教学质量，从而更好地满足学生和社会的需求。

（四）教育科研能力强的教师方承担教育的改革和创新

教师的职业特性要求他们能够随时应对未知的教学困难和挑战。教师需要面对众多学生，每个学生都有独特的个性和需求，同时，教育内容也随着时间的推移而变得更为复杂。教师必须根据学生的个体差异、教育环境的变化，以及教育内容的发展，灵活调整教学策略和方法，以培养创新型人才为目标。

随着教育教学改革的深入，教师需要加强课堂教学与实际生活的联系，打破封闭的教育教学模式，并接受新的教学理念以取代传统观念。这要求教师不仅要更新自己的知识和技能，还要教会学生如何掌握这些知识和技能，同时要适应学生因社会环境变化而发生的变化，并相应地调整教育教学活动的方法。

教师应根据教学实践的要求进行周密的思考和创新，增强探究意识，打下坚实的教育科研基础。只有深入研究教学实践和现象问题，才能真正理解教育教学的规律，轻松应对教育教学中出现的未知挑战，从而达到更高的教育教学境界。

在现实社会中，由于人际交往途径和网络媒体的迅速发展，学生能够通过多种渠道获取信息，这减少了对教师的依赖，也削弱了学生对教师的敬仰和服从心理。学生开始质疑教师教育教学活动的能力，尤其是对于那些缺乏独立思考和见解的教师。为了在学生中保持良好的形象，取得预期的课堂教学效果，教师必须进行教育科学研究，不断钻研，提升专业技能和研究能力，以具备使学生信服的学识和素质，在学生心中树立起良好的职业形象，从而适应高等教育改革和创新的需求。

三、影响教师教育科研能力提升的因素

（一）教师自身因素查摆

在高等教育领域，教师个人因素对于教育科研能力的发展起着决定性的作用。教师的心理状态和内在动机直接影响到教学行为的执行，例如，教师在其教育生涯中设定何种目标，对职业发展有何种期望，这些都对他们的教学实践和职业生涯产生了深远的影响。因此，教师的教育科研能力提升与教师个人的主观意愿和动力紧密相连。

教师的教育科研能力发展不仅受到教师个人兴趣和动机的影响，还受到教师对自己角色的认知和期望的影响。如果教师将自己视为知识的传递者和学生的引导者，他们就会更倾向于采用探究和研究的方法来提高教学效果。相反，如果教师仅将自己视为知识的传授者，他们可能就不会那么积极地参与到教育科研中。

此外，教师的教育科研能力还受到教师个人价值观和教育信念的影响。如果教师坚信教育的目的在于培养学生的批判性思维和创新能力，他们就会更倾向于采用教育科研的方法来探索如何更好地实现这一目标。如果教师的教育信念更偏向于知识的记忆和重复，他们可能就不会那么重视教育科研。

因此，要提高高校教师的教育科研能力，就需要从教师个人因素入手，

激发教师的主观意愿和动力，培养他们的探究精神和研究能力，同时也需要提供相应的支持和资源，如培训、时间和经费等，以帮助教师更好地发展他们的教育科研能力。

1. 教师的思想观念存在误区

在教育界，教育科研对于提升教育质量和教师素质的重要性已经得到广泛的认同和支持。然而，在一些高等院校的教育科研实践中，仍然存在着一些思想误区，这些误区阻碍了教师参与教育科研的积极性。首先，一些教师对教育科研的重要性缺乏深刻理解，将教育科研视为额外的负担，错误地认为只要做好课堂教学就足够了，教育科研与自己的职责无关。其次，存在对教育科研的偏颇观念，过于重视科学研究而忽视了教育科研的价值和作用。再次，一些教师面对教育科研时感到畏难，他们可能认为自己知识储备不足，缺乏必要的资料和信息，从而将教育科研视为难以克服的难题。即使有些教师有信心和时间从事教育科研，也可能因为不了解教育研究课题的选择范围，或者不清楚教育研究的程序和特点，而感到无从下手。最后，有些教师脱离实际，追求不切实际的目标，他们可能认为教育科研就是承担项目，并且盲目追求教研项目立项的"高大上"，希望立项"国家级"或"省级"等教研项目，认为只有这样才能算是进行了研究。

为了克服这些误区，需要从多个方面入手。首先，高校应该加强对教师的教育科研培训，提高他们对教育科研的认识和理解。其次，应该鼓励教师根据自己的实际情况和兴趣选择研究课题，避免盲目追求"高大上"的项目。再次，高校应该提供必要的支持和资源，如提供研究经费、建立研究平台、组织学术交流等，以帮助教师更好地开展教育科研工作。最后，教师自身也应该积极参与到教育科研中，通过实践和研究不断提升自己的专业素养和研究能力。只有这样，教育科研才能真正发挥其应有的作用，提升教育质量和教师素养。

2. 教师素质阻滞教研进程

教师对于教育科研的态度和观念，直接影响他们是否愿意投身于教育科学研究。而教师自身的综合素质，则是决定他们能否在教育科研领域取得成功的关键。这种素质包括专业文化素养、理论素养，以及教育创新等多方面。教师应当主动学习和充实自己的学科专业知识，对教育科学研究充满热爱，认真掌握教育学等应用性理论知识，以此提高自己的专业课教学和科研能力。

要提高高校教师的教研能力，要求教师自身的投入和学习，潜心研究，全力以赴。这就要求教师从思想上高度重视开展教育科研的必要性，明确认识到教育科研在教育教学中的地位和作用。

高校教师参与教育科研时，必须摒弃一些错误的思想观念。他们需要打破过时的教育研究观念的束缚，消除阻碍教育科研进程的模糊认识和负面因素。通过培训、学习等多种途径，教师应当明确认识到教育科研是课堂教学不可或缺的重要环节，教育科研能力是教师职业生涯的必备素质，而教师本身是教育科研的决定性力量。这样的理念将引导教师把教育教学工作与教育科研视为自身发展的两个重要方面，将二者紧密结合起来，相互促进，相互依存，形成一种互为补充的关系。

（二）高校管理机制分析

在提升教师教研能力的过程中，除了教师个人因素起到关键性作用之外，高校的管理机制同样对教师的教研能力提升产生显著影响。

首先，教研管理制度是高校管理教育科研工作的基础。高校对于教育科研的管理理念和相关制度，将直接影响到教育科研效能的发挥。一套完善的教育科研管理制度能够有效推动科研工作的开展，激发教师主持或参与教研项目的热情，从而提升高校教育教学的整体质量。

其次，评价考核机制在教师发展中扮演着重要角色。高校对教师的评价方法和考核指标，尤其是那些与教师切身利益密切相关的职称评定和专业岗位聘用，都会对教师产生深远影响。教研成果在人事考核中的地位和所占权重，以及高校采取的评价和导向机制，都将直接影响教师从事教育科研的积极性和态度。

最后，成果奖励政策也是激励教师积极参与教研的重要因素。高校相关部门制定的教研成果奖励政策，包括对不同级别的教研成果的奖励和教研项目的资金支持力度，都将对教师参与教育教学研究的意愿和教研能力的提升产生积极影响。通过奖励政策，高校可以鼓励教师追求卓越，促进教育科研的持续发展。

四、提升教师教研能力的方法和策略

（一）教师自身提升教育科研能力的方法

为了进一步深化教学改革，必须探索一些新的课堂教学思维方式。通过运用恰当的教育科学研究方法，可以寻找合理有效的途径来提升教师的课堂教学能力。

1. 立足课堂，观察分析

为了增强课堂教学的效果，应当引导教师将注意力集中在课堂教学上，并采取相互观摩的方式进行教学研究。这种方法鼓励教师立足于课堂，运用教育研究方法中的观察法，带着明确的研究目标，利用自己的感官，以及录音、录像等辅助工具，直接从课堂环境中收集数据，然后根据这些数据进行相应的分析研究。

通过观摩后，教师可以对某些事先确定的、共同关注的课题进行深入的研究、讨论和分析。这种集中研究主要问题的方法，旨在改进教学效果，提升教学水平。作为观摩者的教师应以学习、研究和指导的态度参与观摩活动，将研究融入到教学之中，以研究促进教学。

学校内教师之间的相互听课和研讨，能够帮助教师将观摩中获得的认识和收获应用到课堂教学中，从而积极地进行教育教学研究，改进教育教学方法，完善教育教学手段，努力提升教学技能，最终实现以学生为中心，切实提高课堂教学的效率。这种观摩研究法对所有参与的教师都极具价值，且适用于不同层次和类型的教师，对他们教研能力的提升大有裨益。

2. 运用案例，悉心探究

提升教师的教研能力，可以采取运用典型案例的研究方法，激发研究者的创造性思考。通过深入分析案例，从特殊到一般，透过表面现象洞察教学本质，揭示教学规律，从而提炼出具有指导性的原则和方法。

专业理论教师在开展教学案例研究时，应根据具体的教学目标，精心选择一两个或几个代表性的课堂教学实例。然后，依据相关教育教学理论，对教学活动中的问题进行深入分析和研究，提出解决课堂教学活动中遇到难题的方法或策略。这种方法能够促使教师更加关注教学实践，反思自己的教学行为，从而改进教学方式，推动教师的专业化发展。

同时，其他教师也可以在自己的教学或听课过程中，根据自己对教学的思考，结合教学理论，撰写教学案例。在撰写过程中，教师应及时查阅相关资料，以便更好地理解和解决教学中的疑惑，自觉地充实和更新自己的教学理论知识。

这种教学案例研究方法不仅有助于提高教师的教学能力和教研水平，还能够促进教师之间的交流与合作，共同探讨教学问题，分享教学经验，为提升整体教育教学质量作出贡献。同时，这种方法也适用于不同层次和类型的教师，对他们专业发展具有积极的推动作用。

3. 总结经验，归纳整理

在教育科研的领域中，经验总结研究法是一种有效的方法，它可以帮助教师提升教育科研能力。这种方法涉及全面搜集和分析反映教育实践经验的材料，通过这些材料，教师可以发现教学中的问题，形成新的教学思路，并制定出改进教学行为的方案。

教师应当细致记录在教学过程中遇到的问题、学生的反应、教学效果等，然后对这些现象进行分析和整理，以便形成更深入的理论认识。这些理论认识可以指导教师未来的教学实践，帮助他们更有效地解决教学中遇到的问题。

通过这种方式，教师可以不断积累经验，逐步提升自己的专业技能。

他们的教学行为会随着经验的积累而发生质的改变,从而更好地满足学生的学习需求,提高教学效果。这种经验总结研究法适用于所有类型的教师,无论他们的教学经验丰富与否,都可以通过这种方法提升自己的教育科研能力。

4. 发现问题,研究课题

教师在教育教学的日常工作实践中,经常会遇到各种困惑和问题,或者对某些教学现象产生兴趣,这些都会激发教师寻找解决方案和研究方法的欲望,从而形成研究的课题。在课题研究的各个阶段,包括选题、方案设计、研究实施、结果表达和实践应用,教师需要主动培养"问题意识",这有助于教师在教育教学中进行深入反思,不断拓展研究思路,学习搜集、处理和提取信息的方法。

为了提高教育科研能力,教师应注重学习先进的教育理论和教育科研方法,思考如何将理论知识应用于解决实际教学问题。通过这种方式,教师可以在课题研究中不断提升自己的教育科研能力,为教育教学改革和发展做出贡献。同时,这种研究过程也有助于教师形成敏锐的观察力,发现教学中的问题,形成新的教学思路和方法,提高教学效果。

总之,在教育科研中,教师应主动培养问题意识,不断拓展研究思路,学习先进的教育理论和科研方法,注重理论知识在实际教学中的应用,从而在课题研究中提升自己的教育科研能力。这种能力提升将为教师的专业发展、教育教学改革和创新提供有力支持。

(二)高校提升教师教育科研能力的策略

1. 更新思想观念,充分重视教育科学研究

当审视中国高等教育的发展轨迹时可以发现,国务院和教育部在近几年发布的相关教育教学成果奖励条例,以及旨在加强高等学校本科教学工作、提升教学质量的一系列文件中,都将教育教学研究视为提高教学质量的关键要素,并将其写入政策文件中。这些文件明确指出,高等教育应以人才培养

为核心，不断推动教学质量的提升，并要求高校通过立项等机制激励教师重视教学研究。

高等教育的发展实践表明，高校政策制度的制定、教师的专业成长、人才培养质量的提升及教学改革的深入，都离不开教育教学研究的有效推进。教学研究能力是教师教学能力的关键组成部分，对提升教学能力有着直接影响。

因此，必须深刻理解教育教学研究对学校改革和发展的重大作用，并从根本上重视高校的教育教学研究。高校应加强管理力度，增加资金投入，以帮助教师增强教育科研意识。教师作为教育科研的主体力量，应从思想和行动上重视教育科学研究，抓住机遇，完善自我，积极投身教育科学研究，努力提升自身的教育科研能力。通过这样的努力，可以期待高等教育质量的持续提升，为社会发展培养更多高素质的人才。

2. 加强管理力度，为教师教育科研提供指导帮助

提升教育科研的管理水平，对于推动教学研究的深入进行至关重要。通过实施规范化管理，可以加强对教育科研活动的监督，确保研究工作按照既定目标和要求进行。这包括制定一套既合理又符合学校实际情况的教育科研管理制度，确保教研项目的立项质量，强化研究过程中的管理，以及严格执行结题验收程序。

通过这些措施，可以显著提高教研项目的管理水平，从而保障教育研究的质量，培养出具有实际应用价值的优秀教育科研成果。同时，为了确保这些成果能够得到有效的推广和应用，需要建立一个专门的教育科研成果推广应用平台。

这样的平台能够促进教学成果的广泛传播和实践，使得研究成果不仅停留在理论层面，而是能够真正地应用于人们的日常生活和社会发展中，发挥其应有的价值。通过这种方式，可以最大化地利用教育科研成果，推动教育教学的持续改进和社会的进步。

3. 鼓励教师参加研究，重视教研项目立项和研究成果奖励

教师参与或领导不同级别和类型的教学科学研究项目是教育研究活动中的核心实践。为了鼓励和促进这种研究活动，高校需要对其现有的教师评价体系进行改革。这意味着要改变过去那种过分强调科学研究而忽视教学研究的评价和考核机制，将教学研究的评估标准作为教师评价的重要部分，从而确保教育教学研究能够获得与科学研究相同的重视程度。

同时，为了进一步激发教师参与教学研究的热情，高校应当加大对教学成果和教育教学研究论文的奖励力度。通过实施奖励政策，可以有效地调动教师参与教学研究的积极性和主动性。这种奖励措施不仅能够认可和表彰教师在教学研究方面的努力和成就，还能够鼓励更多的教师投入到教学研究中，促进教育教学质量的提升。

通过这些改革措施，可以期待教师在教学研究上的更多创新和实践，进而推动整个教育领域的进步和发展。

4. 组织教育科研培训，努力提升教师的研究潜能

为了提升教师的教育科研能力，组织多样化的教育科研培训是至关重要的。首先，教务部门应当将教学研究培训纳入教师教学培训体系之中，实现教学培训和教学研究培训的有机结合。这样，教师可以在提升教学技能的同时，也能够学习到如何进行教学研究。

其次，教学研究管理部门需要开展多种形式的教学研究培训，并且要分层次、分类别地进行指导。这种培训应当考虑到教师的教学时间、学历背景、教学能力，以及他们已经发表的教研成果。同时，还应当综合考虑教师的教研兴趣和经历，将教师分为不同的层次，以便更有针对性地开展培训工作。

首先，在培训过程中，教师应当被引导围绕自己的教学工作展开研究，关注当前教学改革的实际情况，选择自己熟悉的领域进行深入研究。研究应当注重实用性，结合教学实践选择具有应用价值的课题进行研究。

其次，教师需要学习和领会教学研究理论和研究方法，以便在理论的指导下，采用科学的方法开展教学研究。这不仅包括理论学习，还包括实际操作，例如，如何设计研究方案、如何收集和分析数据、如何撰写研究报告等。

最后，教师需要将研究成果应用到实际教学中，通过教学实践来验证和推广研究成果。在这个过程中，教师应当持续探索，全身心投入到高校教育教学改革及研究工作中，以此不断提升教学质量，促进学生的全面发展。

第七章　高校教师管理能力的培养

高等院校的课堂教学管理对于实现教学目标、促进学生全面发展具有至关重要的作用。然而，在我国的高等教育管理实践中，存在一些问题，这些问题在一定程度上影响了高等教育的健康发展。为了改善这一状况，需要针对当前高校课堂管理中存在的问题，提出相应的管理提升策略。

第一节　高校教师的课堂管理能力

一、课堂管理概述

（一）课堂管理的概念

课堂教学管理是教师为了确保教学活动能够顺利进行，而进行的一系列协调和控制工作。这个过程中，教师需要综合考虑课堂中的人与事、时间与空间等各种教学因素及其相互关系，以便构建一个有序的教学环境。这样的环境能够鼓励学生积极参与教学活动，进而有助于实现预设的教学目标。课堂管理是课堂教学过程的一个关键组成部分，它确保教学活动的开展、教学任务的完成，以及教学目标的实现。

教育心理学者、教育管理者，以及教师对于课堂管理的理解是一个逐步深化和扩展的过程。在 20 世纪 50 至 20 世纪 70 年代，课堂学习管理主要集中于控制学生的问题行为和处理学生的消极行为，如处理学生的不良行为

（纪律问题）。因此，当时的教师常常采取一些限制性的措施来管理课堂。然而，这种做法并没有减少课堂上的问题行为，反而可能导致问题行为数量的增加和程度的加剧。

需要明确的是，课堂管理和纪律虽然密切相关，但它们并不完全相同。课堂管理涉及的是教师在课堂上管理学生学习的行为和活动，而纪律则是指学生行为的适当标准，这些标准体现在课堂活动中，并表现为具体的任务。换句话说，教师通过采取特定的方法和措施来处理学生的行为问题，以减少这些问题的出现。

在最近几年，课堂管理的概念已经发生了显著的变化。许多教育家、学者和教育管理者认为，课堂管理应当更加注重促进学生积极的学习行为和追求成就的行为。这意味着教师应该创造一个能够鼓励学生积极学习的教学环境，并预防问题行为的出现。这种新的课堂管理理念强调的是积极的行为支持和学生的自主性，而不是单纯的纪律控制。通过这种方式，教师可以帮助学生更好地参与学习，提高他们的学习成效，同时也能够减少课堂上的冲突和干扰。

（二）课堂管理的功能

1. 课堂管理的维持功能

在课堂教学过程中，维持良好的内部环境是至关重要的，这有助于确保学生的心理活动始终聚焦于课堂，从而保障教学任务的顺利完成。课堂管理的维持功能主要表现在以下几个方面。

首先，在课堂上可能会随时发生一些突发事件，这些事件有可能破坏原有的师生关系和学生关系。通过有效的课堂管理，教师可以缓和并解决各种冲突，从而维持和谐的人际关系。

其次，课堂管理需要制定一套符合教学目标的课堂行为准则。这样的准则有助于协调课堂教学的步骤，确保课堂纪律得到维护。这不仅有助于营造一个有序的学习环境，还能促进教学活动的顺利进行。

再次，课堂管理对于维持良好的课堂气氛也具有重要意义。一个积极、和谐的课堂氛围可以帮助学生更好地适应环境的变化，使他们能够更加专注地参与教学活动。

最后，课堂管理还有助于调节课堂教学过程中的过度紧张和焦虑，维护学生的身心健康，并矫正可能出现的问题行为。通过有效的课堂管理，教师可以确保学生在学习过程中保持良好的心理状态，从而提高他们的学习效果。

总之，课堂管理的维持功能在确保教学任务顺利完成、促进学生全面发展方面发挥着至关重要的作用。教师应当充分认识到这一点，并采取相应的措施来加强课堂管理，为学生创造一个良好的学习环境。

2. 课堂管理的促进功能

课堂管理的促进功能是指教师在课堂上创造一种有助于教学顺利进行的组织结构和积极的学习氛围，以满足课堂上每个个体和集体的合理需求，同时激发学生的潜能，以促进他们的学习。这种功能通过以下几种方式发挥作用。

首先，教师需要协调好课堂内的各种人际关系，建立起一种尊重教师、爱护学生、团结协作的师生关系，以及一种互帮互助、团结友爱的学生关系。在这种良好的关系氛围中，师生可以共同为教学目标而努力。

其次，教师应当正确处理课堂中不同群体的关系，促进班级集体结构的完善。这有助于班级形成一个更加稳定和和谐的整体，使教学活动能够在更加有序的环境中进行。

再次，创造一个良好的课堂氛围对于促进学生遵守课堂规范至关重要。当学生在一个积极、安全的环境中学习时，他们更有可能遵循规则和指导，从而有助于维护课堂纪律。

最后，明确教学目标对于确保课堂活动能够按照预定的方向前进至关重要。当学生清楚地知道学习目标时，他们可以更有目的地参与教学活动，这有助于提高学习效率和成就。

通过这些途径，课堂管理的促进功能不仅有助于提高教学效果，还能够为学生提供一个积极、健康的学习环境，从而促进他们的全面发展。教师应当重视这些功能，并在实际教学中采取相应的策略和措施。

3. **课堂管理的发展功能**

越来越多的研究者将课堂管理视为教学活动的一个核心组成部分，他们认识到课堂管理不仅是为了维持秩序，更是一种教育实践。这些研究者认为，通过课堂管理，教师可以传授给学生一些重要的生活准则，引导他们从依赖外部规范（他律）逐渐转向自我约束（自律）。这种转变有助于学生发展自我管理能力，培养他们的责任感和独立性，从而逐步促使他们成长为成熟、自律的个体。

课堂管理的这种发展功能，体现在它能够教育学生理解和遵守规则，学会在集体中与他人和谐相处，以及如何在学习和生活中自我激励和自我监督。通过这种教育作用，课堂管理不仅有助于提高学生的学习效率，还能够在更深层次上促进他们的个人成长和社会化进程。

因此，课堂管理不应被简单地视为一种控制手段，而应当被看作是一种重要的教育资源和策略。教师应当充分利用课堂管理的机会，通过建立合理的规则、营造积极的学习氛围、引导学生自我反思等方式，促进学生自我管理能力的提升，帮助他们成为能够独立思考和自我驱动的人。这种发展功能是课堂管理中不可或缺的一部分，对于学生的全面发展和未来的成功至关重要。

（三）课觉管理的目标

课堂管理的核心目的并不仅是为了维持课堂的秩序或者简单地驯服学生，它的深远意义在于促进学生的全面学习和个性发展。这一目标的实现，是课堂管理真正价值的体现。课堂管理的目标导向性，意味着它应当服务于学生的成长需求，帮助他们构建知识体系、培养能力、形成积极的价值观和自我认知。

1. **争取更多的时间用于学习**

课堂管理的关键目标之一是最大限度地增加学生投入到学习活动中的时间。研究与实践均表明，学生投入到学习中的时间越多，他们的学业成绩往往越出色。然而，学生可用于学习的时间是有限的，学校已经对教学时间、自习时间、劳动时间、休息时间等进行了明确的规定和安排。因此，教师的任务是在规定的教学时间内尽可能地为学生争取更多的学习时间。

为了实现这一目标，教师可以采取直接和间接两种策略。直接策略与争取时间的直接相关，包括但不限于以下几点：教师应当避免无故缺课、准时上课避免迟到早退，以及确保课堂秩序尽快稳定下来，以便学生能够迅速进入学习状态。这些都是学校对教师的基本要求，也是确保教学时间得到有效利用的前提。

间接策略则涵盖了课堂管理的各个方面，例如，处理学生的不良行为。通过有效的课堂管理措施，如制定清晰的行为规范、建立积极的课堂氛围、促进学生之间的互助合作等，教师可以减少课堂上的干扰和纪律问题，从而间接地为学生们争取到更多的学习时间。

总之，课堂管理不仅是为了维持秩序，更是为了优化学习时间，提高学习效率。教师应当充分认识到自己在课堂管理中的责任和作用，采取恰当的策略和措施，为学生创造一个有利于学习的环境，使他们能够在有限的时间内获得最佳的学习效果。

2. 争取使更多的学生投入学习

在每一个课堂活动中，都存在一套特定的参与规则，这些规则指导着学生如何在不同的教学活动中进行有效参与。这些参与规则，通常被称作参与结构，它们明确规定了学生为了成功融入某项活动，必须首先理解和掌握的参与方式。

为了确保所有学生能够顺利地参与到学习活动中，教师必须采取措施确保每个学生都清楚地知道如何参与每一项具体的教学活动。这包括让学生了解和熟悉教师设定的规则和期望，这样他们才能在活动中表现出适宜的行为，从而更好地完成学习任务。

同时，教师还需要深思熟虑这些规则是否真正适合学生。规则应当既能够促进学生的学习，又能够被学生所接受和理解。教师需要评估规则的有效性，确保它们能够帮助学生建立积极的参与态度，而不是成为他们参与学习的障碍。

因此，教师在设计和实施课堂活动时，应当考虑到参与结构的重要性，并确保这些结构既明确又合理，以便学生能够在一个有序和鼓励的环境中学习和成长。通过这种方式，教师可以帮助学生建立自信，培养他们的独立性和责任感，同时也能够提高他们的学习效果。

3. 帮助学习自我管理

课堂管理的核心宗旨在于培养学生的自我管理能力，使他们能够对自己的课堂行为负责。为了实现这一目标，教师可以采纳丹波的建议，通过一系列策略来促进学生自我管理课堂行为。

首先，教师应当鼓励学生积极参与课堂规则的制定过程。这样做可以帮助学生更好地理解规则的重要性，并使他们感到自己也是课堂管理的一部分。通过共同制定规则，学生能够更加积极地接受和遵守这些规则。

其次，教师需要投入时间引导学生反思为什么需要某些规则，以及他们自己产生不良行为的原因。这种反思活动可以帮助学生深入理解规则背后的原因，从而增强他们遵守规则的自觉性。

再次，教师应当为学生提供机会，让他们考虑如何规划、监控和调整自己的行为。通过这种方式，学生可以学会如何自我管理，包括设定目标、监控进度和调整策略，这是自我管理的关键技能。

最后，教师可以要求学生回顾课堂规则，并提出必要的修改建议。这种回顾和反馈的过程不仅能够巩固学生对规则的理解，还能够让他们感受到自己的意见被重视，从而增强他们的责任感和参与感。

通过这些方法，教师可以有效地促进学生自我管理课堂行为，帮助他们成长为能够自律、自主学习的个体。这种自我管理的能力对于学生的个人发展和社会适应都是至关重要的。

二、高校教师课堂管理培养策略

课堂管理的职责是多维度和复杂的，它涉及到多个层面的管理，包括但不限于课堂人际关系、课堂环境和课堂纪律的管理。课堂人际关系的管理涉及在课堂上师生之间的互动和同伴之间的互动，这包括建立积极的师生关系、确立群体行为规范，以及营造和谐的同伴关系。这一方面的管理对于建立一个支持性和包容性的学习环境至关重要。

课堂环境管理涉及对课堂中的教学环境的监管，这包括对物理环境的布局和安排，以及对社会心理环境的塑造。物理环境的管理涉及到教室的布置、设备的配置等，而社会心理环境的管理则涉及到课堂氛围的营造、学生情绪的关照等。一个有序和积极的教学环境能够显著提高学生的学习效率和参与度。

（一）课堂人际关系管理

人际关系是指在人际交往中逐渐建立并相对稳定的心理联系或心理距离，这种关系的形成和发展受到交往双方相互需求满足程度的影响。在积极的课堂环境中，师生之间和学生之间的人际关系建立在五个基本原则之上，包括相互尊重、信任、理解、支持和发展。

课堂管理的一项关键职责在于推动师生之间和学生之间建立积极健康的人际关系，这不仅是有效教学的基础，也是创造一个支持性和包容性学习环境的社会性条件。当课堂中的人际关系建立在正面互动和相互支持的基础上时，学生更有可能感到安全和被接纳，从而更积极地参与学习活动。

1. 师生关系

师生关系是指在教学过程中教师和学生之间形成的一种互动和相互关联，这种关系涉及到他们在教育活动中所处的角色、所扮演的功能，以及彼此之间的态度和互动方式。这种关系不仅受到教育规律的约束，而且也是特定历史时期社会关系的体现。

在师生关系的多种表现形式中，教育关系是最为基础和核心的。它体现了教师作为引导者和学生作为学习者的相互作用。然而，除了这种正式的教育关系，师生之间还会因情感交流而建立起更深层次的心理联系。

教育作为一种特殊的社会实践，不仅反映了社会普遍的伦理规范，也揭示了教育活动自身所特有的伦理冲突和问题。因此，师生关系也展现出一种独特的伦理维度。这种伦理关系是指在教育教学活动中，教师和学生构成一个道德共同体，在这个共同体中，双方都承担着特定的伦理责任和义务。

要建立和维护良好的师生关系，需要教师和学生双方的共同努力。这包括相互理解、频繁的互动、相互尊重、彼此关怀，以及开展真诚的对话。通过这些方式，可以促进师生之间的信任和合作，从而为有效的教学和学习创造坚实的基础。

教师在这个过程中扮演着关键的角色，他们需要通过自己的行为和态度来示范和引导这种关系的建立。同时，教师应当鼓励学生参与到这种关系的构建中来，使他们也成为积极的一方。

总的来说，师生关系是教育过程中不可或缺的一部分，它对于学生的学习成果和个人发展都有着深远的影响。因此，教师和学生都应当重视并努力维护这种关系的健康发展。

2. 同伴关系

同伴关系是建立在同学之间相互交往和互动基础上的心理联系，它构成了班级成员之间除师生关系外的所有关系的总和。这种关系涵盖了学生个体之间的互动、班级内不同学生群体之间的互动，以及学生群体与个体之间的互动。

同伴关系的性质可以根据同学之间的相互吸引或排斥来分类为友好型、对立型和疏远型。友好型同伴关系表现为相互支持和积极互动，对立型同伴关系则涉及到竞争或冲突，而疏远型同伴关系则是彼此之间缺乏交流和联系。

为了促进学生的同伴关系发展，教育者可以采取多种策略。首先，教师可以培养学生的交往技能，如倾听、沟通、解决冲突，这些技能对于建立和维护积极的同伴关系至关重要。其次，教师可以增加课堂上的交往活动，通过小组讨论、同伴学习等形式，鼓励学生之间的互动和合作。再次，组织课外交往实践活动，如团队运动、社团活动等，也可以为学生提供更多互动的机会，帮助他们建立和加深同伴关系。最后，教师应当培养学生的亲社会行为，如同情心、合作精神，这些行为能够促进学生之间的积极互动和相互支持。

通过这些方法，教师可以帮助学生建立积极的同伴关系，这不仅有助于他们在学习上取得更好的成绩，也能够促进他们的社会情感发展和心理健康。同伴关系对于学生的整体教育体验和未来的社会适应都是非常重要的。

3. 班级群体

班级群体是由学生根据特定的目标和规范所形成的集体实体。这种群体可以根据其组织性质被划分为正式群体和非正式群体两大类。

正式群体是在学校行政部门的指导下，由班主任或社会团体按照一定的章程组织起来的学生集体。这类群体通常包括班委会、团支部、少先队组织等，它们负责组织和开展全班性的活动，如学习竞赛、文体活动等。正式群体在班级管理中扮演着重要的角色，它们是班级秩序和活动顺利进行的有力保障。

非正式群体则是在同伴交往中自然形成的小集体，成员之间通常是基于共同的性格特征、兴趣爱好或价值观念而自发结合。这类群体的特点包括人数较少、成员间的性格和爱好相对一致、经常性地聚集进行活动、通常有一个或几个"头领"或"核心人物"等。非正式群体的稳定性相对较差，但它们的影响力和可塑性却很大。消极的非正式群体可能会对班级的和谐管理和学生的健康成长产生不利影响。

在管理非正式群体时，教育者应当注意以下几个关键点：第一，要准确了解非正式群体的性质，判断它是积极的还是消极的；第二，对于积极的非正式群体，教师应当给予肯定和鼓励，同时提供必要的支持和帮助，以促进其健康发展；第三，对于消极的非正式群体，教师则需要给予正确的引导和干预，通过沟通、辅导等方式，帮助其成员树立正确的价值观，引导他们更好地融入班级集体，避免其对班级秩序和学生发展产生负面影响。通过这些措施，教师可以有效地促进班级群体的和谐发展，为学生的成长创造一个积极健康的环境。

（二）课堂环境管理

课堂环境是影响教学效果和学习体验的重要因素,它可以分为两个主要方面:硬环境和软环境。硬环境主要涉及课堂的物理特征,包括座位安排、光照条件、活动空间等。这些因素对于创造一个舒适、安全且功能齐全的学习空间至关重要。例如,合理的座位安排可以促进学生的互动和合作,充足的光照可以减少视觉疲劳,而宽敞的活动区域则有助于开展多样化的教学活动。

软环境则关注课堂的社会心理层面,涵盖了课堂氛围、学习目标的设定、师生关系、同伴关系等。这些非物质因素对学生的学习动机、参与度和情感状态有着深远的影响。例如,一个积极向上的课堂氛围可以激发学生学习的兴趣和自信心,明确的学习目标可以指导学生的努力方向,而良好的师生和同伴关系则有助于建立支持性和包容性的学习社区。

1. 物理环境

课堂物理环境是学生学习过程中不可或缺的一个方面,它包括了一系列的时空和物质因素,如温度、色彩、空间大小、座位编排方式等。这些因素共同构成了一个对教学和学习产生重要影响的外部条件。

在座位安排方面,有四种常见的方式:剧院式、分组式、半圆式和矩型式。研究发现,不同的座位编排方式会对学生的课堂行为、学业成绩、学习态度,以及人际关系产生直接或间接的影响。为了最大化座位安排的积极效果,教师在安排座位时应遵循一些基本原则,如服务于教学活动的需要、定期变化以防止固定化、减少干扰以促进学习集中等。

教室空间的大小也是一个重要因素,它对课堂教学的影响体现在两个方面。一方面,过于狭窄的空间会让学生感到压抑,影响他们的学习情绪,同时也不利于教师巡视课堂或了解学生的学习情况。另一方面,如果教室空间过大,学生可能会感到过于空旷,难以集中注意力,这同样会影响教学效果。

此外，温度、光照和噪声等环境因素也对学生的学习情绪和注意力有显著影响。不适宜的温度、过强或过弱的光照，以及干扰性的噪声都可能导致学生产生消极的情绪反应，影响他们的自我控制力和学习效率。因此，在条件允许的情况下，教师应尽可能确保教室的温度适中、光照适宜，并尽量减少噪声，以创造一个使学生感到愉悦和积极的课堂环境，从而减少不良课堂行为的发生。

2. 心理环境

在课堂教学的影响因素中，社会心理环境相较于物理环境扮演了更为关键的角色。其中，课堂气氛和课堂目标结构是最为显著的影响因素。

课堂气氛是指课堂中占主导地位的态度和情感的综合体现，它被形象地称为"组织人格"。正如每个人都有自己独特的个性，每个课堂也都有其独特的气氛。课堂气氛通常可以分为积极、消极和对抗三种类型。积极的课堂气氛表现为纪律良好、师生关系融洽，学生精力充沛、注意力集中，教师能够有效地引导和激励学生，课堂氛围热烈而和谐。消极的课堂气氛则表现为纪律问题、师生关系疏远，学生缺乏活力、注意力分散，教师难以控制课堂，学生多处于被动应付状态。对抗的课堂气氛则是纪律问题严重、师生关系紧张，学生过度兴奋、各行其是，教师难以正常教学，课堂处于失控状态。

为了营造积极的课堂气氛，教师需要做好以下几个方面：首先，建立和谐的课堂人际关系，促进师生之间的良好互动；其次，运用灵活多样的教学方式，激发学生的学习兴趣；再次，采用民主的领导方式，鼓励学生参与课堂交流和表达自己的想法；最后，给予学生合理的期望，帮助他们建立自信。

课堂目标结构是指班级中由奖赏机制决定的主导学习目标取向，它可以分为竞争、合作和个人主义三种。在竞争性目标结构中，学生认识到成功取决于与他人的比较，而在合作性目标结构中，学生需要与他人合作才能获得奖赏。在个人主义目标结构中，学生则认识到奖赏取决于个人努力。竞争、合作和个人主义都是开展班级群体学习的手段，它们适用于不同的学习情境，没有绝对的优劣之分。在我国课堂教学中，教师通常营造的是竞争和合作的课堂目标结构。对于这两种目标结构的积极和消极作用，教师需要清楚把握，既要避免片面强调合作，也要避免片面强调竞争。教师应当协调合作与竞争的关系，使两者相辅相成，成为促进课堂管理功能和调动学生积极性的有效手段。

（三）课堂纪律管理

在课堂教学中，问题行为是难以完全避免的，它们可能会干扰教学活动的正常进行。为了确保教学效果，教师需要通过建立良好的课堂秩序并减少学生的不当行为来促进学生的学习。

课堂问题行为是指在课堂环境中发生的，违反课堂规则、妨碍或干扰课堂活动正常进行，或对教学效率产生负面影响的行为。这些行为是教师日常工作中经常遇到且需要敏感处理的问题。如果处理不当，可能会对师生关系造成损害，破坏课堂气氛，并影响教学效率。

中外学者从多个角度对课堂问题行为进行了研究和分类。例如，奎伊等将课堂问题行为分为三种类型：人格型、行为型和情绪型。

① 人格型问题行为：这类行为通常与学生的个性特征相关，如自我中心、缺乏责任感、对权威的挑战等。这些行为可能是由于学生的内在人格特质或心理需求未得到满足而表现出来。

② 行为型问题行为：这类行为是指学生在课堂上的具体行为表现，如讲话、做小动作、迟到、早退等。这些行为可能是由于学生缺乏对课堂规则的理解或对学习内容的不感兴趣。

③ 情绪型问题行为：这类行为与学生情绪状态有关，如情绪波动、焦虑、抑郁等。这些行为可能是由于学生面临的个人问题、学习压力或其他情绪困扰。

了解和识别这些不同类型的课堂问题行为，有助于教师采取更有效的方法来预防和应对这些问题，从而维护课堂秩序，促进学生的积极学习。

1. 课堂问题行为产生的主要原因

课堂问题行为并非仅是学生个体的问题，而是多种因素共同作用的结果。综合来看，课堂问题行为的产生主要可以归结为以下三个方面的原因。

（1）教师的因素

教师与课堂问题行为之间存在着直接或间接的联系。教师的教育失策可能是产生问题行为的主要原因之一。这种失策可能表现为错误的观念指导、管理失范和教学水平低下。例如，教师如果将追求升学率作为教学的唯一目标，可能会忽视学生的全面发展，导致学生产生厌学、对抗等行为。此外，如果教师将学生视为无情感、无个性的知识接收器，可能会忽略学生的情感需求，引发学生的被忽视感。还有的教师不能正确处理师生关系，可能会伤害学生的自尊心，导致问题行为的产生。在课堂管理方面，教师如果放弃管教责任或对学生的问题行为反应过度，都可能导致课堂秩序混乱，学生行为失范。此外，教师职业技能水平低下也可能导致学生对其失去信心，进而引发问题行为。

（2）学生的因素

学生的身心特点也是课堂问题行为产生的重要原因。性别差异、生理缺陷、心理障碍等都会影响学生的行为。例如，男孩可能因为好动、自我控制能力差而容易产生外向性问题行为，而女孩则相对较少。学生的生理缺陷，如视力、听力、言语障碍，或是在发育期的紧张、疲劳、营养不良等，也可能导致问题行为。心理障碍，如焦虑、挫折感，以及个性问题，如过度内向或外向，都可能导致学生在课堂上表现出问题行为。

（3）环境因素

环境因素对学生的课堂行为也有显著影响，包括家庭、大众媒体和课堂内部环境。家庭因素中，单亲家庭的孩子可能因为缺乏自制力而容易冲动，产生对抗性行为。父母关系紧张、经常争吵的家庭环境可能导致孩子在课堂上表现出孤僻、退缩或烦躁不安。过度溺爱的家庭环境可能培养出自我中心、放荡不羁的孩子，使得他们产生问题行为。在大众媒体方面，信息时代的负面内容，如暴力、色情，可能引起学生模仿，影响他们的课堂行为。课堂内部环境，如温度、色彩、课堂气氛、座位编排，也会对学生的课堂行为产生明显的影响。

了解和识别这些因素，有助于教师采取更有效的方法来预防和应对课堂问题行为，从而维护课堂秩序，促进学生的积极学习。

2. 课堂问题行为的管理策略

在课堂管理中，教师需要灵活运用各种策略来引导学生，保持课堂秩序，同时促进学生的积极学习，具体包括以下管理策略。

（1）运用非言语线索

教师应具备敏锐的观察力，随时注意学生在课堂上的行为表现。当发现学生出现不良行为时，教师可以适时运用非言语线索进行干预。这些非言语线索包括目光接触、手势、身体靠近和触摸。例如，通过与学生保持目光接触，教师可以制止学生的不良行为，同时也可以通过走过去稍作停留或轻触学生肩膀等方式，提醒学生注意。这种做法既可以阻止不良行为，又不会打断课堂教学的连贯性。

（2）运用积极的语言

教师应善于使用积极的语言来引导学生行为。当学生违反课堂纪律时，教师应立即给予简单的言语提示，以帮助学生改正行为。这些提示应专注于学生应如何行动，而不是纠缠于不良行为本身。例如，告诉学生"请专心听讲"比批评学生"别做小动作"更能够鼓励学生积极改正行为。

（3）合理运用表扬和惩罚

在课堂管理中，表扬和惩罚是两种重要的手段。表扬应当针对学生的具体课堂行为，及时给予正强化，以增强学生的积极纪律体验。而惩罚则应当适度、适时，并且在实施时要注意原则，如避免体罚、不在情绪激动时惩罚学生等。惩罚后，教师应给予学生积极的帮助，引导学生学会以适当行为替代不良行为。

（4）合理分配、调整学生座位

通过科学地分配学生座位，可以促使学生培养自律态度。研究表明，座位位置对学生的课堂行为有显著影响。教师通常会将纪律不良的学生安排在特定的座位，如最后一排的孤独座位、两个好学生之间的夹击座位或靠近讲台的直控座位，以便于监督和管理。

（5）引导学生参与学习活动

为了减少学生的问题行为，教师可以安排学生参与各种学习活动，使他们忙碌起来，没有时间产生问题行为。但需要注意的是，学习活动应当适度，过量的学习任务可能会导致学生疲劳、烦躁，反而引发问题行为。

（6）进行心理辅导

学生的问题行为往往有其深层次的心理原因。因此，教师应当对学生进行心理辅导，帮助他们找到问题行为的原因，分析其带来的消极后果，并为学生设定适宜的课堂行为目标。通过情感疏导，教师可以帮助学生消除问题行为背后的情感障碍。

通过这些综合的策略，教师可以更有效地管理课堂，促进学生积极学习，同时也能够建立和谐的师生关系和课堂氛围。

（四）课堂时间管理

在课堂教学的众多因素中，时间因素与学生的学习行为和学业成就之间的关系极为紧密，因而在课堂管理中显得尤为重要。学生的学习时间可以从五个不同的角度进行划分：名义时间、分配时间、教学时间、专注时间和学术时间。

名义时间指的是学校活动的总时间，这通常是由政府教育部门规定的，例如，学校每个学期的天数、每天的小时数等。在这个总时间中，一部分用于学科教学活动，另一部分则用于用餐、课间休息、集会等其他活动，这部分时间被称为分配时间。

教学时间是指教师将课堂活动的时间转化为有建设性的学习活动时间。在这个时间框架内，学生专注于教师指定的活动的时间被称为专注时间。学术时间则是指学生投入到学业任务中并且取得成功的时间，不包括那些学生听不懂或理解错误的时间。

研究结果表明，专注时间与学生学业成就之间存在正相关关系，而学术学习时间与学生学业成就之间的关系则更为稳定。为了提高专注时间和学术时间的比例，教师可以采取以下课堂时间优化管理策略。

① 坚持时间效益观，即最大限度地减少时间的浪费，确保每个学习环节都能够得到高效利用。

② 把握最佳时域，优化教学过程，比如，在学生注意力最集中的时段进行重点内容的讲解。

③ 保持适度信息，提高知识的有效性，避免信息过载，确保学生能够消化和吸收所学内容。

④ 提高学生专注率，通过激发兴趣、设计互动活动等手段，增加学生的学术学习时间，确保他们能够全身心投入到学习中。

通过这些策略，教师可以更有效地管理课堂时间，提高学生的学习效率，从而促进学生的发展。

第二节　高校教师的知识管理能力

一、知识管理的概念

在知识管理的定义上，学术界从多个视角给出了不同的解释。美国学者维娜·艾利将知识管理视为一个过程，它涉及对知识的反思、技术支持、知识交流，以及知识获取的促进。另一位学者欧勒锐则强调知识管理是将信息转化为知识，并将知识与人联系起来的过程，重点关注信息、知识和人在这一过程中的作用。奎达斯将知识管理视为一个连续的过程，旨在满足当前和未来的需求，探索和确定现有及新获得的知识资产，并开发新的机会。他进一步将知识管理的内容细分为六个方面，包括知识的发布、确保知识的可得性、推进新知识的开发、支持外部知识获取、确保知识在组织内的传播，以及知识的定位。

欧迪尔与艾赛地斯将知识管理定义为一种有意的策略，旨在将最适宜的知识及时提供给需要它的人员，并促进知识的分享以及将知识与信息应用于提高组织绩效的行动中。知识管理专家 Yogesh Malhotra 博士则认为，知识管理是利用集体的智慧来提升组织的应变和创新能力，是在不断变化的环境中，服务于组织适应、生存和能力的关键问题的活动。这包括信息技术的应用，以及人们创造和创新努力的结合。

黎加厚教授从社会和教育信息化发展的视角出发，认为知识管理是研究人类如何获取、传播、共享、利用和创新知识的规律，管理涉及知识的连续过程，以促进经济和社会发展的理论与实践。

综上所述，知识管理是一个多维度的概念，它涉及知识的识别、获取、存储、分享、应用和创新等多个方面，旨在通过有效的知识管理来提升个人和组织的绩效和创新能力。知识管理是一个多维度概念，它涉及知识的识别、获取、存储、分享、应用和创新等多个方面。各种不同的见解都反映出知识管理具有以下特征。

① 动态系统性：知识管理是一个动态的系统，它通过识别、获取、开发、分解、储存及传递知识来实现知识在这一系统中的流动，不断促进知识的转化和生成，从而实现知识的连续性循环的过程。这个系统不是静止不变的，而是随着知识的发展和变化而不断调整和优化的。

② 创新与共享：知识管理的实质在于知识的创新与共享。它注重利用现存的知识进行创新，创造出新的价值，让需要知识的人能够方便地利用知识。知识管理的目标是通过创新和共享，使知识发挥最大的效用，为社会创造更多的价值。

③ 以知识为中心、以人为本：知识管理强调知识的价值和人的价值。它注重环境和社会文化氛围对人的影响，认为人的潜能和创造力的发挥是知识管理的重要目标。知识管理希望通过有效的机制，激发人的学习积极性和

创造性，使其能力得到最快的提高，更好地为社会创造价值。

④ 提高知识效用：知识管理是通过对知识的获得、存储、应用和流通过程进行管理，提高知识本身效用的工具、手段及方法。进行知识管理的最终目的就是通过群体的协作过程创造知识、共享知识和利用知识，并将知识直接作用于提高群体效率和竞争力。

⑤ 结果导向：知识管理注重"做正确的事情"（结果），而不是"正确地做事情"（过程）。这意味着知识管理的目标是实现知识的有效应用和价值的创造，而不仅是知识的获取和存储。

综上所述，知识管理是一个复杂而动态的过程，它涉及知识的多个环节，旨在通过有效的管理提高知识的价值，促进社会的进步和发展。艾伦·韦伯曾指出，新经济的核心并不在于技术本身，无论是微芯片还是全球电讯网络，新经济真正存在于人的头脑之中。这一观点凸显了人在知识经济时代的重要性。知识管理的核心目标在于构建一个有效的机制，以激发人的潜能，提升他们的学习热情和创新能力，从而加速个人能力的提升，为社会创造更多的价值。

在知识管理的过程中，人的因素占据着至关重要的地位。知识管理的目标是通过各种手段和策略，激发人的学习热情和创造性，使他们能够更好地应对知识经济时代的挑战。这需要关注人的需求，提供合适的学习环境和资源，以及鼓励人们积极参与知识创新和分享。

二、高校教师教育知识管理的特点

（一）个人自主

在高等教育领域，教师作为高级知识分子，他们的工作特点包括较强的独立性和高度专业化的知识结构。这些教师的知识不仅包括可以通过书籍、文字、数据编码等方式明确表达的显性知识，而且更多的是那些尚未公开、难以用传统方式表达的隐性知识。对这些知识的管理具有显著的个性化特征，它是教师在长期的知识获取、使用和创造过程中逐渐积累形成的，与教师个人的体验和经验密切相关。

这种隐性知识的形成是一个内化的过程，它涉及教师对专业领域的深刻理解、对教学实践的反思，以及对学术研究的深入探索。这些知识往往是以非正式的形式存在的，比如，教学技巧、研究直觉、学科洞察力等，它们不容易被量化或者规范化，但却对教学质量和研究水平有着重要的影响。

因此，对高校教师隐性知识的管理需要采取个性化的方法，尊重教师的独立性和创造性。这可能包括提供充足的时间和空间，让教师进行自主学习和研究；鼓励教师之间的交流和合作，便于隐性知识的共享和传播；以及建立一种包容和鼓励创新的文化，让教师能够自由地探索和实践新的教学和研究方法。通过这样的管理策略，可以有效促进高校教师隐性知识的发展和利用，从而提高教学和科研的整体水平。

（二）转化性

在高等教育环境中，教师通过知识管理获得丰富多样的知识资源，这一能力是他们教育知识管理技能的重要表现。然而，教师教育知识管理能力的一个更为关键的表现是他们能够有效地将知识加工整合，并将其有效地传递给学生，实现知识的转化。这种转化不仅是简单的信息传递，而是包括教师个人独特的隐性知识在内的深层次知识转移。

在这个过程中，学生不仅能够从教师有效的知识管理中受益，从而加速自己的知识增长，而且还能够学习到教师的知识管理技巧，培养出终身学习和知识创新的能力。这种能力的培养对学生来说至关重要，因为它不仅帮助他们掌握了必要的学科知识，而且还教会了他们如何管理知识，如何在学习过程中不断积累和更新知识，以及如何将知识应用于解决实际问题。

教师的知识传递和学生知识习得之间的这种互动，形成了一个良性的知识循环，不仅提升了教学质量，也促进了学生的全面发展。在这个过程中，教师的角色不仅是知识的传递者，更是学生学习的引导者和知识管理的示范者。通过这种方式，教师能够将自己的专业知识和教育经验转化为学生的能力和潜力，为社会培养出更多具有创新精神和实践能力的人才。

（三）动态性

在知识经济时代，知识的更新速度显著加快，知识和信息的快速增长与淘汰成为这个时代的一个显著特征。高校教师作为知识的传播者和创造者，面临着必须跟上时代步伐，不断更新和完善自己的知识结构，丰富和充实自己的知识库存，并将这些知识及时地传授给学生。

同时，教师还需要根据学生需求和时代特点，灵活调整自己的教学方式，使知识能够以不同的形态呈现出来，满足教学的需求。这种能力是教师教育知识管理动态性的体现，它不仅是对教师的社会要求，也是教师自身生存和发展的必然要求，更是教师做好教学工作的现实需要。

在这个过程中，教师的知识管理能力体现在他们如何快速适应知识的变化，如何将新的知识融入教学内容，以及如何引导学生有效地学习和理解这些知识。这种动态的知识管理不仅要求教师具备持续学习的意识和能力，还需要他们具备创新思维和灵活的教学方法，以便在快速变化的知识环境中保持教学的相关性和有效性。

因此，高校教师的教育知识管理能力是他们专业素养的重要组成部分，它要求教师在知识获取、知识整合、知识传递和知识创新等方面不断进步，以适应知识经济时代的教育需求。通过不断提升这些能力，教师不仅能够更好地服务于学生的成长和发展，也能够为社会的知识进步和人才培养作出更大的贡献。

（四）整合性

教学活动本质上是一个涉及知识传播、获取、转化、产生和创造的复杂过程。在这个过程中，教师仅拥有广博的专业知识是远远不够的。一位杰出的教师还必须能够运用现代化信息技术手段，将自身的专业知识与教育学、心理学原理及学生需要掌握的课程内容有机地结合起来，并将这些知识有效地应用于实际教学之中，以产生优异的教学成果。

因此，教师的教育知识管理展现出一种强烈的整合性特征。这种整合性不仅体现在知识的有效整合上，还必须将知识之间的联系、知识与人之间的关系，以及知识与教学过程之间的关系紧密结合起来。通过这种整合，教师能够更有效地完成知识的传递，并促进学生学习能力的提升。

在这个过程中，教师的知识管理能力体现在他们如何将不同的知识领域融合在一起，如何设计出既符合教育理论又满足学生实际需求的教学方案，以及如何在教学实践中灵活运用这些知识，激发学生的学习兴趣和潜能。这种能力的发挥，不仅要求教师具备跨学科的知识视野，还需要他们具备高超的教学技巧和敏锐的学生洞察力，以便在知识经济时代的教育环境中取得成功。

（五）实践性

教育教学作为一门具有很强实践性的科学，其最大的特点是具有不确定性、情境性和人性化。一位优秀的教师必须具备将自己的知识灵活运用于不同教学情境，并产生良好教学效果的能力。这种能力是通过长期的实践、不断的反思、修正和深化而逐渐形成的，最终演变成具有教师个人特性的教育教学实践知识。

这些教育教学实践知识是教师专业性的具体体现，也是教师宝贵的个人知识财富。它们包含了教师对教育理论的深刻理解，对教学方法的熟练运用，以及对学生的深入洞察。这些知识帮助教师在面对复杂多变的教学情境时，能够迅速做出恰当的决策，有效地解决问题，提升教学的质量。

教师的这种教育教学实践知识是其专业成长和发展的重要组成部分。它不仅体现了教师的教育教学能力，也展示了教师对教育的热爱和执着。通过不断的实践和反思，教师能够不断提升自己的教育教学实践知识，使其更加丰富和完善，为学生提供更优质的教育服务，为社会培养出更多优秀的人才。

（六）分享性

尽管教师的专业知识在教育知识管理中显现出强烈的个性化特征，但教育过程远非单个教师可以独立完成的任务，它依赖于教师团队的集体协作和智慧。教师个体需要将自己积累的知识，特别是那些关于教学方法和模式的实践性知识及教学经验，与教师团队进行共享。这种共享有助于提升整个教师团队的教育教学能力，进而提高整体的教学质量和成效。

在这个过程中，教师团队的合作至关重要。教师们可以通过集体备课、教学研讨、经验交流等方式，共同探讨教育教学中的问题，分享各自的成功经验，学习新的教学理念和方法。这种团队协作不仅能够促进教师之间的相互学习和成长，还能够为学生提供更加丰富和多样化的教育资源。

教师团队的教育教学能力的提升，对于学校教育质量的提高具有重要意义。一个团结协作、充满活力的教师团队，能够为学生创造更加积极和有效的学习环境，帮助学生在知识获取和能力培养方面取得更好的成果。因此，教师的知识共享和团队协作是提高教育教学质量和效果的关键因素，也是现代教育发展的重要方向。

三、提高高校教师教育知识管理能力的策略

（一）加强教师自身教育知识管理能力的训练

在知识管理概念尚未形成之前，教师作为知识的传递者、解释者和解决者，已经在不同程度上应用了知识管理的方法来进行教学活动，尽管这种应用可能处于一种未被明确意识到的状态。随着知识管理概念的普及，教师应当将有意识的知识管理方法融入到自己的教学和学习中，以此来提升个人的知识管理能力，并优化工作和学习的成效。

首先，高校教师应当主动加强个人专业知识管理。他们通常在知识获取方面表现出色，能够从海量信息中筛选出对自己有益的知识。然而，从知识管理的角度来看，高校教师不仅需要持续地获取新知识，还应该定期对自己

的知识进行整理、分类和总结。教师可以利用现代信息技术，例如，建立个人知识电子档案，对自己获取的知识进行有序管理，便于快速检索和应用。此外，教师还应将自己的隐性知识通过思考和归纳转化为显性知识，以促进知识的生产和创新。

其次，高校教师应当有意识地在教学实践中提升个人的教育知识管理能力。在教育知识管理的过程中，知识的有效传播是至关重要的。教师应当在教学实践中运用知识管理的相关方法、策略和技术，不仅关注向学生传授知识，还要注重培养学生自身的知识管理能力。教师可以引导学生利用现代化信息技术工具建立学习档案，开展研究性、协作性、探究性学习，从而培养学生的知识获取、分析、解决问题，意义建构和知识创新的能力，使学生形成终身学习和知识管理的能力。通过这种教学互动的过程，教师也能够提升自己的教育知识管理能力。

此外，教师在教学过程中应当特别重视对实践性知识的反思和积累。教师可以通过记录自己的教学过程，对教学理论和实践进行相互印证，记录自己的心得和感悟，反思教学方法和手段，评价知识传播和转化的效果，对特定的教学事件进行分析等。这种与复杂问题情境有意识交互的反思式记录，有助于教师总结教学经验，增强实践性知识的积累，提升教育知识管理水平和教学质量。

（二）成立教师学习共同体，提高教师组织的教育知识管理能力

依据知识管理的理念，知识的真正力量在于共享，因为只有共享，知识才能转化为集体的智慧，才能产生"滚雪球"般的增值效应，才能为知识创新开辟更广阔的可能性。在高校环境中，教师作为独立的个体，往往积累了大量的知识，尤其是那些对知识创新至关重要的隐性知识，但这些知识往往没有得到充分的共享和交流。

这种状况的形成，部分原因是高校现行的教师组织管理体制主要是基于等级制度的直线式管理，教师只需完成领导安排和自己职责范围内的工作，对于不在自己职责范围内的事情则无需关心，更不需要与同事进行协商和交

流。此外，教师之间缺乏专门的交流平台，也在一定程度上阻碍了知识的共享。还有，教师在思想意识上可能缺乏分享知识的意愿，不愿意将自己的知识与他人共享。

为了解决这些问题，建立一个以教育知识共享为目标的教师学习共同体是关键。通过这个学习共同体，教师们可以进行团队学习，交流教学经验和方法，共同解决教学中遇到的问题，分享教学工作的心得体会。教师学习共同体还可以成为具有相同知识背景的教师之间沟通、交流和讨论的平台，通过个体思维的碰撞，激发更深入和广泛的思考，推动知识的进步和能力的发展。

这种团队学习是建立在个体学习基础之上的，是个体学习的延伸和深化，它有助于优化教师之间的知识配置，促进知识的增长和教育教学水平的提高。教师学习共同体的形式可以多样化，可以是教师自发组织的，如同一系部或教研室的教师；也可以是学校行政部门组织的，如教务处或高等教育研究中心等；还可以利用信息技术手段，如博客、BBS 等，进行全校甚至与其他高校教师之间的交流。

通过这种持续性、与工作紧密结合的协作式团队学习，可以激发每位教师的潜能，提升整个教师组织的核心竞争力，从而给高校教育的质量和创新带来深远的影响。

（三）学校积极创建有利于提高教师教育知识管理能力的各种条件

高等教育机构是知识创新和扩散的关键领域，教师的教育知识管理能力直接关系到高校乃至整个社会知识产品的质量和数量。因此，高校领导者必须是具备高等教育知识管理能力的教育专家。他们应认识到教育知识管理的重要性，并积极构建一个能够有效促进知识共享和创造的管理体系，支持并推动教师学习共同体的建立。同时，他们还应努力营造一个有利于知识传播、转化、分享和创新的校园文化环境，让教师们感受到知识共享的积极氛围和舆论导向。此外，制定相关的评价和激励政策，对那些积极参与知识共享的教师给予及时的奖励，使教师们认识到知识共享所带来的益处远超过知识占有，从而激励他们自觉地参与到知识共享的体系中。

此外，学校还可以通过多种形式的培训活动，促进教师和学生知识管理能力的共同提升。在提供政策和制度支持的同时，学校需要建立一个完善的信息网络体系和知识库，以支持教师的知识共享，这是提高教师教育知识管理能力的另一个关键因素。现代信息技术的发展为教师获取和分享知识提供了新的机遇和可能性，是提升教师教育管理能力的重要工具。

目前，许多高校的网络体系和知识库基于信息管理，它们以信息为基础，将文本、数据、符号等信息进行系统化的组合，但知识之间相对固化，关联性不强，不利于知识的检索、发现和共享。高校应利用自身的人才和技术优势，依托图书馆、网络中心、教育技术中心等校园信息管理机构，构建一个基于知识流的网络知识管理体系。通过将数字化图书馆、智能网络系统、教学知识库等资源有机结合、分布管理，并利用概念图、思维导图等方法对知识进行分类整理，使之标准化、特征化，为全校师生提供一个便捷、高效的知识交流与共享平台，促进知识在学校中的广泛交流。同时，利用知识管理、数据挖掘等技术，尽可能挖掘和转化教师的隐性知识，从而提升教师组织和学生的知识管理能力。

教育知识管理对于管理者和教师来说都是一个新兴的课题，无论是在理论还是实践层面，都存在着许多需要研究和探索的问题。尽管面临诸多挑战，但教育知识管理作为现代教师必备的能力，必须引起高等学校和广大教师的关注和重视。

第三节　高校教师的情绪管理能力

一、高校教师情绪管理的基本内涵

在高等教育环境中，教师的情绪管理能力至关重要。这涉及教师在职业生涯和个人生活中，不仅要努力克服和抑制消极情绪的产生，还要积极培养和维持积极健康的情绪状态。更为重要的是，教师需要实现消极情绪与积极情绪之间的相互协调和相互包容。

（一）能够有效克服消极情绪

在高等教育环境中，教师在职业生涯和个人生活中不可避免地会面临各种压力，这些压力可能会引发一系列不良的消极情绪。面对这些消极情绪，教师们需要掌握一定的情绪调节技巧，构建一套有效的情绪疏导机制。这样，他们就能够避免将这些消极情绪带入课堂，从而不会对学生的学习过程和教育质量产生负面影响。

为了有效地管理消极情绪，高校教师可以采取多种策略。首先，他们可以通过自我反思和自我观察，了解自己的情绪状态和情绪波动的原因。其次，教师们可以寻求专业心理咨询师的帮助，通过心理咨询来处理和解决内心的困扰。此外，教师还可以通过参加各种休闲活动、运动锻炼、社交互动等方式，来宣泄和释放自己的负面情绪。这些活动有助于缓解压力，提升情绪状态，进而保证教学质量和师生关系的稳定。

同时，高校教师应当注重培养自己的情绪智力，学会理解和接纳自己的情绪，以及如何在不同情境下灵活调整情绪。他们可以运用各种情绪调节技巧，如深呼吸、冥想、正念练习等，来平衡情绪，保持心态的平和。此外，教师还可以通过参加教师培训、研讨会等活动，提升自己的教育教学能力，增强应对教育工作中挑战的信心，从而降低消极情绪的产生。

总之，高校教师应当重视自己的情绪管理，学会建立有效的情绪疏导机制，以保持良好的教学质量和师生关系。通过运用多种策略和方法，教师可以更好地应对职业生涯和个人生活中的压力，保持积极健康的情绪状态，为学生提供优质的教育环境和教育体验。

（二）自觉培养积极健康的情绪

在高等教育体系中，教师是教学活动的关键主导者，他们的行为和态度对学生的学习情绪有着直接的影响，这种影响甚至会扩展到学生的学习成果。因此，高校教师需要具备出色的情绪构建能力，他们应当细致入微地观察学生的情绪波动，并用自己的积极乐观情绪为学生创造一个充满活力、和谐的教学氛围。这样的环境对于激发学生的高效学习至关重要。

首先，为了实现这一目标，高校教师应当培养自己的情绪智力，学会如何有效地管理和调节自己的情绪。他们可以通过自我反思、情绪日记等方式，提高对自己情绪状态的认知，从而更好地控制情绪，避免将负面情绪带入课堂。同时，教师们应当学习如何通过语言、肢体语言和情感表达等方式，传递积极的情绪和态度，以此影响和激励学生。

其次，教师应当关注学生的情绪需求，通过倾听、同理和鼓励等方式，与学生建立良好的情感联系。他们应当尊重学生的个性差异，理解学生的情感体验，并在适当的时候提供情感支持。这种情感的交流和支持，有助于建立学生的自信心，激发他们的学习动力。

此外，教师还应当创造一个积极的学习环境，通过设计有趣、富有挑战性的教学活动，激发学生的兴趣和参与度。他们应当鼓励学生之间的合作和交流，培养团队精神，使学生在积极互动中学习。同时，教师应当公正、公平地评价学生的表现，给予及时的反馈和鼓励，以增强学生的成就感和自我价值感。

综上所述，高校教师的情绪构建能力对于学生的学习情绪和效果有着深远的影响。教师应当努力成为成功的情绪构建者，通过自己的积极乐观情绪和细致入微的观察，为学生营造一个健康和谐的教学环境，从而促进学生的有效学习。

二、高校教师情绪管理现状分析

在高等教育领域，教师们面临的压力是多方面的，其中主要包括教学成果的期望、职称评定的竞争，以及职位上升空间的限制等。这些压力的叠加，使得高校教师的情绪管理现状成为了被广泛关注的话题。

（一）高校教育体制改革带来的挑战

随着我国高等教育体制改革的不断深入，高校教师所承受的压力与挑战日益增多，这些压力不可避免地对他们的情绪产生了影响。尤其是近年来，教师考核制度和职称评审制度的改革，对年轻教师群体产生了较大的压力。他们在完成教学和科研任务的同时，不得不投入大量时间和精力来应对这些压力。然而，并非所有高校教师都能够正确面对并妥善处理这些压力，有些教师可能会出现情绪不稳定和不良心态。

在应对这些压力的过程中，一些教师可能会感到力不从心。他们可能会对自己的职业发展产生担忧，担心自己在教师考核和职称评审中表现不佳，从而影响到自己的职业声誉和晋升机会。这种担忧可能会引发焦虑、抑郁等负面情绪，对教师的心态和教学质量产生不良影响。

此外，教师在应对压力的过程中，可能会面临人际关系的问题。在高校中，教师之间的竞争和合作并存，他们需要处理与同事、上级和学生的关系。在这个过程中，一些教师可能会感受到孤独、无助和挫败，从而影响到他们的情绪状态和职业满意度。

（二）教学与科研的双重压力

在高等教育体系中，教师不仅肩负着教学的重任，还必须承担一定级别的科研任务。科研能力不仅是教师教学水平的一个重要体现，而且与他们的经济收入、职称评定等切身利益密切相关。因此，高校教师所承受的教学和科研压力是相当巨大的，这些压力与他们的个人发展紧密相连。

为了完成科研项目，高校教师需要投入大量的时间和精力。他们必须进行文献综述、实验设计、数据分析和论文撰写等一系列复杂的科研活动。这些任务不仅要求教师具备深厚的学术功底，还需要他们具备创新思维和解决复杂问题的能力。

与此同时，高校教师还必须在有限的教学时间内提高教学水平，这无疑增加了他们的工作难度。他们需要不断更新教学内容，改进教学方法，以适应教育发展的需求。此外，他们还要关注学生的个性化需求，提高教学的针对性和有效性。

在这样的背景下，高校教师面临着双重压力，既要提升教学水平，又要提高科研能力。这并非易事，需要教师们具备出色的情绪管理和时间管理能力。他们需要学会在繁忙的工作中保持良好的心态，合理分配时间和精力，以实现教学和科研的平衡。

（三）高校教师多种角色间的冲突

在当代社会，高校教师作为教育领域的高级从业者，社会对他们的期望和要求日益增加。他们不仅要在专业领域内追求卓越和完美，还要关注个人的精神层面的满足，尤其是对自我价值的实现有着较高的追求。此外，社会对高校教师的角色期待，尤其是作为培养学生成长成才的"园丁"，这种期望值的高企使教师承受着巨大的精神压力。

高校教师在实际生活中扮演着多重角色，他们既是知识的传授者，又是学术的研究者，同时还可能是家庭的支柱和社会的公民。这些角色的交织使得他们在职业发展和个人生活中面临着复杂的挑战和压力。当他们努力满足这些角色期待时，可能会发现自己的能力和资源有限，从而产生角色冲突和压力过大的情况。

当高校教师面临来自工作、家庭和社会的诸多要求和压力时，他们的精神状态可能会受到影响，这种影响可能会进一步影响到他们的工作表现和教学质量。例如，过度的压力可能导致教师出现疲劳、焦虑、抑郁等情绪问题，这些问题可能会削弱他们的教学热情和创造力，从而影响到学生的学习体验和学术成就。

（四）人际关系较为复杂

在高等教育机构中，教师面临着日益复杂的人际关系挑战。由于他们承受着来自工作和生活的巨大压力，往往缺乏足够的时间和精力去与相关群体和组织建立稳固而有效的联系。这种状况导致他们在获取必要资源和信息时遇到障碍和困难。

高校教师的主要职责集中在教学和科研上，他们往往将大部分时间和精力投入到这两项工作中。然而，与此同时，许多行政和科研岗位由领导层兼任，这些领导在获取资源和信息方面拥有更多的优势和机会。这种不平衡的资源分配容易导致教师与领导之间的人际关系变得复杂。

这种复杂的人际关系可能会进一步加剧教师的工作压力，影响他们的职业满意度和工作表现。为了改善这种状况，高校和教育管理部门应当采取措施，为教师提供更多的支持和资源。例如，可以设立专门的支持机构，帮助教师解决工作和生活中遇到的问题，提供心理健康和职业发展方面的咨询服务。同时，应当鼓励教师之间的合作与交流，建立有效的沟通渠道，帮助他们获取更多的资源和信息。

此外，高校应当重视教师与领导之间的沟通与协作，建立公平合理的资源分配机制，确保教师能够在职业生涯中取得成功。通过这些措施，可以促进教师与领导之间的良好人际关系，减轻教师的工作压力，提高他们的职业满意度和教学质量。

三、高校教师情绪管理能力培养

（一）努力营造良好的管理环境

为了提升高校教师的情绪管理能力，一个合理的管理与激励机制是必不可少的，它为教师们保持积极心态提供了制度保障。

首先，需要构建一个完善的教师考评制度体系，确保高校教师能够在公平竞争的环境中工作。这意味着要摒弃传统的考评方式，采取更加科学合理的评价方法，以满足教师尤其是年轻教师在心理层面的需求，让他们在工作中获得更多的成就感和满足感。同时，应当为青年教师创造更多的发展机会和展示平台，以此激发他们的工作热情和创新能力。

其次，提高教师的经济收入也是减轻他们工作与生活压力的有效手段。通过增加薪酬，可以帮助教师们更好地平衡工作与生活，减轻他们的经济负担。

再次，学校应当采取措施，为教师尤其是处于相对劣势的青年教师提供必要的支持和帮助。例如，学校可以为青年教师配备经验丰富的导师，为他们提供教学和科研方面的指导。此外，学校还应该举办各种培训和座谈会，深入了解教师的内心想法，减轻他们的工作压力。

最后，高校还应当开展心理健康教育和辅导活动，向教师传授有益的心理健康知识。通过这些活动，可以帮助教师建立正确的心理健康观念，为他们营造一个轻松愉快的工作环境。同时，学校还应当关心教师的生活和家庭状况，及时提供必要的帮助和心理支持，增强他们的自信心和自尊心。

总之，通过建立健全的管理与激励机制、提高经济收入、提供必要的支持和帮助，以及开展心理健康教育和辅导活动，可以帮助高校教师提升情绪管理能力，激发他们的工作热情，从而提高教育教学质量。

（二）努力提升他们的抗挫折能力

在高等教育领域，教师在工作和生活中不可避免地会遭遇各种压力和困扰。为了应对这些挑战，他们需要学会调节自己的情绪，以积极乐观的心态面对生活中的负面压力。他们应当用赞赏的眼光看待自己，避免对自己过于苛责。特别是在遭遇失败和挑战时，他们应该能够及时调整自己的心态，以微笑面对生活中的各种困难和挫折。通过这样的方式，教师可以学会舒解压力，使自己不断在逆境中成熟和成长。

这意味着，高校教师需要改变一些不合理的生活观念，及时调整自己的认知结构，建立起积极且合理的信念体系，从而有效提升自己的抗挫折能力。当面对挫折时，他们应当能够产生积极的情绪反应，以积极的心态去面对挫折、克服挫折，摆脱那些绝对化、过度化和极端化的不合理信念。通过这种方式，教师可以提高自己的综合素养，用正确的世界观、人生观和价值观来引导和转变自己的情绪。

在这个过程中，高校教师还需要学会寻求外部的支持和帮助。他们可以与同事、朋友和家人分享自己的困扰和压力，寻求他们的理解和支持。同时，他们还可以参加一些心理健康培训和辅导活动，学习更多的情绪管理和压力缓解技巧。

总之，高校教师应当学会以积极乐观的心态面对工作和生活中的压力和挫折，通过调整自己的情绪和信念，提高自己的抗挫折能力。这样，他们不仅能够在逆境中不断成长和进步，还能够为学生树立良好的榜样，传递积极的人生态度和价值观念。

（三）学会宣泄和调节好自己的情绪

在高等教育工作的日常中，教师难免会遇到令他们感到烦躁或愤怒的琐事，这些负面情绪如果得不到妥善处理，可能会对他们的教学和科研工作产生不利影响。因此，教师们需要学会及时识别并处理这些负面情绪，掌握适时调控和宣泄情绪的技巧。

当教师在工作中遇到令他们不愉快的事情时，一旦察觉到自己的情绪可能趋向消极，就应该冷静分析当前的实际情况，探究负面情绪的根源。通过自我反思，教师可以对情绪状态进行评估，避免盲目压抑情绪，因为这可能会引发更严重的心理问题。

一旦高校教师意识到自己的情绪不佳，他们可以采取多种方式进行情绪的宣泄和调节。例如，他们可以与同事、朋友或家人进行交流，分享自己的困扰，寻求理解和支持。此外，教师还可以通过写日记的方式来表达和宣泄自己的情绪。

如果教师不慎陷入极端情绪状态，他们必须意识到问题的严重性，并努力控制自己的行为，避免做出冲动的反应。他们可以适当表达自己的感受，找到合适的方式让极端情绪得到释放。同时，教师可以尝试换位思考，理解他人的情绪，这有助于缓解自己的极端情绪。

除了上述方法，高校教师还可以采用其他多种方式来宣泄和调节情绪。例如，他们可以通过自我倾诉来缓解心理压力，或者通过运动、休闲娱乐等活动转移注意力，从而达到稳定情绪的目的。这些方法有助于教师在面对工作压力时保持心理健康，从而更好地履行他们的教育和科研职责。

第八章　高校教师专业化发展的现状、途径与策略

在当今时代，教师的专业化已经成为全球教育进步的普遍方向，同样是我国在加强教师队伍建设、全面提升教师专业素养方面不断努力的目标。鉴于此，本章内容首先对高校教师的专业发展现状进行了详细阐述，接着探讨了高校教师专业发展的多种途径，最后深入研究了高校教师专业发展的有效策略。

第一节　高校教师专业化发展的现状

一、高校教师专业化发展历程

（一）西方国家教师专业化发展历程

教师专业化发展在西方的历史源远流长，其发展过程可以根据时间顺序划分为几个明显的阶段。以下是笔者对这一发展过程的概述，旨在梳理教师专业化发展的脉络。

1. 教师专业化起步阶段

教师专业化的进程最初是由师范学校的建立而启动的。在 17 世纪 80 年代早期，法国拉萨尔天主教会组织浸信会教徒创办了世界上第一所以教育贫困家庭儿童为目标的学校,这所学校同时也成为世界上第一所专门用于师资培训的学校,标志着对教师进行系统职业教育的新篇章。然而,受限于当时的历史背景和地理环境,这种培训更多是一种职业技能的培训,而非真正意义上的专业教育。

随着时间的推移,奥地利和德国等地也开始出现专门的师资培训机构,但这些机构大多不具备独立性,它们主要为了满足教育需求而提供临时的师资培训和学校指导。这种短期的培训通常采用师徒制模式,虽然学生能够通过实践获得一些直观的经验,但这些经验往往缺乏系统的理论支撑,未能形成完整而有价值的教育理论体系。

尽管如此,这些早期的师资培训学校为后来的教师专业化发展奠定了基础。随着时间的推移,教师教育逐渐从简单的技能培训发展成为包含理论学习、实践指导和职业道德教育在内的完整体系。这一转变标志着教师专业化发展的质的飞跃,为现代教育体系的形成和发展打下了坚实的基础。

2. 教师初步专业化阶段

在教师专业化的早期阶段,众多教育理论与实践家,如法国的卢梭、瑞士的裴斯泰洛齐、德国的康德和赫尔巴特等,对教育科学化的推进作出了巨大贡献。这一时期的教育发展总体上呈现出几个显著特点:现代教学方法开始逐渐形成体系,师范教育理论初步建立,教师职业化有了理论和实践的支撑。

1765 年,德国建立了公立师范学校,这一事件标志着国家管理和领导教师教育的起点。随后,1794 年,法国政府创办了第一所师范学校。进入19 世纪上半叶,欧美国家纷纷颁布了一系列教师教育法规,并建立了相应的配套制度,这些制度主要包括中等师范学校的设置、教师资格证书的规定、教师培训、教师地位及待遇等方面的规定。

在这一时期,教师教育不仅注重对教师专业知识的传授和感性经验的积累,还增加了教育理论及技能的教学,提升了教师培训的质量。到 19 世纪末期,师范学校开始向高等师范院校转变和发展。这一时期,许多国家的义务教育年限得到延长,从小学阶段扩展到初中阶段,这直接促进了初中教育教学水平的显著提升。

随着教育水平的提高，学校对教师的要求也随之增加，从之前的高职学历提升到大学学历。这一变化促使初级师范学校逐步向高等师范院校过渡和发展，以满足教育体系对更高水平教师的需求。这一过程不仅反映了教师专业化水平的提升，也体现了教育体系对教师素质要求的不断提高。

3. 教师专业化的兴盛阶段

20 世纪中叶以后，教师专业化发展进入一个新的繁荣时期。尽管教师这一职业的历史源远流长，但是直到 20 世纪后期，教师作为专业人员的地位和工作专业性才得到社会的广泛认可。1966 年 10 月，在巴黎举行的联合国教科文组织大会上通过了《关于教师地位的建设》的决议，这一决议的通过标志着教师工作被正式认定为一项专业职业。决议要求教师必须通过专业基础知识的考核，掌握相关的教育教学技巧，并接受系统的教师培训，才能作为专业技术人才为社会教育事业做出贡献。同时，决议还强调教师必须具备强烈的责任感，即对所管理的学生承担个人和公共责任。

之后，国际劳工组织制定的《国际标准职业分类》将教师归类为"专家、技术人员及相关工作者"，这一分类进一步确认了教师的职业地位。到 20 世纪 80 年代，美国霍姆斯协会在其发表的报告《明天的教师》中，明确提出了教师专业化的概念，这一概念的提出使得教师职业得到了全社会的普遍认可，教师教育也被视为培养训练有素、具备专业化标准的教师的必要途径。

随着社会地位的提升和全社会的认可，社会对教师的要求也越来越高。教师被期望拓展知识面，提高职业道德情感，这些要求体现了对教师专业化的高度、显性和主动的需求特点。教师专业化的发展不仅要求教师在知识和技能上不断提升，还要求他们在职业道德和责任感上有更深层次的体现，以适应教育改革和社会发展的需要。

4. 教师专业化的自由发展阶段

在这个时期，教师专业化的发展进入一个自主发展的新阶段，教师专业化从原来的他动发展转变为自动发展，即从外在需求推动转变为教师内在需求和个人动力的驱动。随着时代的进步，各国的经济迅速发展，使得介于发达国家和发展中国家之间的教师越来越倾向于自愿、自主和自动地发展自己的专业能力。

教师专业的分类也趋向于更加细致和专业化，基于原有的学校专业教师分类，出现了许多新的专业教师角色，例如，体育保健教师、教育管理教师、心理咨询教师、电化教育教师等。这些新的角色反映了教育领域对多样化专业人才的需求。

如今，教师的专业要求已经不再是仅凭借较高的学历就能胜任，而是必须接受专业的技能培训，并拥有相应的教师资格证书。例如，高中教师必须持有高中教师资格证书，而心理咨询教师则必须通过专业的心理咨询师考试。这些要求体现了对教师专业能力的高标准和严要求，同时也反映了教师专业化发展的新趋势和新要求。

（二）我国教师专业化发展历程

1. 非专业化兼职阶段

在这个阶段，可以将教师专业化的起源追溯到原始社会末期至奴隶社会初期。在这一时期，社会分工开始出现，文字也开始被使用，这些变化使得教育逐渐从劳动活动中分离出来，成为一种独立的活动。学校作为专门的教育机构开始出现，教师作为专门从事教育工作的人员也开始出现。

然而，在这个时期，教育制度尚未形成，对教师没有专门的培训。所谓的"师范教育"是仅通过观察和模仿、口头传授的方式进行，教育的实施者也大多是兼职人员，他们并没有接受过系统的教育专业训练。

尽管如此，这一阶段的教师专业化的发展是重要的，它标志着教育从劳动中分离出来，成为一种独立的社会活动，同时也为后来的教育制度和教师专业化的发展奠定了基础。尽管当时的教师培训方式简单，但这种通过观察和模仿、口头传授的方式进行教育的方式，也为后来的教师专业化发展提供了一定的经验和基础。

2. 非专业化专职阶段

在奴隶社会后期，教师专业化的概念开始萌芽，但它的正式发展是在封建社会时期起步的。在西周时期，文教政策实行的是"官师一体、政教合一"的制度，官学中设立了专职教师，即官师氏，他们分为小师和大师两个级别，并从中选拔优秀者聘用。这些专职教师实际上是政府官员，他们的职责不仅是教育，还涉及政治和行政。

到了秦朝，文教政策变为"以吏为师、以法为师"，这标志着"官师一体、政教合一"的制度达到顶峰。在汉代之后，教师的任用机制逐渐规范化，教师不仅要学识渊博，还要具备良好的德行和才能。然而，即便在这个阶段，教师的专业化水平仍然不高，他们更多地处于非专业化的状态。

尽管如此，这些早期的教师制度为后来的教师专业化发展奠定了基础。教师作为专业人员的社会角色逐渐被认可，他们的教育和培训也开始受到重视。这为后来的教育体系改革和教师专业化的发展打下了重要的基础。

3. 专业化专职阶段

在现代教育初期，专业化专职教师的形象开始形成，教师们开始接受系统的职业化训练。自中华人民共和国成立以来，我国公办学校的教师曾一度享有与干部相同的待遇。然而，在20世纪80年代以前，我国对教育的投入相对较少，对教师队伍建设的重视程度不够，导致这一阶段的教师专业化发展进度缓慢。

1986年，国家开始试行教师职务制度，明确了不同名称、不同等级的教师专业技术职务名称和条件，这标志着教师被正式定性为从事教育教学工作的专业技术人员。到了1994年，颁布的法律法规中规定："教师是履行教育教学职责的专业人员。"这一法规首次以法律的形式明确了各级教师的学历条件、资格认定和资格限制，确立了教师的专职地位。

1995年，教师队伍的行业标准得以确立，进一步规范了教师的专业素质和能力要求。随后，教育部颁布的《高等学校教师培训工作规程》将高校教师培训工作制度化，为提高教师队伍的整体素质提供了制度保障。为了应对20世纪初大学扩招在师资上的压力，教育部发布了《关于新时期加强高等学校教师队伍建设的意见》，强调加强教师培训，提升教师队伍的整体素质。

高校教师培训工作实现了两个转变：一是工作重点的转变，从基础性培训和学历补偿教育逐步转向统筹政府行为、学校行为和个人行为的发展；二是运行机制的转变，更加注重教师培训的实际效果和持续发展。2000 年 9 月 23 日，教育部发布了《教师资格条例实施办法》，这一办法的出台开启了教师资格制度全面实施的新局面，也标志着教师专业化发展进入了一个新的阶段。

二、高校教师专业发展现状分析

（一）国外高校教师专业发展现状

在国际范围内，从 20 世纪 40 年代早期开始，学者们就从不同的视角、目的和需求出发，采用了多样化的方法和途径对教师专业发展进行了广泛而深入的研究。如今，在西方的学术讨论中，教师学习和学习社群已经成为一个讨论焦点。国家和市场对于西方教师专业发展的实施产生了深远的影响。

西方学者普遍认为，教师专业发展是学校发展和教育改革成功与否的关键因素，它处于教育变革的核心位置。教师专业发展逐渐向以学校为基础的方向发展，更加融入教师和学校的生活，并且趋向于系统化。在研究方法上，一方面，以个体为分析单元，深入探究个别教师的课堂实践和专业学习；另一方面，以团队为分析单元，关注教师学习社群对教师学习的影响。这两种研究取向都为我国理解和促进教师的学习和发展提供了宝贵的见解，从深层次推动了我国高校教师专业发展的进程。

（二）国内高校教师专业发展现状

相较于中小学教师而言，我国对于高校教师专业发展的研究起步较晚且未受到充分的重视。这背后存在一些客观原因：首先，高校教师专业发展的问题相对于中小学教师来说并不那么突出；其次，高校教师专业化的议题涉及众多学科，且复杂度高，传统上带有一定的神秘色彩，其知识深度也让人感到敬畏；再者，高校教师专业发展长期被学科专业发展所取代，这导致了认识上的误区。

高校教师肩负着科学知识创新、文化传播，以及培养高级专业知识和技能人才的重要任务，因此，高校教师专业发展本应处于领先地位。然而，在现实中，高校教师专业发展却表现出明显的滞后性。随着高等教育信息化和大众化的趋势，高等教育的质量和效益受到了越来越多的关注，高校教师专业发展的相关问题也随之凸显。

在教师专业发展的研究领域，焦点主要集中在两个核心方面：一是关注教师实际经历的专业发展过程，研究教师专业发展在哪些方面得以体现，需要经历哪些发展阶段，以及是否存在关键期等问题；二是探讨促进教师专业发展的方式，研究在教师专业发展理念的指导下，如何为教师提供必要的外部环境和条件，以帮助他们顺利度过专业发展的各个阶段。国内高校教师专业发展所取得的成效主要表现在以下四个方面。

1. 专业地位认定

在我国，关于教师职业性质的讨论可以追溯到 20 世纪 30 年代。当时的讨论中提出了明确的观点，认为"教师不仅是一份职业，更是一种专业，其性质与医生、工程师、律师相似"。然而，尽管有这样的认识，社会并没有形成对教师作为一种不可替代的专业职业的广泛共识。

1994 年，我国首次从法律角度确认了教师的专业地位。《中华人民共和国教师法》中明确指出："教师是履行教育教学职责的专业人员。"紧接着，国务院在 1995 年颁布了《教师资格条例》，从法律制度上开启了教师专业发展的新篇章，并进一步明确了教师专业的行业标准。随后，教育部在 2000 年颁布了《〈教师资格条例〉实施办法》，这标志着教师资格制度在我国开始全面实施。

在 2000 年，我国首次将职业划分为八大类。在出版的第一部《中华人民共和国职业分类大典》中，明确将教师归类为"专业技术人员"，并细分为高等教育教师、中等职业教育教师、中小学教师等八类。这一分类进一步凸显了教师作为专业技术人员的专业地位，为教师的专业发展和职业规划提供了明确的指导。

2. 职业资格认证

自 2001 年 4 月 1 日起，在我国法律提供的基本制度框架下，国家开始首次全面实施教师资格认定工作，并进入了实际操作阶段。《〈教师资格条例〉实施办法》对申请认定教师资格者的教育教学能力做出了具体规定，包括普通话水平、承担教育教学工作的基本素质和能力，以及身体素质和心理素质等方面的要求。《中华人民共和国教师法》则明确规定了取得高等学校教师资格的条件，即应当具备研究生或大学本科毕业的学历。此外，《教师资格条例》也明确规定，受国务院教育行政部门或者自治区、省、直辖市人民政府教育行政部门委托的高等学校，负责认定在校任职人员和拟聘人员的高等学校教师资格。

这些法律和规章的出台，为我国教师资格认定工作提供了明确的依据和操作指南，标志着我国教师职业资格制度向更加规范化、专业化的方向发展。通过实施教师资格认定工作，有助于提高教师队伍的整体素质，确保教育教学质量，进一步推动我国教育事业的发展。同时，这也意味着教师在职业发展中需要不断提升自身的教育教学能力，满足法律法规对教师资格的要求。

3. 各项制度建设

自 1993 年以来，我国陆续颁布了《中华人民共和国教师法》《教师资格条例》《教师资格认定的过渡办法》《高等教育法》和《〈教师资格条例〉实施办法》，逐步建立了一套完善且具有操作性的政策框架体系。这为教师资格制度的实施提供了有利的政策环境和坚实的法律保障。与此同时，随着法律法规的日益完善，教师资格认证的标准也在不断优化，从原先的模糊、概括逐渐转变为具体、细化。在高校教师专业发展制度建设方面，我国已开始注重对大学教师的规范化管理，并积极学习借鉴西方国家在管理上的优秀经验，强调政策的制定与执行应更加规范。虽然我国在大学教师专业发展方面已形成一些良好制度，但尚未设立专门以大学教师专业发展命名的组织机构。在实际操作层面，大学教师专业发展主要涵盖听课制度、优秀教师的经验分享、老教师一对一的传、帮、带等。为进一步深化高校人事制度改革，消除制约高校教师发展的体制机制障碍，激发他们在教书育人、科学研究、创新创业等方面的活力，我国教育部于 2016 年印发了《关于深化高校教师考核评价制度改革的指导意见》。2017 年，我国推动各地提高师范生生均拨款标准，大力支持师范院校和师范专业的发展。同时，建立教师教育改革实验区，完善高校、地方政府及中小学"三位一体"的协同育人机制，推进城乡教师交流轮岗。新设一批"县管校聘"示范区，推动"县管校聘"改革，探索建立教育部门统筹教师资源配置、学校负责岗位聘用的新机制，以打破教师聘用管理、交流轮岗的制度壁垒。此外，我国还启动了教师支教计划，分批次选派内地优秀教师赴新疆、西藏等地支教，实施"三区"人才支持计划教师专项，以促进教育资源的均衡发展。

4. 培训体系构建

1985 年，我国教育部依托北京师范大学和武汉大学，建立了两个国家级的师资培训中心。这两个中心的主要职责是组织和协调全国高校教师的培训年度计划，同时承担一部分高级和中级教师的培训任务。随后，教育部又在六所部属师范大学设立了六个大区级的高校师资培训中心。与此同时，各省、自治区、直辖市也相继建立了本地区的高校师资培训中心。这样，就在教育部的领导下，形成了一个以两个国家级培训中心为核心，六个大区级培训中心参与组织协调，省级中心、重点高校和一些重点学科为培训基地的高校教师培训网络体系。这个培训网络体系的建立和运行，改变了过去那种依靠行政手段来安排和落实高校教师培训的做法，使得培训工作变得更加灵活、有针对性和计划性。

教师培训工作的法制化，以《中华人民共和国教师法》和其配套法规《高等学校教师培训工作规程》的实施为标志。从 1994 年 1 月 1 日开始实施的《中华人民共和国教师法》中规定，教师有参加进修或者其他形式的培训的权利，有不断提高思想政治觉悟和教育教学业务水平的义务。同时，该法还规定，各级人民政府教育行政部门、学校主管部门和学校应当制定教师培训规划，对教师进行多种形式的思想政治、业务培训。为了贯彻落实《中华人民共和国教师法》中关于教师进修和培训的规定，教育部于1996年颁布了《高等学校教师培训工作规程》。该规程对高校教师培训工作的指导思想和原则，培训的组织与职责，培训的主要形式，培训的考核与管理，以及培训的保障与有关待遇等做出了明确的规定，使得高校教师的培训开始走向法制化。

在这个阶段，高校教师培训工作取得了新的进展。首先，为了培养骨干教师队伍和新一代学科带头人，顺利实现高校教师队伍的新老交替，除了已有的培训形式，还实施了以研究生毕业同等学力申请硕士学位教师进修班和高级研讨班的培训工作，使得高校教师培训向高层次发展。其次，通过各种基金的机制，集中有限的资源，培养优秀拔尖人才，如"资助优秀青年教师基金""留学归国人员启动基金"等人才培养项目，启动了"跨世纪优秀人才培养计划"和"高层次创造性人才工程"，其中包括实行特聘教授岗位制度，实施"高校优秀青年教师教学科研奖励计划"等，从而加大了政府的支持力度，加快了高校骨干教师和学科带头人的培养。再次，教育部于1997年颁布了《高等学校教师岗前培训暂行细则》和《高等学校教师岗前培训教学指导纲要》，加强和规范了高校教师的职业训练。最后，实施了"学术支边计划"工作，为偏远民族地区高校培养高质量的骨干教师和学科带头人。同时，《普通高等学校辅导员队伍建设规定》也已于2017年8月31日经教育部2017年第32次部长办公会议修订通过。

三、未来高校教师专业发展趋势

（一）终身学习制度

朗格朗提出了"终身教育"的理念，这一理念涵盖了教育的所有方面，从一个人出生的那一刻起，直到生命的终结，它没有固定的内容和方法。在现代社会，科技发展迅速，只有不断地学习和进步，才能不被社会淘汰。教师是现代社会中永恒的职业，尤其是高校教师，他们不仅要引导学生树立正确的世界观、人生观和价值观，还要教育学生学会学习、生活、做人和创造，培养他们成为社会需要的新型复合型人才。只有树立终身学习的理念，不断地完善自我，拓宽视野，才能成为一名合格的高校教师。

（二）高学历与高品德模式

俗语有云："授人以鱼，不如授人以渔。"在未来的教育领域，教师不仅需要具备深厚的知识储备，更应成为拥有源源不断的知识更新能力的学习者。教师的角色，将越来越倾向于高水平、高学历的专业人士。然而，教师的素质不仅体现在学识上，更体现在他们的人格魅力和职业道德上。首先，教师需要塑造积极向上的个人形象，展现出专业的风度和气质；其次，他们的言谈举止和良好教养能够无声地影响学生，使教育更具说服力和影响力；最后，坚守高尚的师德不仅能够为教师本人赢得良好的社会声誉，还能赢得学生的喜爱和尊敬，从而在学生群体中建立起权威。教师的职责不仅是传授知识，更重要的是教会学生如何做人，如何在社会中立足。

（三）综合全面化

在这个时代，变化的速度远远超过了计划的制订，教师如果想要有效地"传道、授业、解惑"，就必须扮演好以下几种角色。首先，作为引领者，教师需要不断接收最新的知识，以此来教育和培养学生，使他们能够适应未来的变化。其次，作为科研者，高校教师应当具备广泛的知识视野、掌握先进的科研方法、具备前沿的科研意识及进行科研工作所需的能力，成为科研领域的中坚力量。再次，作为组织者，教师在课堂上不仅要讲解知识点，还要维持课堂秩序，对学生负责，也对自己负责。最后，作为开发者，教师通过与学生的沟通和互动，对自己的课程进行反思和改进，同时也能够开发出新的课程内容。从这些角色来看，未来高校教师的专业发展将不会仅局限于学科专业知识，更需要培养全面发展的综合型人才。

第二节　高校教师专业化发展的途径

一、教师专业发展条件

教师的职业属性决定了其具有独特的职业要求和培养体系，包括学历标准、专业知识、教学技能、职业道德及相应的职业资格。教师职业的本质特征在于它是一个不断学习和发展的职业。教师的专业成长是一个终身持续的过程，它需要宏观层面的政策支持、有效的制度保障及微观层面的实践条件。

在宏观层面，教师的专业发展依赖于国家政策法规的坚实保障。我国颁布的《中华人民共和国教师法》《中华人民共和国教育法》《教师资格条例》及《〈教师资格条例〉实施办法》等法律法规，不仅明确了教师资格的获取途径和方法，而且确认了教师工作的专业性，标志着对教师职业专业性的实践深化，为教师职业化水平的提高提供了宏观的法律保障。

在实践层面，教师的专业发展依赖于教师教育制度的规范化。教师教育标准、教师教育课程标准、教师教育机构的资质认证制度、教师资格制度、教师教育的质量标准和评估制度等，都为教师的专业发展提供了制度上的保障。这些法律和行政手段进一步完善了我国教师教育运行机制，为高校师资队伍建设和教师的专业发展创造了良好的制度环境和有效的政策支持，使我国教师队伍建设在规模和素质上都实现了历史性发展。

在微观层面，教师的专业发展在很大程度上依赖于良好的职业成长环境和群体间的互动氛围。教师的专业发展既是个体的行为，也是教师团队的集体行为。学校作为育人的场所，具备学习的条件和资源，是专业成长的沃土。因此，学校应为教师营造一种研修相长的生态环境和发展运行机制，使教师在这个由学校支撑的平台上发挥个体的创造力，在群体认同和群体合力中学会以科学的态度探讨教育教学规律，对自己的教育教学行为和他人的经验进行研究分析，从而学会理性思考，不断对自己的知识、能力与经验进行反思整合，达到发展自我、提升素养及促进专业发展的目的。

实际上，教师的专业发展是一种自觉的职业行为。专业素养是在自身的实践过程中生成的，从知识的积累到认知的发展，以及情感的丰富与深化，都是在动态的教育教学情景中通过思考、领悟、内化与提升的。在整个教育教学生涯中，教师应该有一种自我提高的内驱力，自觉地为自身的发展开拓空间。从新手教师到经验丰富的专家教师的转变是一个漫长的成长过程，它需要在真实的教学活动中通过不断的实践反思来发现和建构理性知识，积累教育实践智慧，形成教育教学能力。这就要求教师具备较强的自我发展意识，在实践中锤炼专业素质与能力。

二、教师专业化发展的实现途径

教师专业发展的实现途径主要涉及两个层面，这两个层面可以从不同的角度来理解教师专业发展的过程。

首先，从学校的角度来看，学校作为教师专业发展的外部环境，可以通过多种方式来促进教师的专业成长，例如，组织教师参加教育培训活动、研讨会、学术交流等。这些活动旨在为教师提供学习新知识、掌握新技能及了解教育发展趋势的平台，从而提升他们的教育教学能力。同时，学校还可以通过建立健全的师资队伍建设机制，为教师提供职业生涯规划和发展的指导，以及提供必要的资源和条件，帮助教师实现自我提升。

其次，从教师自身的角度来看，教师专业发展更加依赖于教师个人的内在动力和努力。教师需要具备自我发展的意识，主动参与学习，积极寻求成长的机会，通过阅读专业书籍、参加学术研究、反思教学实践等方式，不断丰富自己的教育理念、更新知识结构并提高教学技能。同时，教师还应当建立自我评估和反思的机制，定期对自己的教育教学工作进行总结和评价，以便发现自身的不足，明确改进的方向，实现持续的专业成长。

总之，教师专业发展既需要学校提供的外部支持和条件，也需要教师个人付出内在的努力和追求。只有学校和个人共同努力，才能有效促进教师的专业发展，提升教育教学质量，满足社会对教育的高要求。

（一）以时代要求为前提，更新教师专业发展理念

21 世纪是一个知识化和信息化的时代，科学知识的迅猛发展和学科之间的深度融合与交叉，对教师的知识体系和综合能力提出了更高的要求。随着科技的进步和互联网的广泛普及，人们的生存方式和学习方式发生了根本性的变化。人们可以随时随地通过网络访问海量的文献资源，获取所需的信息和资料。这种知识更新和信息传播方式的变革，推动着学校和教师角色的转变，以及教育观念的更新。传统的以课本、粉笔和黑板为主要手段的知识传授型教育方式，已经无法满足知识化时代教育的发展趋势和受教育者的需求。正如联合国教科文组织在《学会生存：教育世界的今天和明天》中所强调的，"教师的职责现在越来越少地传递知识，而越来越多地激励思考"。教师不再是知识的唯一载体，而应该成为发现知识资源的引导者，终身学习理念的践行者，教育实践的探索者和知识创新的推动者。

面对这些挑战，学校应该对教师提出具体的职业素质和教育教学能力要求，帮助教师摆脱过时的教育理念和心理定势，建立与时代要求相符的发展理念和目标。同时，学校院系应该建立有效的激励机制和督导制度，规范教师的职业行为，使教师的专业发展成为学校和教师共同关注的重要事项。通过自主学习、理论探讨、提升教育实践能力、课题研究等方式，教师可以在研讨中深化教育理念、丰富专业知识，在实践中锻炼专业技能与技巧，在反思中重构课堂教学，在群体互助和资源共享的环境中形成合力，实现专业发展。

（二）以专业档案建设为基础，强化教师的自我发展意识

专业发展档案是记录和见证教师专业成长的重要工具。它基于终身学习理念和可持续发展观，旨在通过过程管理和绩效检查，规范教师管理、监控教师发展并激励教师成长。通过建设专业发展档案，院系可以增强教师的自我发展意识和责任感，引导他们设定长期发展目标，制订专业发展计划，选择合适的发展战略，使他们的专业发展具有目标性和方向感，并成为一种自

觉的行为。

专业发展档案主要包括教师个体的长期发展目标和短期发展计划,以及年度考察情况、继续教育情况、学年教学任务完成情况、科研成果和社会服务记录等。继续教育是教师发展的必要条件,包括入职或岗前培训、短期进修、定向自修,以及学术交流活动的参与情况等。教学工作是教师职责的主要部分,包括每学年的课程开设、课程教学计划、教学改革方案与实施、课程评价方式及结果、课程外的学术报告提供情况等。科学研究是教师成长的必经之路,包括课程开发、课题研究、论文发表、各种奖励及其他成果等。学业指导和社会服务也是教师职责的一部分,档案内应包括教师参与学科建设、师资队伍建设、学生学业指导或实践活动指导,以及院系其他活动的参与记录等。

档案材料的积累过程是教师不断审视自己的发展计划、检查目标完成进度、调整发展策略的过程。档案的建设需要教师个人与院系的积极配合,定期或不定期地充实内容、补充各类支撑材料和原件。完善的档案信息可以直接作为教师发展性评价、教师晋级提升的依据,以及优秀教师评选的重要参照。

(三)以信息技术为依托,营造支持教师专业发展的网络平台

信息化时代为教师的职业发展带来了前所未有的机遇。教师教育应当引领信息化潮流,实现教育现代化的跨越式发展。学校可以借助数字化校园的构建,开发支持教师专业发展的网络平台,为教师打造一个虚拟的学习社区。这个网络平台可以包含多个模块,例如:名家讲坛,让教师们能够聆听业内专家的精彩讲座;教育理论探讨,为教师提供一个交流教育理念的论坛;教学经验交流,让教师们能够分享彼此的教学心得和经验;课程教学视频点播系统,包括精品课程、教学示范案例、课件制作辅导、多媒体运用技巧等内容;在线教育资源,如职业道德论坛、文学艺术欣赏、传统文化、素质教育等,丰富教师的文化底蕴和知识结构。

教师可以利用这个平台,随时随地搜索所需的信息,发表自己的教学观

点，点评教学案例，表达教学情感，或者引发对某一教育问题的深入思考。信息化社会的到来，使得信息技术在教育领域扮演着越来越重要的角色。信息素养已经成为教师必备的智能组成部分和科学素养的重要基础，它包括信息意识、信息知识和信息能力，即利用现代化技术手段获取信息、解决问题的意识，以及基于现代信息技术环境下学习和工作的能力。

因此，教师必须具备及时、准确掌握信息且科学有效地利用信息的能力。学校网络资源的建设为教师的专业发展提供了交流互助的平台，使教师能够不受时空限制地进入教师学习共同体，了解教育发展态势，关注本学科研究前沿，拓宽教育教学视野，探讨高等教育规律。这样的平台不仅促进了教师的专业成长，也为教育质量的提升奠定了坚实的基础。

（四）以教学研修为形式，培养教师的教育教学实践力和素养

教师专业发展的有效性在于其对师资培养实践性的重视。以教育教学的需求为出发点，以个体和群体为单位开展教学研修活动，是推动教师专业成长的关键途径之一。教学研修是一种以实践为基础的教学研究活动，它主要立足于教育教学的实际场景，鼓励教师群体运用实践教育理论，以开放的心态对学校的教育教学活动进行深入反思，创造性地提出和制定切实可行的方案、对策或建议。

这种研修活动有效地搭建了教育理论与教育实践之间的桥梁，为教师提供了应对不确定性教育事件的方法，以及解决特定教育问题的策略。它有助于教师从丰富的教育教学案例中汲取知识、形成教育理念，并提升教学能力。通过这种实践性的教学研修，教师能够在实际的教育教学环境中不断探索、尝试和创新，从而促进自己的专业成长和发展。

学校或院系可以围绕学科建设，以专业方向为单位，定期组织教研活动。这些研修活动应当根据教师的成长规律和特点来设计，旨在激发和维持教师的学习动力和能力，增强他们参与教学研究和教学改革的积极性与使命感。

对于新入职的教师，他们通常需要外部的支持和指导来适应新的教学环

境。学校和院系可以采取集中培训和个别指导相结合的方式，帮助他们掌握教学的基本环节，尽快适应新的教师角色。集中培训可以通过专题讲座、小型说课、教案示范、观摩课点评、课件制作展示等形式，为新教师提供间接的教学体验和决策训练，以弥补他们教育实践经验的不足，提高将理论知识转化为实践的能力。个别指导则可以采用导师制，由资深教师进行针对性的专业指导，通过教案指导、随堂听课、对话式问题诊断、督导检查等方式，帮助新教师尽快熟悉教学常规工作，完成角色转变。

对于处于发展期的中青年教师，他们应当注重知识的更新、教学行为的反思、经验的总结和能力的提升，以克服心理上的"竿台状态"或"高原现象"，从经验型教师向研究型教师转变。对于这一阶段的教师，可以通过教学研究、经验交流和专题研讨等形式，激发他们进行教学反思，提升自我觉察水平、发展意识和教学能力。

而对于专业成熟期的学者型或专家型教师，他们对学科教学有深刻的理解，课堂教学经验丰富，科研成果显著。这类教师应当更加关注个人的教学风格、学习者的个体差异及学生的情感需求，灵活运用教学方法和技巧，在知识传授和学习引导、资源利用和能力开发方面下功夫，同时也要承担起对青年教师的专业引领责任。

总的来说，教师在业务探讨和教学研究的过程中，应当形成"引领—体验—互助—研修—提高"的发展模式，以促进教师群体的专业成长和教育教学质量的提升。

（五）以课题研究为载体，发展教师的科学研究能力

教师的专业成长与发展是离不开教育教学实践的深入体验与科学研究的。教学与研究是相辅相成的两个要素，它们彼此依存，共同推动教师专业素质的提升。教育教学实践需要理论的指导与引领，而科研的深入则需要现实的土壤与根基。在知识经济时代，科学研究不仅是高校教师必须具备的素养和能力，也是社会发展的迫切需求。

　　由于教师们的研究方向和课程侧重点各不相同，他们之间相对独立。为了促进教师的专业发展，学科和院系需要从管理制度、激励机制、资源配置等方面入手，构建一个良好的科研环境与氛围，充分激发教师的科研热情。同时，应有意识地组织和整合教师资源，建立学科或跨学科的研究团队，形成相互支持、优势互补的合作文化，以拓宽研究视野、拓展研究领域，推进教师的科研创新。

　　学科间的相互渗透和教师群体的交流互动，容易催生交叉学科的研究增长点，同时也有助于培育教师的团队精神和合作意识。通过这种跨学科的合作，教师之间可以共享研究成果，相互学习，共同提高，从而在教育教学实践中更好地应用科学研究成果，提升教学质量，培养更多具有创新精神和实践能力的学生。

　　课题研究应当紧密结合学科专业特点和教育实践需求进行。在高等教育进入大众化阶段后，许多具有普遍性的问题亟待研究和探讨。例如，师范教育制度在转型期面临的教师教育模式问题、专业结构调整以适应经济社会发展的需求问题、大众化背景下人才培养模式的改革问题、研究生教育质量评估体系的构建问题等。这些具有针对性的课题能够有效提升教师的研究兴趣和研究的内在驱动力。

　　通过对这些课题的研究，不仅能够在宏观层面推动高等教育的改革和新时期人才培养模式的创新，而且在微观层面也有助于教师将学科专业知识与教育专业知识相结合，促进现代教育理念的形成和发展。在探究过程中，教师能够构建新的知识体系，提升自身的素质和能力，形成一种良性的发展循环。

　　这种循环不仅提高了教师的专业素养，还能够使他们在教育教学实践中更加得心应手，更好地应对教育改革和发展带来的挑战。同时，教师的研究成果也能够为学校的决策提供科学依据，促进学校教育教学质量的提升，最终实现学生全面发展的教育目标。

　　随着高等教育迅速发展，人们越来越意识到建设高质量师资队伍的重要性。教师的专业发展已经成为社会、学校和教师个体共同关注的焦点问题。当前，我国的教师培养机制正在从封闭定向式向开放多元化转变，教师教育模式也正在从一次性职前教育和职后学历补偿向职前教育与职后培养一体化的终身学习与专业发展转变。

教师的专业发展始于教师个体的专业发展意识，建立在良好的职业生长环境之上，得益于健康的学校教研文化和终身的职业实践与自主发展。因此，学校和院系应当努力营造有利于教师专业发展的环境和氛围，建立长效激励机制和评价督导制度，加强教师专业理想、职业信念和职业道德教育，以及专业发展意识的引导和培养。

通过这种方式，教师能够以自身发展计划为目标，以本学科教师学习共同体为依托，通过定向自修和集体研修的方式，逐步走向专业成熟，实现专业自主。这不仅有助于提升教师的专业素质和教学能力，还能够促进教师队伍的稳定和发展，为高等教育质量的提升奠定坚实的基础。

第三节　高校教师专业化发展的策略

一、我国高校教师专业化发展过程中存在的问题

（一）缺乏对专业发展正确的认识

目前，普遍存在的一个认知误区是，人们认为大学教师已经具备了深厚的专业知识、高水平的科研能力和较高的专业化水平，因此不需要进一步的专业化建设。此外，对于教师专业化的理解也存在偏差，很多人认为教师的专业化只是一段时间内、间歇性的发展，实际上，教师的专业化是一个持续且不断深化的过程。

从学校层面来看，高校教师的专业发展并没有得到足够的重视，这种忽视表现在以下几个方面。首先，学校没有意识到教师在职业生涯的每个阶段

都可能面临发展困境和身心问题,而这些困境和问题往往被认为是教师个人的问题,与学校无关。其次,学校应更多地关注教师的教学质量和科研水平是否达到学校设定的标准,而忽视了教师个体专业素质的发展,这是与学校整体的教学质量、科研水平和服务能力紧密相关的。最后,学校没有提供足够的支持和资源来促进教师的持续专业成长。

从教师个体层面来看,高校教师的自主发展缺乏自我发展意识。首先,他们对自己的发展缺乏明确的目标和规划,缺乏现成的规定或理论指导。其次,由于生活压力、学校评定、职业怠倦等因素的影响,高校教师缺乏自我发展的内在驱动力,没有专业化发展的动力。最后,许多高校教师认为,只要做好科研,拓展学科专业能力,就能够符合一个大学教师的标准,这种观念忽视了教师专业发展的全面性和持续性。

因此,为了促进高校教师的专业发展,学校应当采取一系列措施,包括建立和完善教师专业发展支持体系,提供持续的专业成长机会,强化教师自我发展意识,以及将教师的专业发展与学校整体发展目标相结合,从而实现教师和学校的共同进步。

(二)缺乏健全的职前测评制度

在当前阶段,国内许多高校在招聘教师时,普遍要求应聘者必须拥有博士学位,这种做法导致了一个现象:高校教师队伍在科研能力上表现强劲,但在教学能力上却显得不足。这一现象的根源在于,我国现行的相关法律法规在设定高校教师的任职资格和条件时,过于侧重于学历、普通话等硬件条件,而忽视了教师的教学能力、工作态度等软件条件。

这种现象并非偶然,而是有着深层次的原因。首先,教师的教学能力并非仅取决于学历,还包括对教育理念的理解、对学生的关爱、对教学方法的掌握等多方面因素。其次,教师的工作态度也是影响教学质量的重要因素,这包括对教学工作的热情、对学生的耐心、对教育事业的执着等。

因此,我国在招聘高校教师时,应当更加注重教师的综合素质,尤其是教学能力和工作态度。只有这样,才能构建一个科研能力和教学能力兼备的高校教师队伍，从而提高我国高校的教学质量，培养更多优秀的人才。同时，对于在职的高校教师，也应当鼓励和支持他们提升自身的教学能力，以实现高校教师队伍素质结构的优化。

（三）职前与职后培训混乱

在我国，一个较为普遍的现象是，许多高校教师在未接受职前培训的情况下就直接上岗。这种做法实际上存在一定的隐患。实践经验表明，如果高校教师在走上讲台之前没有接受过心理学、教育学及教学技能的培训，他们往往难以完成从知识接收者到知识传授者的角色转变。这种转变不仅涉及知识的传递，更包括如何处理教学过程中可能遇到的各种问题，尤其是涉及学生情绪管理和课堂管理等方面的问题。如果教师缺乏这方面的准备，将不利于教学质量的提升。

此外，在信息爆炸、知识更新换代极快的社会环境下，高校教师需要不断地更新自己的知识储备，提升教学能力。这就要求高校教师在职前和职后都需要接受培训，以便跟上时代的步伐，满足教学的需要。职前培训可以帮助新教师建立扎实的教学基础，而职后培训则可以帮助他们不断吸收新的教育理念、教学方法和专业知识，从而提高教学效果，更好地服务于学生和学校。因此，加强高校教师的职前和职后培训，是提高高等教育质量的重要措施。

（四）专业实践与研究能力薄弱

根据教育部门的调查研究，一个不容忽视的现象是，大量大学生出现缺课情况，原因往往在于教师授课缺乏吸引力，导致学生对学习感到厌倦。这种情况下，教学效果自然会受到影响，学生的学习兴趣和动力也难以提升。

还有一部分教师在教授专业课程时，对课程内容的理解并不深入，导致在授课过程中对某些知识点的讲解显得模糊不清。这种情况不仅影响了学生的学习效果，也影响了教师自身的教学声誉。

另外，尽管有些教师拥有高学历和丰富的理论知识，但在实际教学过程中，他们的教学实践能力却显得较弱。这种情况下，教师的理论知识无法得到有效的应用和发挥，教学效果自然不理想。

最后，有些高校采用行政化的管理方式，要求教师严格按照学校的安排进行教学。这种做法虽然有一定的合理性，但却在很大程度上限制了教师的职业自主性和课程开发的创新能力。教师在这种情况下往往难以根据自己的教学特点和学生的需求进行教学，从而影响了教学效果。

因此，为了改善教学效果，提高学生的学习兴趣和动力，有必要对教师的教学方法、教学内容，以及教学管理方式进行改革和优化。同时，也要关注教师的职业发展和心理健康，为他们提供更好的教学环境和条件，从而提升我国高校的教学质量。

（五）教师责任感不强，工作积极性不高

自改革开放以来，我国在社会、经济、政治等各个方面都取得了显著的进步，但与此同时，高校教师也面临着前所未有的工作压力。为了提升教师的综合素质，教育部门为教师安排了诸多任务。为了完成这些任务，教师们不得不将更多的精力投入到相关项目上，导致他们没有足够的精力和时间去研究教学内容和教学规律。

调查结果显示，在高校中，只有少部分教师能够有效地激发学生的学习兴趣，并确保教学质量。这种现象的根源在于高校教师的工作责任感不强，工作积极性和能动性不高。这可能是由于教师面临的压力过大，导致他们对工作的热情和积极性受到影响。此外，教师可能也缺乏有效的支持和培训，以便更好地应对教学挑战和提高教学质量。

因此，为了改善高校教学状况，提升教师的教学质量，有必要采取一系列措施。首先，教育部门应当减轻教师的工作压力，为他们提供更多的支持和资源。其次，教师应当接受定期的培训和研修，以提高他们的教学技能和专业知识。最后，应当鼓励教师积极参与教学研究和学术交流，以便他们能够更好地掌握教学规律，提高教学质量。通过这些措施，可以激发教师的工

作热情，提升他们的教学能力，从而提高高校的教学质量。

二、高校教师专业化问题产生的原因

（一）专业发展观念上的误区

在知识经济迅猛发展的背景下，科学技术的更新换代速度不断加快，这对高校教师提出了更高的要求。为了在高校内部立足，教师们必须不断地积累和更新自身的专业知识，提升自己的专业人力资本水平。这种提升是一个根本性、内在性、全局性及终身性的过程，它要求教师始终保持对专业的敏锐意识和持续的学习态度。

然而，现实情况是，许多高校教师缺乏这种专业意识，他们在教学、科研和社会服务工作中往往不能自觉地寻找机会来提升自己的专业素养。这种现象的存在，不仅影响了教师个人的职业发展，也影响了高校整体的教育质量和学术水平。

教师专业发展的概念告诉人们，教师所从事的职业是教书育人，其性质具有公共服务性。为了更好地服务于社会所需人才的培养，教师需要专业知识和特殊才能。这些技能的获得和保持是一个长期的过程，不可能一蹴而就。教师作为一个专业人才，必须经历从不成熟到相对成熟再到成熟的发展历程。这个过程不仅需要学校提供相应的政策支持和硬件设施，更需要教师本人的主体意识和积极参与，努力寻找和把握自身提高和发展的机会。

因此，为了促进高校教师的专业发展，学校应当制定和完善相关政策，提供必要的资源和条件。同时，教师本身也应当树立正确的专业发展意识，积极投入到教学研究、学术交流和专业技能提升中去，以实现自身职业生涯的持续发展和个人价值的最大化。

（二）教师专业发展理论研究不足

自 20 世纪 60 年代起，教师专业发展研究在全球范围内开始受到重视。学者们从多元视角对教师专业发展进行了深入的理论探讨，产生了多种理论成果。其中，教师专业社会化理论涵盖了多个学派的观点，如结构功能主义学派以帕森斯的思想为核心，冲突论学派以科瑟尔和达伦多夫的理论为代表，符号互动论学派则以米德的理论为典型。此外，教师专业发展理论也包括了多种观点，如休伯曼的教师职业生命周期论、费勒斯的教师生涯循环论、利斯伍德的教师心理发展阶段理论、福勒的教师教学关注阶段论、莱西的感受阶段理论，以及马斯洛和罗杰斯等人本主义学习理论。

在教师培养模式方面，国外的研究成果尤为丰富。大学教师职前培养模式包括纯粹的学科专业型、学科专业主导型，以及学科专业与教学专业并重型。而教师持续发展模式则包括了自我指导专业发展模式、观察评价模式、发展改进过程模式、培训模式、调查研究模式、辅导模式和研究小组模式等。这些培养模式理论为国外高校教师专业发展活动的组织和实施提供了坚实的理论基础和实践指导。

相比之下，我国的高校教师职前培养模式主要属于纯粹的学科专业型，而职后发展模式则主要包括行政主导模式、学校主导模式、教师主导模式和专家主导模式。这些模式不仅种类相对较少，而且形式较为单一，缺乏足够的灵活性。与国外的研究相比，我国的高校教师专业发展研究不仅起步较晚，而且研究成果有限，这限制了我国高校教师专业发展组织获得有效指导和支持的能力。

因此，我国在教师专业发展领域亟需借鉴国外的成功经验和理论成果，结合国内实际情况，探索和建立更为多样化、灵活性和实效性的教师培养和发展模式。同时，应当加大对教师专业发展研究的投入和支持，促进教师教育理论与实践的创新发展，为我国高校教师的专业成长和教育教学质量的提升提供强有力的支撑。

（三）高校教师专业发展组织成立时间晚

自 20 世纪 50 年代起，我国开始着手建立高校教研室，以承担高校教师的培训任务。然而，当时的教研室并非专门致力于教师专业发展活动的组织，而是兼顾了日常教学、部分行政工作，以及教师培训等多重职能的教学与学术研究机构。进入 20 世纪 80 年代中期，教研室在教师培训方面的主要功能是培养能够独立开课的合格教师，但在高校教师专业发展的其他方面，如专业成长、组织建设、精神培育和个人发展等方面，其作用相对有限。

直至 20 世纪 80 年代末期，面对高校教师在数量和质量上的一系列问题，以及高等教育自身发展的迫切需求，我国教育部才决定建立正式的、专门从事高校教师专业发展的组织。1985 年，高校教师培训交流北京、武汉中心成立，随后在 1986 年，六大区培训中心，以及各省、自治区的培训点相继建立。此外，自 2005 年起，高校教师教学发展中心也陆续建立。尽管如此，我国高校教师专业发展组织的建立相较于欧美国家晚了很久，且在组织类型、制度、专业化程度、功能、经验等方面与国外组织相比存在一定差距。

在欧美国家，教师专业发展组织的建立可追溯至二十世纪五六十年代，当时便有零星的高校设立了以学术研究为主的教师发展中心。例如，美国密歇根大学在 1962 年成立了全球首个教师发展组织——学习和教学研究中心。如今，西方高校教师专业发展组织已经走过了半个世纪的发展历程，积累了丰富的经验，并形成了一套成熟的教师发展方法和模式。

除了高校教师发展中心，国外还存在着高校教师发展专业协会、基金会和服务公司等多种形式的教师专业发展组织。经过多年的发展，西方高校教师专业发展组织的培训内容已从最初的学术发展为主，逐步扩展到学术、教学、组织和个人发展并重，提供的服务越来越全面。这为我国高校教师专业发展组织的建设和发展提供了宝贵的借鉴和启示。

（四）教师专业化组织经费投入不足

在当前阶段，我国高校教师专业发展组织的经费来源相对较为单一，主要依赖于国家下拨的师范教育补助费。然而，这些补助费往往难以满足组织在教师专业发展活动中的全部经费需求。此外，尽管教师专业发展中心可以通过提供社会服务来获取一定的收益，但由于这些服务活动在总体上所占比重较小，规模有限，因此通过社会服务获得的收益对于解决中心经费短缺的问题作用有限。

经费不足的问题成为了影响我国高校教师专业发展组织开展多样化活动和持续改革创新的重要因素。在此背景下，教研室作为院系的一部分，其经费使用通常受到系的控制，自身缺乏较大的自主权。尽管近年来通过政策调整，教研室在科研等方面的经费使用权有所改善，其作用也逐渐增强，但总体而言，教研室依然较为依赖系的状况尚未完全改变。

在针对高校青年教师专业发展现状的调查中，六大区培训中心主任和省级师资培训中心主任普遍反映，中心面临着经费不足的挑战。尽管各高校用于师资培训的经费投入逐年有所增加，但总体而言，这些投入的绝对量仍然较小，难以满足青年教师专业发展培训的需求。

我国高校教师专业发展经费投入的不均衡性和不足，对于教师专业成长和教育教学质量的提升构成了挑战。因此，有必要探索多元化的经费来源渠道，增加对高校教师专业发展的投入，确保教师专业发展组织能够有效地开展各项工作，促进教师队伍水平的整体提升。

三、促进高校教师专业化发展的对策

（一）高校教师专业发展的制度保障

1. 制定教师专业培养标准

制定高校教师专业培养标准的举措具有至少两个重要的积极意义。首先，通过设定教师专业培养标准，可以有效地引导教师持续追求专业成长，明确自己的职业发展方向和目标。其次，教师专业培养标准可以作为一面镜子，让教师对照标准发现自身的不足之处，从而有针对性地设定未来的专业发展目标。

目前，我国在国家层面上对高校教师的专业培养标准只有一些原则性的要求。例如，《中华人民共和国高等学校教师职务试行条例》第八条规定，高校教师应具有良好的职业道德，遵守法纪，能为人师表，教书育人，能全面地、熟练地履行现职务职责，积极承担工作任务。《中华人民共和国高等教育法》第四十七条规定，高校教师应系统地掌握本学科的基础理论并具备相应职务的教育教学能力和科学研究能力。然而，这类专业培养标准的规范性和科学性都有所欠缺，教师难以对照标准度量自身发展与培养标准的差距。

因此，为了实现高校教师素质的标准化，高等教育管理部门还需进一步制定统一的、细化的高校教师专业培养标准。在学术研究领域，有学者将教师资格认证标准分为 4 个层次、20 项基本要素，以及 88 项具体指标。这 4 个层次和 20 项基本要素包括：① 专业品质与态度，涵盖政治思想品质、专业品质、评价反思和终身学习等方面；② 专业知识，涵盖普通文化知识、学科专业知识和教育学科知识；③ 专业能力，涵盖语言表达能力、行业联系与预测能力、课程开发能力、教学设计与实施能力、教育科研能力、鉴定与评估能力、协调与合作能力和专业发展能力；④ 专业责任，涵盖确保职场健康与安全、维持心理健康、保证学生平等参与、培养学生社会责任感和指导学生就业与创业。

通过这种细致的划分，教师可以更清晰地认识到自己在各个方面的优势和不足，从而有针对性地进行自我提升。此外，统一、细化的高校教师专业培养标准也有助于教育管理部门对教师队伍进行科学、客观的评价，为教师的专业发展提供有力支持。总之，制定和完善高校教师专业培养标准是提升我国高校教师素质、推动教育事业发展的重要举措。

2. 构建教师专业发展评价体系

教师专业发展评价体系是建立在教师专业培养标准之上的，这种评价体系本身就具有目标导向性，能够对教师的专业发展产生有效的激励作用。然而，我国高校内部的各种评价机制，很少从高校教师专业发展的高度来思考和实施。事实上，评价体系能够对高校教师专业发展产生持久而深远的影响，因此，建立以教师专业发展为导向的教师评价体系，将是引导高校教师专业发展的核心路径。

具体而言，高校教师专业发展评价体系的建构应着重考虑以下几个方面的问题。

首先，在评价理念上，奖惩性教师评价强调教师的绩效，直接与教师利益挂钩，而发展性教师评价则强调对教师专业发展的引领。奖惩性教师评价具有更强的驱动性，因此在构建高校教师专业发展评价体系过程中，要适当引入奖惩性评价理念，以提振教师工作士气、提升教学品质；而发展性教师评价更能够帮助教师发现专业发展中的问题，提出策略，提高教师专业发展水平，更能体现对教师专业发展的关注和对教师的人文关怀。因此，构建高校教师专业发展评价体系，要兼顾奖惩性评价和发展性评价两个方面的功能。

其次，在评价形式上，一方面，由于高校教师在不同阶段的专业发展需求与特点不同，不能以单一的评价标准去苛求所有教师，要根据不同阶段教师的专业发展重点确定个性化的评价标准、专业发展目标和进修计划；另一方面，由于教师专业发展是一个循序渐进的过程，也不能孤立看待教师各个阶段的评价结果，要建立各个阶段评价结果之间的联系，形成动态的、持续发展的全程性评价。因此，构建高校教师专业发展评价体系，要兼顾阶段性评价与全程性评价两种形式。

最后，在评价内容上，现行的教师评价体系主要存在两方面的问题。一是侧重于对教帅科研成果的考核，而忽视对教师专业道德品质和教学成果的评估，导致高校教师有片面追求科研绩效的倾向。二是在考核的指标上，更侧重于对量的考核而忽视了对质的评估，导致教师倾向于在短时间内发表大量质量不高的研究成果。因此，构建高校教师专业发展评价体系，要改变以往以科研项目、科研经费、论文、论著、专利、获得奖励等科研成果的数量作为教师职务聘任和晋升的主要依据，要提出对高校教师专业道德品质和教学绩效的要求，根据教师专业培养标准细化考评指标，以此引导广大教师自觉提高专业素养，实现教学、科研两条线的协调发展。

（二）高校教师专业发展的组织支持

1. 将导师制和助教制落实到位

导师制和助教制是相互依存、相互促进的两个概念。导师制强调的是由经验丰富、学识渊博的教师对青年教师进行全面的指导和培养，而助教制则是青年教师在辅助导师的教学和科研工作的同时提升自身的专业能力。这种模式具有针对性强、效率高、方式灵活等特点，有助于实现导师与助教之间的互惠互利，因此，它是加快高校青年教师成长和专业发展的重要途径。

然而，在实际实施过程中，导师制和助教制的优势并未完全发挥出来，原因主要有两点：一是理论层面的研究不足，对于导师的指导内容、指导方式，以及制度保障机制等方面的研究缺乏系统性和科学性；二是在高校教师管理制度方面，导师制与助教制的职责权限界定不清晰，两者在权利、义务、责任、考核等方面存在制度性冲突。

为了使导师制和助教制能够有效地共同促进青年教师的专业发展，首先，需要加强对这两种制度的理论研究，明确"如何导"和"导什么"这两个关键问题，并构建有效的制度保障机制，使两种制度真正实现系统化、制度化和规范化。其次，有必要在教师管理制度上明确导师和助教的职责范围，避免两者在制度上的冲突。

在制度化的基础上，高校应为每位新教师配备一位教学经验丰富、教学和科研水平兼备的指导教师，并为其制订具体的培养指导计划，对其专业道德的培养、专业知识的积累，以及专业技能的提高进行全面、系统的指导。同时，新教师通过成为导师的助教，在协助导师工作的过程中，可以与导师保持密切联系，获得个人专业发展的策略建议，以及解决教学、科研过程中具体实践问题的方式方法。这样，新教师可以有一个相对稳定的时期来积累专业知识和教育教学经验，为其日后的教学、科研工作打下坚实的基础。

为了确保这两种制度能够落到实处，有必要建立相应的监督与评价机制。导师应对新教师担任助教期间所完成的教辅工作做出鉴定，并通过定期检查听课笔记、工作小结，以及其他教学任务完成情况对其进行考核。对于不合格的教师，应延长其担任助教的时间，以避免导师制和助教制流于形式。

通过这些措施，可以有效地提升青年教师的专业发展水平，为高校教育的质量提供坚实保障。

2. 完善教师讲课比赛形式

一系列比赛活动的开展，对于激发广大教师的教学热情，提升教学水平发挥了积极作用，但在实践中也暴露出一些问题。为了解决这些问题，并使教师讲课比赛更好地服务于教师专业发展，提出了以下四点建议。

1）重视比赛准备过程

在笔者进行访谈的过程中，有教师反映，目前教师讲课比赛的本质似乎已被曲解，更多地被视为一场竞赛，而非一个促进教师专业成长的过程。教师普遍关注的是比赛结果，而非比赛本身所应带来的教学反思和技能提升。比赛的准备工作往往由参赛教师个人独立承担，其目标仅是为了在比赛中呈现出一堂精彩的课程，而这种准备过程与日常的教学实践之间存在较大差异。

实际上，讲课比赛的准备过程对于教师发现自身教学中的问题并作出改进至关重要。为了充分发挥比赛的教育价值，学校应当在比赛前期进行充分的宣传，以扩大参赛教师的范围。例如，井冈山大学就规定了所有35周岁以下且未在讲课比赛中获奖的教师都必须参加比赛。这样的规定有助于更多的年轻教师通过比赛得到锻炼和提升。

此外，讲课比赛应当鼓励以团队的形式报名参加。尽管最终只有一位教师代表团队进行比赛展示，但他不应是孤军奋战。在比赛的全过程中，应当有一个由经验丰富的老教师为充满活力的年轻教师组成的团队提供支持。这个团队可以共同为教学内容的选择、课程的组织和设计提供建议和策略，从而使每位团队成员都能在比赛的准备过程中获得成长和进步。

通过这种方式，讲课比赛不仅能够成为教师个人展示教学技能的平台，还能够成为教师团队协作、共同学习和创新的契机。这样的比赛形式更有助于营造一个积极向上、互相学习的教师专业发展环境，从而促进教师队伍整体素质的提升。

2）关注授课内容和学生学习成效

在高校教师讲课比赛中，普遍存在的一个误区是评价过程中过于重视教师的表现力和感染力，而忽视了教师的授课内容。高校教师所传授的知识具有专业性和高深性的特点，高校教学也更多的是一种探究性的专业教学，讲求知识的系统化、深入化和科学化。这就决定了大学教师授课不能只关注教师的表现艺术，还必须关注教师的授课内容和学生的学习成效。

大学课堂的精彩性不在于其夸张的肢体语言，不在于其富有感染力的表演艺术，而在于其能否把深奥的专业理论知识深入浅出地讲授出来。因此，在高校教师讲课比赛中，应该更多地关注教师对专业知识的讲解而非课堂气氛。

为了纠正这一误区，高校教师讲课比赛的评价体系需要重新审视和调整。在评价教师的表现时，应将重点放在教师对专业知识的掌握、讲解和传达上，而非仅关注教师的外在表现。同时，评价体系中还应考虑学生的学习成效，即教师授课是否能够引发学生的兴趣，促进学生的思考和探究，以及是否能够帮助学生理解和掌握专业知识。

此外，为了提高高校教师讲课比赛的质量和效果，可以采取一些措施。例如，组织专门的培训和研讨活动，帮助教师提升专业知识的讲解能力；鼓励教师采用多种教学方法和手段，以适应不同学生的学习需求；加强对教师授课内容的监督和评估，确保教师授课内容的科学性和准确性。

通过以上措施，可以促进高校教师讲课比赛的健康发展，更好地服务于教师的专业发展和学生学习成效的提高。

3）形成点评记录

评委点评是教师讲课比赛中的一个关键环节，它对于教师及时获取反馈、进行自我修正和改进至关重要。然而，在现实中，这一环节往往流于形式，缺乏实质性的指导和帮助。由于点评通常没有留下书面记录，教师在比赛结束后缺乏查找和参考的依据，导致他们很少根据点评进行教学上的修正和改进。

为了充分发挥讲课比赛对教师教学的督促作用，学校应当要求评委在比赛过程中对每位参赛教师的教学进行详细的书面记录，并将这些记录在比赛结束后交给被点评的教师。这样，教师可以依据评委的反馈进行自我反思和教学改进，从而提高教学质量。

此外，为了确保点评的权威性和信服力，学校在选择评委时应充分考虑评委构成的合理性。评委会成员应包括本学科的专家、教学督导组的专家，以及学校的教学名师等。这样的评委组合可以确保点评的专业性和全面性，为教师提供有价值的反馈和建议。

通过这些措施，教师讲课比赛将不仅是一场竞赛，更是一个促进教师专业成长和教学改进的平台。学校应当重视评委点评环节，确保比赛的每一个环节都能够对教师的教学产生积极的影响，从而提升整个教师队伍的教学水平。

4）加大先进奖励的力度

许多高校在教师讲课比赛的前期都进行了精心的策划和准备，比赛过程也是热闹非凡，但在比赛结束后，却往往忽略了对获奖教师的奖励和宣传。据调查，大多数高校对于讲课比赛获奖教师的奖励还是相对较少的。如果没有发放物质上的奖励，会在一定程度上影响教师的参赛积极性。

为了鼓励广大教师积极投身教学工作，学校应该加大对先进典型的奖励力度，将物质奖励与精神奖励相结合。一方面，提高物质奖励的标准，给予获奖教师一定的奖金或实物奖励；另一方面，给予获奖教师持续的精神鼓励，如颁发荣誉证书、举办表彰大会等。

此外，学校还可以请获奖教师为参加岗前培训的教师上示范课，让他们分享教学经验和心得。在每年的教师节和年终总结时，对获奖教师进行表彰，让他们将此作为一种荣誉，形成良好的教学习惯。同时，通过表彰获奖教师，可以激发其他教师的教学积极性，形成良好的教学氛围。

综上所述，为了提高教师讲课比赛的实效，学校应当重视对获奖教师的奖励和宣传，将物质奖励与精神奖励相结合，以激发教师的教学热情，促进教学质量的提升。同时，学校还应当关注教师的专业发展，为教师提供更多的学习和发展机会，以提高整体教学水平。

（三）高校教师专业发展的内部动力

1. 增强自主专业发展意识

高校教师专业发展的初始动力源于教师自身的专业发展意识。在高校教师专业发展的问题上，教师作为发展的主体，其个人的自主发展意识是决定其自身发展成败的关键因素。对于那些缺乏自主专业发展意识的教师来说，即使外部环境再优渥，也不会自动为教师发展服务；而对于那些积极追求专业发展的教师，他们总能找到更广阔的专业发展空间。

从我国高校教师专业发展的实际情况来看，大多数教师的成长路径呈现出一种"自然成熟"的特点，专业发展意识的缺失严重阻碍了教师专业发展的进程。因此，高校教师必须增强自主专业发展意识，做到能够理智地复现自己、筹划未来的自我及控制今日的行为。

为了增强自主专业发展意识，高校教师必须深入理解教师专业发展理论。教师对专业发展的价值观、认同感等因素会影响甚至决定教师的专业发展需求和意识。高校教师专业发展不仅是教师职业专长的成长过程，也是教师作为受教育者、学习者的终身学习过程，以及教师使命的完善过程。因此，高校教师必须在认真学习、理解并认同教师专业发展理论的基础上，提高自身的专业发展意识和能力。

规划意识是教师自主专业发展意识的核心。提高自主专业发展意识的另一个重要方面是学习如何制定专业发展规划。专业发展规划是教师本人对专业发展的各个方面和各个阶段进行的设想和计划，是引导和监控教师专业发展的参照框架。具体来说，教师专业发展规划的内容应包括自我分析、环境分析、目标确立及策略选择四个方面。首先，教师专业发展不仅是教师专业水平的提升过程，更是教师了解、丰富和完善自我的过程。因此，教师只有对自己的能力、兴趣和需要等个性因素进行全面分析，充分地认识和评价自我，才能更好地确定自身的专业发展起点和目标。其次，对环境的分析有助于教师把握专业发展的方向并抓住专业发展机会。环境分析的具体做法是分析学校、学生和自身的需求，以及三者对教师专业发展的要求，分析教师专业发展的资源条件，包括环境可提供哪些资源、如何获得这些资源以及获得这些资源所要付出的成本等。再次，教师专业发展规划必须要有具体明确的目标。目标的确立形成了教师专业发展愿景，并可以为专业发展提供有效的激励。最后，策略选择是决定教师专业发展规划能否实现的重要环节。教师专业发展目标确立以后，教师就要设计并安排专业发展的内容和活动，形成一系列合理、可行的行动方案。

2. 通过教学反思提升教育智慧

反思是一种教师自我审视和评估教育教学行为的过程，通过识别教学中的优点和不足，明确教学方向，并据此做出新的行为选择。教学反思不仅是一种使教师的教学更加主动、专业发展更加积极的有效工具，而且是评价现代优秀教师的重要标准。教育智慧是高校教师在教学、科研和社会服务过程中，通过不断感悟和反思，逐渐形成的对高等教育工作规律的理解、创造性的应用、敏锐的洞察力和灵活应对能力的综合体现。教育智慧的发展是一个逐步积累的过程，只有那些对教育工作有深刻理解、拥有丰富专业知识并擅长在教育实践中进行反思的教师，才能够获得教育智慧的提升。教育智慧是教师走向成熟和卓越的催化剂，因此，教师在进行教学技能训练的同时，还必须对这些行为进行深入思考，不仅要成为"技术熟练者"，更要成为"反思实践者"。

美国托马斯大学教育学教授布鲁克菲尔德提出，教师可以通过"四个镜头"来观察、批判和反思自己的教学。这四个镜头包括教师的教学日志、学生的反馈、同事的感受及理论文献。这实际上是指教师从不同角度进行全面反思的过程：从自身教学经历中反思，从学生反馈中审视，从同事感受中检查，从理论解读中反省。

教学反思的方法多种多样，包括写反思日记、撰写教育案例、进行教育叙事研究、记录教后日记、开展行动研究等。教师应根据自己的具体情况选择合适的反思方式。随着反思活动的深入，教师的个人反思会逐渐发展到集体反思。集体反思主要融合在高校的校本教研活动中，包括反思对话、相互观摩、集体叙事、点评反思日记等形式。集体反思追求观点的共享与共识，有助于集体智慧的发挥，拓展了反思的深度，是更高层次的教学反思活动。

在教学反思的内容上，不同专业发展阶段的教师反思的侧重点也不同。新手型教师由于缺乏教学实践经验，反思的重点应放在提升教育教学技能上；适应型教师应在教学策略上进行反思，如语言策略、组织策略、评价策略等；成熟型教师应着重反思教育教学理念，总结实践经验；而专家型教师则应在问题解决、高等教育工作规律性把握和创造性驾驭方面进行反思。通过这样的反思，教师能够在不同的发展阶段获得成长和提升。

参考文献

［1］徐延宇. 高校教师发展实践策略研究［M］. 昆明：云南大学出版社，2016.

［2］宋文红. 2013 高校教师发展国际研讨会文集［M］. 青岛：中国海洋大学出版社，2013.

［3］董玉琦. 协调发展，共同成长：2011 高校教师发展国际研讨会论文集［M］. 长春：东北师范大学出版社，2012.

［4］杜思民，崔志勇. 教师文化与高校教师专业发展研究［M］. 开封：河南大学出版社，2021.

［5］孙永华. 高校教师教学发展的探索与实践［M］. 济南：山东大学出版社，2021.

［6］张奎明. 高校优秀教师教学能力发展研究［M］. 济南：山东大学出版社，2021.

［7］朱笑荣. 高校教师教学改革创新与发展研究［M］. 长春：吉林大学出版社，2021.

［8］罗桂温. 高校英语教师专业发展与教学研究［M］. 延吉：延边大学出版社，2021.

［9］刘晶. 高校英语教师专业身份发展叙事探究［M］. 北京：新华出版社，2021.

［10］刘美云. 民办高校青年教师发展问题研究［M］. 武汉：武汉大学出版社，2019.

［11］杜思民. 高校青年教师的身份建构与专业发展［M］. 开封：河南大学出版社，2019.

［12］ 杨元妍. 高校教师专业发展生态论［M］. 北京：中国纺织出版社有限公司，2019.

［13］ 李玉萍. 高校教师信息化教学能力发展研究［M］. 合肥：中国科学技术大学出版社，2021.

［14］ 刘菲. 高校英语教学的研究热点英语教师专业发展研究［M］. 长春：吉林出版集团股份有限公司，2021.

［15］ 吴朋作. 高校商务英语教师专业知识发展研究英文版［M］. 上海：上海交通大学出版社，2021.

［16］ 岳慧兰. 当代幼儿园教师专业发展途径与职业素养［M］. 北京：中国书籍出版社，2022.

［17］ 贾芝，林琳，徐颖. 高校英语教师专业发展有效路径探究［M］. 青岛：中国海洋大学出版社，2020.

［18］ 李臻. 新时代高校教师胜任力研究：新时代高校教师师德师能"双提升"发展机制研究［M］. 北京：旅游教育出版社，2020.

［19］ 邵林海. 地方高校体育教师专业发展研究［M］. 北京：冶金工业出版社，2018.

［20］ 刘乃美. 地方高校大学外语教师专业自主发展探究［M］. 厦门：厦门大学出版社，2019.

［21］ 唐大光. 专业发展视角下高校教师教学的理性思考［M］. 长春：吉林科学技术出版社，2019.

［22］ 黄海群. 转型变革下的高校青年教师科研发展动力研究：以福建省地方应用型本科高校为例［M］. 厦门：厦门大学出版社，2021.

［23］ 郭晓梅. 高校英语教师教育者学科教学知识发展研究：英文版［M］. 上海：上海交通大学出版社，2021.

［24］ 陈爱香. 新时代高校思想政治理论课青年教师教学发展研究［M］. 长沙：湖南师范大学出版社，2021.

［25］ 刘乐乐，牛立蕊. 核心素养视域下的高校教师专业发展路径［M］. 长春：吉林大学出版社，2018.

[26] 李燕著. 新时期高校教师能力培养与专业化发展探究 [M]. 成都：四川大学出版社，2018.

[27] 徐雄伟. 上海市民办高校教师专业发展研究 [M]. 上海：上海交通大学出版社，2017.

[28] 邹春花，黄连杰. 多元视角下我国高校青年教师发展研究 [M]. 北京：北京理工大学出版社，2017.

[29] 黄洁芳. 课程改革情境下高校英语教师认知发展研究 [M]. 北京：新华出版社，2017.

[30] 刘泓. 社会资本视域下高校英语教师科研发展研究 [M]. 北京：中央民族大学出版社，2016.

[31] 李华. 地方高校青年教师专业发展研究 [M]. 成都：西南交通大学出版社，2014.

[32] 向云根. 民族地区普通高校美术学（教师教育）专业人才培养与发展模式研究 [M]. 成都：西南交通大学出版社，2016.

[33] 史耕山. 中国高校外语学科定位与教师发展模式研究 [M]. 天津：南开大学出版社，2014.

[34] 胡涵锦. 高校思想政治理论课教师队伍建设与发展 [M]. 上海：上海交通大学出版社，2013.

[35] 卢彩虹，陈明瑶. 高校优秀英语教师学术发展叙事探究 [M]. 杭州：浙江工商大学出版社，2013.

[36] 沈贵鹏，赵云红. 高校教师的教学卓越：江南大学教师发展与教学研究论文选编 [M]. 徐州：中国矿业大学出版社，2013.

[37] 王蔷，张虹. 高校与中学英语教师合作行动研究的实践探索：在行动中研究　在研究中发展 [M]. 上海：上海教育出版社，2012.

[38] 曾跃林. 高校教师发展实务 [M]. 重庆：西南师范大学出版社，2022.